本书系湖北省社科基金一般项目（后期资助项目）成果（项目号：BSY20010），且受到中南民族大学中央高校基本科研业务费资助项目（项目号：CSQ20021）以及中南民族大学法学院的资助。

# "危害最小化"禁毒政策研究

王晓晓 ◎ 著

中国社会科学出版社

## 图书在版编目(CIP)数据

"危害最小化"治毒政策研究 / 王晓晓著. —北京：中国社会科学出版社，2021.3

ISBN 978-7-5203-7922-9

Ⅰ.①危… Ⅱ.①王… Ⅲ.①禁毒—社会政策—研究 Ⅳ.①D728.8

中国版本图书馆 CIP 数据核字(2021)第 029157 号

| | |
|---|---|
| 出 版 人 | 赵剑英 |
| 责任编辑 | 梁剑琴 |
| 责任校对 | 刘　娟 |
| 责任印制 | 郝美娜 |

| | |
|---|---|
| 出　　版 | 中国社会科学出版社 |
| 社　　址 | 北京鼓楼西大街甲 158 号 |
| 邮　　编 | 100720 |
| 网　　址 | http://www.csspw.cn |
| 发 行 部 | 010-84083685 |
| 门 市 部 | 010-84029450 |
| 经　　销 | 新华书店及其他书店 |
| 印刷装订 | 北京市十月印刷有限公司 |
| 版　　次 | 2021 年 3 月第 1 版 |
| 印　　次 | 2021 年 3 月第 1 次印刷 |
| 开　　本 | 710×1000　1/16 |
| 印　　张 | 14.25 |
| 插　　页 | 2 |
| 字　　数 | 237 千字 |
| 定　　价 | 88.00 元 |

凡购买中国社会科学出版社图书，如有质量问题请与本社营销中心联系调换
电话：010-84083683
版权所有　侵权必究

# 摘 要

　　由于全面禁止毒品使用的"毒品战争"没能达到减少毒品使用现象、毒品犯罪数量的效果，加之艾滋病病毒在毒品注射者之间广泛传播，"危害最小化"治毒政策于20世纪80年代首次被引入毒品治理领域。"危害最小化"治毒政策是以预防毒品危害的发生、控制并减少已经发生的毒品危害为核心，以刑罚、毒品犯罪违法所得没收制度、禁毒教育、戒毒治疗、替代措施等各项措施为主要手段，着力实现对毒品需求市场与供应市场的有效控制，以期控制和减少毒品使用、毒品犯罪相关危害的具体方向性刑事政策。"危害最小化"治毒政策的核心是控制与减少毒品危害。毒品危害可分为毒品使用的危害与毒品犯罪的危害。其中，毒品使用的危害包括毒品使用对吸毒者个人身体健康的消极影响，以及吸毒者在毒品影响下实施犯罪，或为了获取毒资而实施获取型犯罪的情形。而毒品犯罪的危害仅指《刑法》第六章第七节规制的犯罪行为所造成的危害。欲消除毒品使用与毒品犯罪的危害，必须经过有效控制此类危害的阶段。

　　自20世纪50年代起，我国就开启了打击毒品犯罪的长期战争。随着时代的变化，我国治毒政策不断更新与调整。随着人们对毒品、毒品犯罪生成机制认识的加深，21世纪初，我国治毒政策开始强调毒品问题的"综合治理"与"源头治理"。现行治毒政策表现为打击毒品需求市场与供应市场并举，但更加注重对毒品供应市场的打击。然而，在这一治毒政策的指导下，我国毒品犯罪数量、毒品使用者人数均整体增长、高位运行，毒品治理效果与治毒政策最终目的之间还存在一定差距，现行治毒政策对于毒品供应市场和需求市场的治理仍面临诸多挑战。

　　与此同时，世界范围内不乏采取"危害最小化"治毒政策的尝试。国际禁毒公约对于毒品问题的应对以麻醉药品和精神药物滥用的危害为着眼点，以人类的健康与福祉为本，不断以毒品使用状况为依据增加列管药物种类，扩大管制范围，以毒品相关危害的减少、毒品市场的控制、毒品犯罪违法所得的消灭为主要途径。欧盟更是在此基础上提出控制毒品市场与减少毒品相关危害并重的毒品治理模式。英国、荷兰、丹麦、瑞士、美国等欧洲和北美洲国家也将减少毒品使用危害的替代措施融入本国的毒品治理之中。以英国为例，在毒品供应市场的控制方面，英国构建了严密的法律规制体系、漏斗型的量刑方式，以及十分完备的毒品犯罪收益没收制度。在毒品需求市场的控制方面，英国采取了针具替换措施、阿片类毒品替代治疗，并逐步扩大这两项措施在监狱中的适用，以及狱中适用与出狱后的相应服务机构的衔接等措施，取得了有益成果。对于英国毒品治理的政策，以及该政策指导下的立法与司法实践的分析研究，可以为我国毒品治理机制的进一步完善提供有益借鉴。

我国现行治毒政策已基本实现了对毒品需求市场与供应市场共同治理，但在治理过程中仍存在成效不明显、与预期成效存在较大差异的治理困境，适时调整现行治毒政策尤为必要。鉴于"危害最小化"治毒政策在控制毒品市场、减少毒品危害方面的有效性，以及与我国现行治毒政策总体方向的一致性，将"危害最小化"治毒政策引入我国将有助于我国毒品治理体系的进一步完善。

我国引入"危害最小化"治毒政策将面临观念、制度和实践三个方面的障碍。在观念方面，我国对毒品存在"妖魔化"认识，对毒品犯罪采取"零容忍"态度。禁毒宣传太过注重宣传毒品的危害性，缺乏正确、全面、常态化的禁毒教育。在制度方面，毒品犯罪的死刑设置难以取得预防毒品犯罪的成效。虽然毒品种类、数量、纯度相结合才能反映某类毒品的危害，但我国缺乏以毒品危害为依据的毒品分级制度。此外，新精神活性药物"临时管制"制度的缺失，使得犯罪分子利用此物质被列管之前的时间差，实施制造、贩卖等行为。而违法所得没收制度在毒品犯罪领域的适用难题，则对消除毒品犯罪分子的犯罪动力提出严峻挑战。在实践方面，我国目前还存在着替代措施覆盖率低的问题。

在毒品犯罪治理领域引入"危害最小化"治毒政策，必须针对上述三个方面的障碍探寻化解的进路。首先，在观念方面治毒政策实施主体应转变长久以来对于毒品、毒品依赖、吸毒者的观念，承认部分毒品的药用性，客观对待吸毒者和毒品使用行为。禁毒教育应实现系统化与专业化，全面、有针对性地开展常态式禁毒宣传教育。其次，在制度方面，应构建明确的毒品分级与实时更新制度，将毒品级别作为影响定罪的因素。还应建立新精神活性物质的"临时管制"措施，确保即使尚未被列管，但是与列管毒品的化学结构、毒害性相类似或更为严重的新精神活性物质的制造、贩卖、使用等行为均得到正确指引与合理规制。在毒品犯罪违法所得的没收方面，需改进我国现行违法所得没收程序，使其能够适用于各类毒品犯罪，并在毒品犯罪的"定罪没收"程序中采取扩大的没收，以消除毒品犯罪的经济动力的方式预防毒品犯罪，实现对毒品供应市场的有效控制。最后，在实践方面，应进一步限制毒品犯罪的死刑适用，进一步增加替代措施的覆盖率，以确保需要此类帮助的人们能够轻易获得此类帮助。

**关键词**：毒品危害；治毒政策；"危害最小化"

# 目　　录

导论 ………………………………………………………………… (1)
 一　选题背景与意义 ………………………………………… (1)
 二　研究现状 ………………………………………………… (5)
 三　研究方法 ………………………………………………… (7)

**第一章　"危害最小化"治毒政策概述** ……………………… (9)
 第一节　"危害最小化"治毒政策的概念 …………………… (9)
  一　治毒政策的概念界定 ………………………………… (9)
  二　"危害最小化"的概念界定 ………………………… (11)
  三　相关治毒政策概念的厘清 …………………………… (20)
 第二节　"危害最小化"治毒政策的演进 …………………… (22)
  一　"危害最小化"治毒政策产生的背景 ……………… (22)
  二　"危害最小化"治毒政策的基本理念 ……………… (24)
  三　"危害最小化"治毒政策的新发展 ………………… (26)
 第三节　"危害最小化"治毒政策的内涵 …………………… (31)
  一　"危害最小化"治毒政策的目的 …………………… (31)
  二　"危害最小化"治毒政策的运行 …………………… (32)
  三　"危害最小化"治毒政策的主体和对象 …………… (39)

**第二章　我国治毒政策的发展与挑战** ……………………… (41)
 第一节　我国治毒政策的沿革 ……………………………… (41)
  一　革命根据地时期的治毒政策 ………………………… (41)
  二　中华人民共和国成立至改革开放前的治毒政策 …… (42)
  三　改革开放后至21世纪初的治毒政策 ……………… (43)
  四　21世纪初至今的治毒政策 ………………………… (45)
 第二节　我国现行治毒政策的确立 ………………………… (48)

一　现行治毒政策确立的背景与历程 ………………………（48）
　　二　现行治毒政策的立法确认与适用 ………………………（50）
　第三节　我国现行治毒政策面临的挑战 ………………………（54）
　　一　治理毒品需求面临的挑战 ………………………………（55）
　　二　治理毒品供应面临的挑战 ………………………………（63）

**第三章　"危害最小化"治毒政策的尝试与成效** ………………（70）
　第一节　"危害最小化"治毒政策的国际公约尝试 ……………（70）
　　一　经修正的《1961年麻醉品单一公约》的吸纳 …………（71）
　　二　《1971年精神药物公约》的吸纳 ………………………（72）
　　三　《1988年联合国禁毒公约》的吸纳 ……………………（74）
　第二节　"危害最小化"治毒政策的区域性尝试 ………………（78）
　　一　欧盟"危害最小化"治毒政策的立法化及其实践 ……（80）
　　二　欧洲国家"危害最小化"替代措施的适用 ……………（83）
　第三节　"危害最小化"治毒政策的个案实践样本 ……………（91）
　　一　英国对毒品需求市场控制的实践 ………………………（93）
　　二　英国对毒品供应市场控制的实践 ………………………（100）

**第四章　"危害最小化"治毒政策引入的障碍** …………………（120）
　第一节　"危害最小化"治毒政策引入的观念障碍 ……………（120）
　　一　国民对毒品及其危害的"妖魔化"认识 ………………（120）
　　二　禁毒宣传教育的局限 ……………………………………（121）
　第二节　"危害最小化"治毒政策引入的制度障碍 ……………（125）
　　一　毒品分级制度的缺失 ……………………………………（125）
　　二　新精神活性物质规制的局限 ……………………………（128）
　　三　毒品犯罪违法所得没收制度的局限 ……………………（132）
　第三节　"危害最小化"治毒政策引入的实践障碍 ……………（143）
　　一　毒品犯罪死刑设置的局限 ………………………………（143）
　　二　替代措施覆盖率较低 ……………………………………（148）

**第五章　"危害最小化"治毒政策在我国的实施路径** ………（151）
　第一节　治毒政策实施主体观念的转变 ………………………（151）
　　一　"源头治理"与"综合治理"的思想共识 ………………（151）

二　对待毒品及毒品依赖观念的转变 …………………………（153）
　　三　对待吸毒者观念的转变 …………………………………（154）
　　四　禁毒教育的系统化与专业化 ……………………………（156）
第二节　"危害最小化"治毒政策引入的制度进路 …………………（157）
　　一　建立毒品分级制度 ………………………………………（157）
　　二　实行新精神活性物质的临时管制 ………………………（162）
　　三　"扩大没收"程序对毒品犯罪的有限适用 ……………（167）
　　四　"未定罪没收"程序对毒品犯罪的适用 ………………（179）
　　五　关于违法所得没收机构、程序与时效设置的建议 ……（190）
第三节　"危害最小化"治毒政策引入的实践进路 …………………（194）
　　一　进一步限制毒品犯罪死刑的适用 ………………………（194）
　　二　进一步推广普及替代治疗措施 …………………………（197）

**结语** ……………………………………………………………………（204）

**参考文献** ………………………………………………………………（206）

**后记** ……………………………………………………………………（217）

# 导　　论

## 一　选题背景与意义

毒品使用与毒品犯罪现象存续已久，我国对毒品的规制也经历了逐步趋严的过程。最初，在"宜粗不宜细"的立法指导理念下，1979年《刑法》仅规定了制造、贩卖、运输这三类毒品犯罪，且最高刑期为有期徒刑。1982年《关于严惩严重破坏经济的犯罪的决定》首次将毒品犯罪最高刑期规定为死刑，而1997年《刑法》则全面确立了严厉打击毒品犯罪的法律框架。① 在这样的立法指导思想下，我国将走私、贩卖、运输、制造毒品罪的最高刑期设定为死刑。无论走私、贩卖、运输、制造毒品的行为所涉毒品数量多少，都应受到刑事处罚，且毒品数量不以纯度折算。除此之外还设立了毒品犯罪的再犯制度。这些举措无一不体现了国家希望借助刑法手段，以从严治理的方式打击毒品供应市场，以期消除毒品犯罪与毒品使用现象的美好愿望。然而，我国目前的毒品使用现状和毒品犯罪形势与国家预期还存在一定距离。

经过多年的毒品治理历程，目前我国毒品治理形势整体向好。② 但不可否认，当前毒品治理形势仍面临着传统毒品与新型毒品的危害相互交织，网上毒品犯罪与网下毒品犯罪相互交错的复杂状况，毒品对于人民群众的生命安全和身体健康造成的危害，以及对整个社会稳定造成的危害仍十分严重。③ 一方面，我国毒品使用者人数众多，并且呈现整体增长态

---

① 何荣功：《我国"重刑治毒"刑事政策之法社会学思考》，《法商研究》2015年第5期。
② 《2019年中国毒品形势报告》，http://www.nncc626.com/2020-06/24/c_1210675813.htm，2020年6月26日。
③ 《习近平对禁毒工作作出重要指示强调　坚持厉行禁毒方针　打好禁毒人民战争　推动禁毒工作不断取得新成效》，http://www.nncc626.com/2020-06/23/c_1210673603.htm，2020年6月26日。

势，至2016年，我国合成毒品的使用人数已过半，① 新精神活性物质的使用增多。② 另一方面，在近30年的毒品战争中，我国毒品犯罪案件数量始终处于高位，在全部刑事案件中占有较高比重，重刑率也始终保持在较高水平。最高人民法院2017年6月发布的《人民法院禁毒工作白皮书（2012—2017）》的数据显示，毒品犯罪案件在全部刑事案件中的比例从2012年的7.73%增至2016年的10.54%。毒品犯罪案件成为增长最快的案件类型之一，其增长幅度是全部刑事案件总体增长幅度的4.12倍。毒品犯罪分子人数从2012年的81030人增至2016年的115949人，增幅为43.09%。与此同时，毒品犯罪案件判处五年有期徒刑以上刑罚的重刑率总体为21.91%，各年度毒品犯罪案件的重刑率均高出全部刑事案件重刑率十几个百分点。③ 2016—2017年，毒品犯罪案件中，被判处五年有期徒刑及以上的犯罪人数为4.61万人，占全国犯罪人总数的21.48%，高出同期全部刑事案件11.31个百分点。其中，走私、贩卖、运输、制造毒品罪所占比例高达64.78%。④ 在多年单一倚重刑法、强调"严打"之后，越来越多的学者开始意识到单纯依赖重刑打击毒品供应市场无法根治毒品犯罪。⑤

毒品使用与毒品犯罪问题并非我国独有，而是早已成为全球性问题，国际社会的毒品治理模式也处在不断改进的过程中。世界范围内，毒品使用者人数自2008年以来持续上涨，至2017年，世界范围内至少使用过一次毒品的人数为2.71亿人，约占全球15—64岁人口的5.5%。也就是说，大约每18个人中，就有1个人使用过毒品。⑥ 据欧洲刑警组织

---

① 《2016年中国毒品形势报告》，http://www.nncc626.com/2017-03/27/c_129519255.htm，2019年3月20日。

② 《全国"禁毒2018两打两控"专项行动部署视频会议召开》，http://www.nncc626.com/2018-02/28/c_129818857.htm，2019年3月22日。

③ 《人民法院禁毒工作白皮书（2012—2017）》，https://www.chinacourt.org/article/detail/2017/06/id/2899458.shtml，2019年3月20日。

④ 《最高法：近两年毒品犯罪重刑率较高，武装贩毒案件占比略上升》，https://www.thepaper.cn/newsDetail_forward_2219660，2020年9月30日。

⑤ 何荣功：《我国"重刑治毒"刑事政策之法社会学思考》，《法商研究》2015年第5期。

⑥ United Nations Office on Drugs and Crime, *World Drug Report 2019, Booklet 2：Global Overview of Drug Demand and Supply*, p.9.

(EUROPOL)统计,毒品市场是最具活力的犯罪市场。毒品贩运和毒品生产仍是欧盟中活跃的有组织犯罪集团最有利可图的犯罪活动之一。① 为了应对严峻的毒品问题,以"人类的健康与福利"为本,以减少毒品相关危害为着力点,力图实现对毒品需求市场与供应市场的有效控制的国际禁毒体系②逐渐形成。

毒品问题是世界各国共同面临的难题。消灭毒品犯罪,消除毒品使用,乃至让毒品彻底消失,是全世界、全人类共同的美好愿望。为了这一理想状态的达成,有的国家采取毒品战争的方式。而有的国家意识到当今社会,毒品使用的现象不可能完全消除,即使人们某一时段对于某些特定种类物质的使用量减少,甚至不再使用,但从长远看来,人类对于刺激精神的物质需求并不会因此而消失。异常活跃的新精神活性物质市场就是最好的实例。

在毒品犯罪治理过程中,欧洲、美洲、澳洲等许多国家于20世纪80年代起开始引入"危害最小化"的治毒政策,将治毒关注点转移到减少毒品使用和毒品犯罪的消极后果,取代以全面禁止毒品使用、全面消除毒品犯罪为主要目标的禁毒策略。2012年,欧盟在恪守联合国公约的要求下通过了《2013—2020治毒战略》(*EU Drug Strategy 2013—2020*)和相应的两个四年度的《行动计划》(*Action Plan 2013—2016*;*Action Plan 2017—2020*)。这三项文件都表明了欧盟着力减少毒品使用与毒品犯罪的危害,以及努力实现对于有效控制毒品需求市场、供应市场的立场。尤其是在减少毒品需求方面,欧盟更加强调以"危害最小化"作为其行动计划的终极目标之一。③

世界许多国家逐渐吸收"危害最小化"指导思想,并与本国国情相结合,探索出一条适应本国国情的减害之路,并取得了一定成效。英国是

---

① European Commission, *Report from the Commission to the European Parliament and the Council on Progress in the EU's 2013-2020 Drugs Strategy and 2013-2016 Action Plan on Drugs*, November 27, 2015, p. 2.

② 主要包括《1961年麻醉品单一公约》、经《1972年议定书》修正的《1961年麻醉品单一公约》,以及《1971年精神药物公约》《1988年联合国禁止非法贩运麻醉药品和精神药物公约》。

③ "EU Drug Strategy (2013-2020)", *Official Journal of the European*, December 29, 2012, p. C402/2.

将"危害最小化"治毒思路深入贯彻到毒品问题治理过程，将控制毒品需求市场与控制毒品供应市场置于同等重要地位，并卓有成效的典型国家。在控制毒品供应市场当面，英国先后颁布了1971年《毒品滥用法案》(Misuse of Drug Act 1971)、2011年《临时毒品类别令》(Temporary Class Drug Order 2011) 以及2016年《精神物质法案》(Psychoactive Substances Act 2016)。并以量刑委员会 (Sentencing Council) 发布的有关毒品犯罪量刑规则的明确指南 (Drug Offences Definitive Guideline) 指导每类毒品犯罪案件的定罪与量刑。此外，英国于2002年颁布了《犯罪收益追缴法案》(Proceeds of Crime Act 2002)，严格实行毒品犯罪收益没收制度。在控制毒品需求市场方面，英国于20世纪80年代就已采取了针具替换措施和阿片类毒品的替代治疗措施，目前正在考虑是否设立医疗监督下的毒品使用室。英国与我国的情况类似，有较多的毒品使用者。而英国在控制毒品供应市场与毒品需求市场的多项举措共同作用下，毒品使用者人数稳中有降，毒品犯罪数量近年来也呈现出总体下降趋势。英国作为典型个案，验证了"危害最小化"治毒政策的有效性和优越性。

我国的治毒政策并非与"危害最小化"背道而驰，而是零散地体现了"危害最小化"思想。在刑事立法以及党和政府的指导文件方面，2014年中共中央、国务院印发《关于加强禁毒工作的意见》指出的"源头治理、以人为本、依法治理、严格管理、综合治理"的基本原则，以及"预防为主，综合治理，禁种、禁制、禁贩、禁吸并举"的工作方针，与"危害最小化"治毒政策主张的控制与减少毒品使用的危害、毒品犯罪的危害，控制与削减毒品需求市场、毒品供应市场有着异曲同工之妙。在司法实践层面，我国采取了针具替换措施、阿片类毒品的维持治疗措施，即为减少毒品使用的危害，尤其是不安全的毒品使用方式可能导致的艾滋病、肝病传染危害的重要举措。但是，我国尚未形成系统化的"危害最小化"治毒政策。

习近平总书记强调"禁毒工作事关国家安危、民族兴衰、人民福祉"[①]，毒品治理是一个艰巨的历史过程，毒品问题的治理关涉国家安危，

---

① 《习近平就禁毒工作做出重要指示》，http：//www.xinhuanet.com/2018-06/25/c_1123032441.htm，2019年4月14日。

治毒政策的及时调整与完善不仅有利于我国的发展，也有利于我国与世界各国和地区开展国际禁毒合作。基于我国的立法与实践，在国际社会中，我国被认为是在官方文件中表述，且实际实行了"危害最小化"的国家。① 在此背景下，探讨现行治毒政策的治理困境，厘清"危害最小化"治毒政策的合理性与治理成效，结合我国国情探寻将"危害最小化"治毒政策引入我国毒品犯罪治理的具体进路，具有十分重要的理论与实践意义。

## 二 研究现状

我国学界有关毒品犯罪治理的研究成果十分丰富，大致包括以下几类。

第一，基于毒品犯罪具有市场化特征，毒品犯罪以组织化、集团化运行的现状，主张以毒品市场为打击对象。毒品市场具备生产、运输、销售、消费等环节，组成市场的环节已然完备。毒品市场的动力来源于非法利益，而毒品对吸毒者形成了绝对控制，这导致毒品需求市场几乎不存在理性购买的余地，毒品供应市场也因此不可能存在供过于求的状况。毒品市场以丰厚的利益、暴力手段，以及相关技术来维持自身的发展壮大。毒品犯罪现象依附于毒品市场，这个市场中的各个环节之间往往又隔着较远的距离。为了克服毒品市场中的重重阻力，毒品犯罪逐渐以有组织犯罪的形式呈现。但与一般的有组织犯罪不同，毒品犯罪呈现出"外松内紧"的组织形式。运输毒品者、毒品的直接生产者往往处于次要地位，具有极高的可替代性，外围结构十分松散。毒品犯罪的骨干成员则为组织者、领导者，这类人员与下层人员之间多为单线联系，最大限度地规避刑事责任。在此基础上，有学者指出，刑法对于切断毒品市场的非法利益来源，即毒品使用而言十分无力，毒品犯罪根源的限制与切断只能依靠社会措施的介入，见于莫洪宪发表于《政治与法律》2012年第10期的《毒品犯罪的挑战与刑法的回应》，以及赵国玲、刘灿华发表于《法学杂志》2011年第5期的《毒品犯罪刑事政策实证分析》。还有学者建议以吸毒行为犯罪化的方式削减毒品需求市场，见于曾粤兴、孙本雄发表于《法治研究》

---

① Harm Reduction International, *Global State of Harm Reduction 2018*, p.14.

2019年第2期的《当代中国毒品犯罪刑事政策的检讨与修正》。

第二,主张渐进废除毒品犯罪的死刑。有学者指出,依据国际禁毒立法和毒品犯罪的特征,毒品犯罪并非最严重的罪行,为毒品犯罪设置死刑的理由并不充分。而我国《刑法修正案(八)》《刑法修正案(九)》两次修法过程中,有关取消运输毒品罪死刑的立法建议均未获采纳。由于运输毒品行为只是整个毒品犯罪过程的中间环节,具有辅助性、从属性的特征,危害也相对较小,并且运输毒品罪的司法认定标准较为模糊,适用死刑存在罪刑不均衡的问题,因此,世界范围内很少单独对运输毒品行为设置死刑。有学者主张应以取消运输毒品罪的死刑为开端,逐步取消毒品犯罪的死刑,此类观点见于赵秉志、阴建峰发表于《法学杂志》2013年第5期的《论中国毒品犯罪死刑的逐步废止》,何荣功、莫洪宪发表于《华中科技大学学报》(社会科学版)2012年第2期的《毒品犯罪死刑的国际考察及其对我国的借鉴》,莫洪宪、薛文超发表于《广西大学学报》(哲学社会科学版)2016年第2期的《"厉行禁毒"刑事政策下运输毒品罪的死刑废止》等。

也有观点主张在司法上大幅削减毒品犯罪死刑的适用,进而全面停止毒品犯罪的死刑适用,以期废除毒品犯罪的死刑,此类观点见于梅传强、胡江发表于《河南财经政法大学学报》2016年第5期的《毒品犯罪死刑废除论》。此外,还有观点认为应理性看待现阶段保留毒品犯罪死刑的必要性,辩证看待毒品犯罪适用死刑的效果。既不能简单寄希望于死刑来控制毒品犯罪,又不能立即废止毒品犯罪的死刑,而是应当准确、慎重地适用死刑。此类观点以胡云腾、方文军发表于《中国青年社会科学》2018年第5期的《论毒品犯罪的惩治对策与措施》为代表。

第三,对现行毒品犯罪刑事政策进行系统反思。有学者通过对毒品犯罪刑事政策的实证研究,发现司法实践中大部分毒品犯罪案件仅涉及运输毒品行为。并且被判处重刑的犯罪人中,大部分属于市场经济中的"弱势群体",即教育程度低、合法收入来源少的农民或无业人员,且重刑主要适用于贩卖或运输毒品行为。也有学者对于现行治毒政策在刑事立法与司法之中的确立进行系统梳理,并以实证数据为基础,指出我国当前以打击毒品供应市场为主的治毒政策无法从根本上遏制我国毒品犯罪的严峻态势,却在实际上起到了阻碍我国毒品犯罪立法完善与死刑改革的负面效果。在充分认识到毒品犯罪与毒品使用之间的正相关关系后，指出现行治毒政策无法根除毒品使用，我国目前毒品治理的出路应是将治理重心前移至减少毒品使用的环节。也有学者对于现行治毒政策打击毒品供应市场之局限性进行分析与探讨，并进一步提出有关控制毒品需求市场的具体路径。此类观点主要见于何荣功发表于《法商研究》2015年第5期的《我国"重刑治毒"刑事政策之法社会学思考》，以及齐文远、魏汉涛发表于《河南大学学报》（社会科学版）2018年第1期的《毒品犯罪治理的困境与出路》。

第四，对毒品犯罪量刑标准进行反思。有学者指出，我国毒品犯罪量刑上存在明显的重刑倾向与过度适用死刑的情况。毒品数量不以纯度折算的规定，以及实践中只考虑数量而不顾纯度的做法，必然导致毒品犯罪死刑判决的增加。并指出应纠正毒品犯罪量刑唯数量论的倾向，充分重视毒品犯罪案件中，从轻情节的适用，规范及限制特勤引诱侦查手段的采用。在毒品犯罪的死刑适用方面，提出了将死刑适用的罪名，以及可判处死刑的毒品含量标准加以明确的建议。此类观点见韩玉胜、章政发表于《中国人民公安大学学报》（社会科学版）2011年第1期的《论毒品犯罪死刑适用的量刑情节》，彭之宇发表于《中国刑事法杂志》2014年第1期的《毒品犯罪量刑问题研究》。

## 三　研究方法

### （一）文献分析法

文献分析法，是所有学科分析具体问题时所应采用的最基本与最核心的方法，对于有着严谨教义学规范的刑法学来说当然也不例外。本书拟通过丰富的藏书与电子期刊资源，以及在国外交流学习期间获取的外文图书与期刊资源，对于"危害最小化"治毒政策及其在英国的实践与成效、国际禁毒公约、我国现行治毒政策的确立与效果的相关文献进行仔细梳理和分析，明确国内外的研究现状，厘清本书的写作思路，对我国毒品犯罪治理过程中遇到的挑战、英国打击与控制毒品犯罪的有效尝试进行深入的、系统的研究。

### （二）历史分析法

只有将具体问题在历史沿革中变更与发展的过程进行完整的梳理考

察，才能在对它的考察中获取准确且符合实际的认知。我国毒品问题自20世纪50年代已逐步凸显，至今仍是我国和世界许多国家艰难应对的难题。"危害最小化"在毒品犯罪领域的首次引入始于20世纪80年代，如今已是欧洲、美洲、澳洲等许多国家争相采取的治毒政策。本书拟对我国治毒政策的历史沿革进行梳理，并与同时期我国毒品犯罪数量、毒品使用人数进行对比，探讨我国现行治毒政策对于控制毒品市场的治理困境以及我国毒品问题治理过程中面临的挑战。同时，本书拟对"危害最小化"治毒思路在世界范围内的提出，国际禁毒公约、欧盟对于这一政策的解读，以及英国对于"危害最小化"的贯彻予以详细梳理，并与同时期英国毒品犯罪数量、毒品使用人数进行对比，考察"危害最小化"治毒政策的有效性与可借鉴性。

（三）比较分析法

比较分析法也是刑法学研究中一种非常重要的研究方法。比较分析不仅仅是指分析对同一类问题不同国家的法律规定，还应比较不同国家对该类问题作出该法律规定的具体前提，以此得出该法律规定是否以及多大程度可以为研究主体所在国借鉴。在"危害最小化"治毒政策的指导下，英国的毒品问题治理成效显著。本书拟通过对我国与英国治毒政策的指导思想、法律规制、替代措施，以及不同法律规制下的治毒成效进行比较研究，进而探讨我国引入"危害最小化"治毒政策的可行性与具体进路。

（四）样本案例分析法

样本案例分析法，是通过对于本书主题相关案例的剖析，建立和检验命题真伪。本书拟在文章的论证中，广泛分析国内外的相关案例，验证本书的观点，使论证更加充分可信，同时使理论与实践更加有效地结合。

# 第一章 "危害最小化"治毒政策概述

## 第一节 "危害最小化"治毒政策的概念

### 一 治毒政策的概念界定

一般而言,"刑事政策"的专业术语最早由德国学者费尔巴哈提出。在1803年出版的刑法教科书中,费尔巴哈将"刑事政策"定义为"国家据以与犯罪作斗争的惩罚措施的总和",并认为刑事政策是"刑法的辅助知识"。[①] 李斯特也对"刑事政策"做出了定义,丰富了这一概念的内涵,指出刑事政策是指"国家借助于刑罚以及与之相关的机构(教育和矫正机构、劳动教养所,以及类似机构),同犯罪作斗争的基本原则的整体(总称)"[②]。第二次世界大战之后,"刑事政策"一词开始在英、美、法系国家流行,英美国家学者关于刑事政策的研究逐渐增多。牛津大学犯罪学研究中心主任罗杰·胡德教授分别于1989年和1999年主编了《欧洲的犯罪与刑事政策》和《欧洲犯罪和刑事政策的转型状况》两本书,安德鲁·约瑟夫于1996年出版了《刑事政策转轨》一书。英美刑法领域一般不设立独立的刑事政策学术部门,而是将这一部分内容并入犯罪学,作为广义犯罪学的一部分。大陆法系国家则倾向于将犯罪学的研究范围限于犯罪原因研究,而将犯罪防止对策研究划入刑事政策的范畴。[③]

---

[①] 转引自[法]米海依尔·戴尔马斯-马蒂《刑事政策的主要体系》,卢建平译,法律出版社2000年版,第1页。

[②] [德]冯·李斯特:《论犯罪、刑罚与刑事政策》,徐久生译,北京大学出版社2016年版,第212页。

[③] 转引自刘仁文《刑事政策初步》,中国人民公安大学出版社2004年版,第22—23页。

我国学界不乏对于刑事政策的研究与探讨。储槐植教授主张，刑事政策是"国家和社会依据犯罪态势对犯罪行为和犯罪人运用刑罚和诸多处遇手段以期有效地实现惩罚和预防犯罪目的的方略"，并以微观和宏观为视角，将刑事政策分为个体刑事政策与群体刑事政策。[1] 曲新久教授等认为："刑事政策，是指执政党、国家机关、社会组织以及公民个人组成的'国家—社会'整体运用组织化的合法权利，基于预防犯罪、保护社会、维持秩序的目的，同犯罪斗争的准则、策略、方针、计划以及具体行动的总称。"[2]梁根林教授认为："刑事政策是国家和社会整体以合理而有效地组织对犯罪的反应为目标而提出的有组织地反犯罪斗争的战略、方针、策略、方法以及行动的艺术、谋略和智慧的系统整体。"[3]

对于刑事政策的概念，应主要从主体、对象、目的、手段与功能五个方面界定。

第一，刑事政策的主体，包括决策刑事政策的主体与执行刑事政策的主体。费尔巴哈、李斯特并未明确表述刑事政策的主体包含社会，但在他们对于刑事政策的定义中无不涵盖了刑罚以外的措施和原则，即社会措施和采取社会措施的原则。我国学者储槐植教授明确指出，刑事政策的主体可以分为决策主体与执行主体。决策主体为国家，而执行主体是社会与国家。[4]

第二，刑事政策的对象，即刑事政策作用的对象，包括认识对象和实践对象。认识对象是指犯罪态势，包括犯罪现象的当前状态、变化轨迹和发展趋势，而实践对象是指犯罪行为与犯罪人。[5] 值得注意的是，犯罪态势既包括将犯罪作为一个社会现象的宏观解读，又包括对于个人犯罪行为的微观解读。[6] 实践对象也可分为宏观层面的类罪行为与犯罪人，以及微观层面的个罪行为与犯罪人两个层次。

---

[1] 储槐植：《刑事一体化论要》，北京大学出版社2007年版，第80—86页。

[2] 曲新久、张国鑫：《如何科学认识刑事政策》，《人民法院报》2001年5月21日第B01版。

[3] 梁根林：《刑事政策：立场与范畴》，法律出版社2005年版，第23页。

[4] 储槐植：《刑事一体化论要》，北京大学出版社2007年版，第80页。

[5] 同上。

[6] 赵亮：《当代中国社会转型时期的刑事政策调整》，法律出版社2013年版，第38页。

第三，刑事政策的目的，即刑事政策的制定、贯彻与施行拟达到的目标、拟取得的成效。储槐植教授指出，刑事政策的目的包括有效地预防犯罪与惩罚犯罪两个方面。① 刑事政策的目的不仅在于预防尚未发生的犯罪和惩罚已然发生的犯罪，还在于预防和惩罚犯罪的有效实现。

第四，刑事政策的手段，即刑事政策得以贯彻落实的具体途径，刑事政策的目的得以实现的具体方法。刑事政策的手段在其目的指导下具有多样性。惩罚犯罪的有效途径以刑罚为主，而预防犯罪的有效途径则包含更为广泛的社会措施，包括经济手段、行政手段、教育手段等。

第五，刑事政策的功能，即刑事政策具备的特有的、常态化的作用与效能，包括导向功能与调节功能。② 导向功能是指刑事政策的目的设定，对刑事法律起着重要的指导作用。调节功能则指随着时代的演进、刑事政策认识对象的变化以及反犯罪斗争的需要，刑事政策具备适时、积极地调整与应对以促进刑事政策目的实现的特质。

根据刑事政策对象的差异，可以将刑事政策分为基本刑事政策与具体方向性刑事政策。基本刑事政策是指在较长时间内，在犯罪控制的整个过程中起主导作用的刑事政策。具体方向性刑事政策则是指在犯罪控制的某个特定领域或某一具体阶段起作用的刑事政策，具有对基本刑事政策的依存性和具体性。③ 治毒政策就是毒品问题治理领域的具体方向性刑事政策。根据上文对刑事政策内涵的界定，治毒政策是指由国家制定、国家与社会共同实施，以毒品犯罪行为、毒品犯罪人、吸毒行为、吸毒者为对象，以预防毒品犯罪与毒品使用为目的，以控制毒品供应与毒品需求为手段的毒品问题治理领域的具体方向性刑事政策。

## 二 "危害最小化"的概念界定

### （一）"危害最小化"的定义

"危害最小化"，也称为减少危害举措、限制损害举措、减少风险

---

① 储槐植：《刑事一体化论要》，北京大学出版社2007年版，第80页。
② 赵亮：《当代中国社会转型时期的刑事政策调整》，法律出版社2013年版，第64—65页。
③ 张洪成：《毒品犯罪刑事政策之反思与修正》，中国政法大学出版社2017年版，第29—30页。

举措。① 在本书语境下,"危害最小化"是指毒品危害的最小化,具体而言即控制和减少毒品可能造成的危害,渐进追求对相关危害的消除,② 是一种以潜在的毒品使用量在短时期内的有限增加为代价,换取毒品危害得以控制,并在较长期限内得以最终消除的指导方针。③ 正确理解毒品危害的刑法规范内涵,是准确、全面地理解"危害最小化"内涵的逻辑起点。

### (二)"危害"的刑法规范内涵

"危害最小化"治毒政策产生于以危害原则(Harm Principle)为核心的英美刑法理论体系。危害原则也被称为"危害他人原则""损害原则",④ 以行为对"他人"造成危害作为发动刑罚权的道德底线。危害原则在英美法系刑法理论中的地位等同于大陆法系刑法理论中的法益保护原则,以及我国传统刑法理论中的(严重)社会危害性原则。从功能上看,"危害"与"法益侵害"或"社会危害性"一样,均试图为立法上的犯罪化提供正当性依据,为司法上的犯罪认定提供实体标准。⑤ 合理地界定刑法规范视域中危害原则语境下"危害"的内涵与范畴,是厘清"危害最小化"治毒政策所欲减少毒品危害的前提。

密尔在《论自由》中主张:"人们个人地或集体地干涉社会成员的行为自由,其唯一目的在于自我保护。文明社会中,权力能够正当地违背任何社会成员的意识而行使,其唯一目的在于阻止行为人伤害他人。"⑥ 范伯格在《刑法的道德界限:对他人的伤害》中指出:"这是刑事立法的良好依据:刑事立法可能有效防止(消除、减少)对行为人之外的其他人

---

① Russell Newcombe, "The Reduction of Drug-Related Harm: A Conceptual Framework for Theory, Practice and Research", in P. A. O'Hare et al. eds., *The Reduction of Drug-Related Harm*, London and New York: Routledge, 1992, p. 1.

② Ibid.

③ Reuter Peter H. and MacCoun Robert. J., "Harm Reduction and Social Policy", *Drug and Alcohol Review*, Vol. 15, 1996.

④ 有关该原则的国内各种翻译,参见姜敏《英美刑法中的"危害原则研究"——兼与社会危害性比较》,《比较法研究》2016年第4期。

⑤ 陈兴良:《风险刑法理论的法教义学批判》,《中外法学》2014年第1期。

⑥ John Stuart Mill, *On Liberty*, Auckland: The Floating Press, 1909, p. 18.

的损害,并且可能找不到其他同样有效且价值成本更低的方法。"[1]根据密尔和范伯格对危害原则的定义,刑法规范中的危害是指对行为人之外其他人的损害。冯·赫希与斯密斯特在《犯罪,危害和不正当:犯罪化之原则》中则指出:"只有在行为对他人造成危害或者危害的风险时,国家的强制介入才具备正当化依据"[2],将危害的边界扩张至造成危害的风险。为了明确扩张后危害的边界,冯·赫希与斯密斯特将危害类型化为直接危害(Direct Harm)、遥远危害(Remote Harm)与回应危害(Reactive Harm),其中遥远危害又可分为抽象危险型、介入型、累积型三个主要类型。[3]达夫和马歇尔在《"遥远危害"与两个危害原则》一文中,通过对危害原则的三种表述做出对比,指出实际上只存在两种危害原则:密尔和范伯格提出的概念可归纳为危害预防原则(Harm Prevention Principle),而冯·赫希和斯密斯特提出的概念可评价为有害行为原则(Harmful Conduct Principle)。其中,危害预防原则是指:"如果(只有当)某类行为的犯罪化能够有效预防行为人对他人的危害(时),其犯罪化才具备良好理由(Good Reason)。"需要指出的是,密尔的危害原则与范伯格的危害原则也存在差别,在密尔看来,犯罪化或其他任何集体强制措施,其唯一良好理由在于防止危害发生;然而,范伯格认为,防止行为人伤害他人只是犯罪化的良好理由之一,而这也正是为何范伯格撰写另外三卷《刑法的道德界限》的缘由。达夫和马歇尔认为有害行为原则指的是:"如果(只有当)某类行为对他人有害(时),其犯罪化才具备良好理由。"[4]

准确地说,无论是上述危害原则的三种不同表述,还是达夫和马歇尔对于两个危害原则的辨析,其探讨的都是犯罪化的良好理由,而不是特定行为犯罪化的正当性依据。换言之,其试图解决的都是"可以被犯罪化"而不是"应当被犯罪化"的问题。在"可以被犯罪化"和"应当被犯罪

---

[1] Joel Feinberg, *The Moral Limits of the Criminal Law*: *Harm to Others*, New York: Oxford University Press, 1984, p. 26.

[2] A. P. Simester, Andreas von Hirsch, *Crimes*, *Harms*, *and Wrongs*: *On the Principles of Criminalisation*, Oxford and Portland, Oregon: Hart Publishing, 2014, p. 35.

[3] 王晓晓:《"遥远危害"与预防型犯罪化》,《刑法论丛》2019 年第 1 期。

[4] R. A. Duff and S. E. Marshall, "'Remote Harms' and the Two Harm Principles", in A. P. Simester, Antje Du Bois-Pedain eds., *Liberal Criminal Theory*, Oxford and Portland, Oregon: Hart Publishing, 2014, p. 206.

化"之间，犯罪化的成本、其他替代应对措施和策略等因素都必须被纳入考虑范围。因此，危害原则只能为犯罪化提供良好依据，只能解决何种行为可以被犯罪化的问题。只有在结合对其他制约因素的充分考量之后，才能得出是否应当将某一行为宣布为罪的结论。

实际上，学者们在讨论危害原则时，通常首先引用密尔和范伯格之概念——危害预防原则，继而讨论和适用有害行为原则。[1] 密尔本人也是如此。在其有关危害原则的经典表述之后，密尔写道："出于证明强制正当性的目的，将要被制止的行为必须具备给其他人带来不幸的性质。"[2] 危害预防原则与有害行为原则的内涵与外延不尽相同，若不做区分地交叉引用，会导致一系列概念和归责上的难题，在涉及遥远危害时更是如此。在有害行为原则指导下，对遥远危害的规制存在两个可能的维度：限缩和扩张。限缩意味着遥远危害必须具备不正当性。行为不正当性的认定途径有两种：其一，将不正当性制约融合于行为的危害中，正如范伯格所言，危害原则语境下的"危害"指的是减损他人利益的不当行为，以及不当行为对利益的阻碍。[3] 其二，将不正当性视作独立于行为的危害性而存在，但即便如此，二者之间也有着极为紧密的联系。行为的危害性并非其不正当性的唯一基础，但行为之所以不正当，与其危害性必然存在一定关联。而在"有害的"概念不清晰时，扩张的问题则会显现。在行为事实上直接造成危害（或一旦实施即会直接造成危害）的场合，其"有害性"不言而喻，但不会有人因此认为有害行为原则仅规制在事实上已经造成了危害的行为。如果我们能为事实上直接造成危害的行为的犯罪化提供良好理由，那么对于存在直接导致危害发生风险的行为[4]也应当如此。然而，当我们将有害行为原则的外延扩展至具有直接造成危害后果风险的行为时，该原则的界限就越发难以认定。[5]

---

[1] 王晓晓：《"遥远危害"与预防型犯罪化》，《刑法论丛》2019年第1期。

[2] John Stuart Mill, *On Liberty*, Auckland: The Floating Press, 1909, p. 19.

[3] Joel Feinberg, *The Moral Limits of the Criminal Law: Harm to Others*, New York: Oxford University Press, 1984, pp. 32-34.

[4] 此指不存在他人介入行为或偶然事件的情形。

[5] R. A. Duff and S. E. Marshall, "'Remote Harms' and the Two Harm Principles", in A. P. Simester, Antje Du Bois-Pedain eds., *Liberal Criminal Theory*, Oxford and Portland, Oregon: Hart Publishing, 2014, pp. 208-209.

不可否认，刑法具有预防机能，处罚对他人造成损害的行为人是实现刑法积极一般预防功能的基本途径。因此，依据有害行为原则得出的犯罪化理由，在危害预防原则的指导下同样成立。依据危害预防原则得出的犯罪化的理由，除了涵盖有害的行为之外，也可能涵盖没有直接造成危害的行为以及无害行为的情形。而后两者不在有害行为原则的规制范围之内。基于此，似乎可以得出以下结论：有害行为原则并非独立的原则，而是危害预防原则的一个特殊含义或是对危害预防原则的具体适用。[1] 或者说，斯密斯特和冯·赫希主张的有害行为原则与遥远危害的分类与归责合并即是危害预防原则。本书主张以危害预防原则作为分析毒品危害的理论基础，以预防毒品相关危害为核心，着力控制、减少毒品相关危害，以期最终消除毒品危害。

(三) 毒品危害的刑法规范内涵

毒品作为一种物质，英文名为"Drug"，它既具备医疗属性，又具备一旦滥用则可能对使用者造成伤害的属性，其本质是能够使人形成瘾癖的麻醉药品和精神药品，既可治病救人，又可置人于万劫不复。客观而言，很难准确道明这一物质的是非善恶。因此，需要结合具体的毒品犯罪行为类型才能明晰毒品危害的刑法规范内涵。

想要厘清毒品犯罪的危害，必须首先明确毒品犯罪的概念。毒品犯罪主要包括三类犯罪行为：第一类为毒品影响下的犯罪（Psychopharmacological Offences），指行为人使用毒品后，在毒品的作用下实施的犯罪，例如恶性暴力行为和破坏财物行为、危害公共安全行为等；第二类为迫于经济压力而实施的犯罪（Economic-compulsive Offences），即行为人为了获取足够资金以维持其毒瘾而实施的获取型犯罪；第三类为系统型犯罪（Systemic Offences），指与非法毒品供应和需求市场相关联的消极互动行为，包括毒品的走私、贩卖、运输、制造等行为。[2]

最为典型的第一类毒品犯罪——毒品影响下的犯罪包括毒品使用者在

---

[1] R. A. Duff and S. E. Marshall, "'Remote Harms' and the Two Harm Principles", in A. P. Simester, Antje Du Bois-Pedain eds., *Liberal Criminal Theory*, Oxford and Portland, Oregon: Hart Publishing, 2014, p. 207.

[2] See Goldstein, P. J., "The Drugs/Violence Nexus: A Tripartite Conceptual Framework", *Journal of Drug Issues*, Vol. 15, 1985.

毒品影响下实施的恶性暴力犯罪和危及公共安全的犯罪。前者例如湖南省邵阳市中级人民法院一审，湖南省高级人民法院二审的"张某故意杀人案"。被告人张某自 2012 年开始吸毒，曾多次被戒毒和送医治疗，2016 年 12 月 21 日，张某驾车过程中，见被害人王某某（男，7 岁）背着书包在路边行走，遂将王某某骗上车，将车开至偏僻公路，停车后将熟睡的王某某抱下车，持菜刀连续切割、砍击王某某的颈部，致其颈部离断死亡。随后，张某将王某某的头部和躯干分别丢进附近草丛后逃离现场。① 再比如，四川省资阳市中级人民法院原审、四川省高级人民法院复核审的"李某某故意杀人案"。被告人李某某有长期吸毒史，因琐事对邻居吴某某、游某某夫妇素有不满，起意行凶，进入邻居吴某某、游某某夫妇家中，将二人杀死。② 在毒品影响下实施了危及公共安全犯罪行为的，例如云南省芒市人民法院一审，云南省德宏傣族景颇族自治州中级人民法院二审的"姚某某以危险方法危害公共安全、妨害公务案"，被告人姚某某吸食甲基苯丙胺后，在公共道路上驾车任意冲撞，造成两辆车受损，在民警通过车载扩音器多次要求其停车接受检查后，拒不听从民警指令，驾车撞向执行公务民警驾驶的警车。③

典型的第二类毒品犯罪——毒品使用者为了获取赌资以维持其毒品喜好而实施的获取型犯罪，例如广东省化州市人民法院审理的"邹火某

---

① 长期吸毒可能会对人体大脑中枢神经造成不可逆的损伤，因吸毒导致的精神障碍一般不能作为从宽处罚的理由。被告人张某多次被戒毒、送医，却仍继续长期吸毒。张某杀害无辜儿童，手段残忍，情节特别恶劣，罪行极其严重。最高人民法院对本案进行了死刑复核，罪犯张某已于 2020 年 6 月 17 日被依法执行死刑。《最高人民法院发布 2020 年十大毒品（涉毒）犯罪典型案例》，http：//www.court.gov.cn/zixun-xiangqing-238021.html，2020 年 6 月 29 日。

② 经鉴定，李某某患有精神活性物质所致精神障碍，对其上述行为具有刑事责任能力，犯罪情节恶劣，后果和罪行极其严重，社会危害大。加之被告人李某某曾因犯盗窃罪被判处有期徒刑以上刑罚，刑罚执行完毕后五年内又犯故意杀人罪，属于累犯；虽然他有自首情节，但是综合全案，不足以对其从轻处罚。最高人民法院对本案进行了死刑复核，罪犯李某某已于 2018 年 7 月 27 日被依法执行死刑。《最高人民法院发布 2020 年十大毒品（涉毒）犯罪典型案例》，http：//www.court.gov.cn/zixun-xiangqing-238021.html，2020 年 6 月 29 日。

③ 被告人姚某某吸食毒品后，在公共道路上以驾车任意冲撞的危险方法危害公共安全，其行为已构成以危险方法危害公共安全罪；姚某某以暴力方法阻碍国家机关工作人员依法执行职务，其行为又构成妨害公务罪。《最高人民法院发布 2020 年十大毒品（涉毒）犯罪典型案例》，http：//www.court.gov.cn/zixun-xiangqing-238021.html，2020 年 6 月 29 日。

引诱他人吸毒、盗窃案"。被告人邹火某意图引诱同村村民邹某某一起吸毒，2018年9月，被告人邹火某向邹某某借钱购买海洛因后，当日前往邹某某家，称吸食海洛因可消除邹某某腿部术后疼痛，引诱邹某某吸食海洛因放在锡纸上加热烤出来的烟雾。此后，邹某某遇腿部疼痛时便让邹火某购买海洛因一起吸食。2018年11月，二人毒瘾发作，但无钱购买毒品。经邹火某提议，二人入室盗窃电视机一台，次日，邹火某将电视机销赃得款400元，用其中100元购买海洛因，与邹某某一起吸食。①

第三类系统型犯罪，即我国《刑法》第六章第七节"走私、贩卖、运输、制造毒品罪"规制的犯罪行为，应为狭义毒品犯罪行为。例如，广东省肇庆市中级人民法院一审，广东省高级人民法院二审的"吴某、吴海某贩卖、运输、制造毒品案"。2015年11月，被告人吴某、吴海某与吴某甲、张伟某等在广东省陆丰市预谋共同出资制造甲基苯丙胺，吴某甲纠集陈江某、吴佳某参与。被告人吴某、吴海某在选定的制毒工场制出毒品后组织运输、联系贩卖，形成"产供销一条龙"式犯罪链条。吴某、吴海某犯罪所涉毒品数量特别巨大，仅查获的甲基苯丙胺成品即达1吨多，另查获800余千克毒品半成品，还有大量毒品已流入社会。②

若无其他说明，本书所指称"毒品犯罪的危害"仅指狭义毒品犯罪所造成的危害。广义毒品犯罪则包含了吸毒者在毒品影响下实施的犯罪行为，以及为了获取毒资而实施的获取型犯罪行为。由于这两类犯罪直接源于毒品使用或毒品依赖，因此属于"毒品使用的危害"。概言之，毒品危害应当包含"毒品使用的危害"与"毒品犯罪的危害"两个方面。

---

① 被告人邹火某引诱他人吸食毒品，其行为已构成引诱他人吸毒罪；邹火某以非法占有为目的，伙同他人入户盗窃财物，其行为又构成盗窃罪，依法数罪并罚。本案属于引诱他人吸毒后，又共同实施侵财犯罪的典型案例，较为突出地体现了毒品使用者为了获取毒资而实施财产犯罪的危害。《最高人民法院发布2020年十大毒品（涉毒）犯罪典型案例》，http://www.court.gov.cn/zixun-xiangqing-238021.html，2020年6月29日。

② 被告人吴某、吴海某伙同他人制造甲基苯丙胺，并将制出的毒品予以运输、贩卖，其行为均已构成贩卖、运输、制造毒品罪。在共同犯罪中，二被告人均系罪责最为突出的主犯，应当按照其所组织、指挥和参与的全部犯罪处罚。最高人民法院对本案进行了死刑复核，罪犯吴某、吴海某已于2020年6月15日被依法执行死刑。《最高人民法院发布2020年十大毒品（涉毒）犯罪典型案例》，http://www.court.gov.cn/zixun-xiangqing-238021.html，2020年6月29日。

1. 毒品使用的危害

毒品使用的危害至少包含以下两个层面的内容。

第一，毒品使用行为对吸毒者的身体健康甚至生命安全产生的消极影响。毒品使用行为本身可能对吸毒者个人带来致命的与非致命的消极后果。毒品使用者可能面临的最极端的后果即为因使用毒品而过早死亡。该死亡后果可能是由毒品使用过量等吸毒病症直接导致的，也可能是由于不安全的注射行为感染血源性疾病而间接导致的。世界卫生组织 2019 年 2 月数据统计显示，每年使用毒品致死的人数约为 50 万人，包括不安全的毒品使用方式造成的艾滋病、肝病传播引起的死亡，毒品使用行为引起的功能性障碍并最终导致的死亡，以及与毒品相关的道路交通事故和自杀身亡。[1]

使用被污染的注射器或针头等不安全的注射行为，是毒品注射者感染艾滋病、丙型肝炎的最主要原因，且因毒品使用而感染丙型肝炎的毒品注射者人数，显著多于因毒品使用而感染艾滋病的毒品注射者人数。[2] 据联合国艾滋病规划署估算，注射吸毒者感染艾滋病毒的可能性是普通人群的 22 倍。[3] 而每次受污染的注射行为可能导致丙型肝炎传染的概率，比每次受污染的注射行为可能导致艾滋病传染的概率要高 5—20 倍。[4] 据《2019 年世界毒品报告》（*2019 World Drug Report*）统计，2017 年，世界范围内以注射方式使用毒品（以下简称"注射吸毒者"）的人数约为 1130 万人，其中，大概 140 万人感染了艾滋病，大约 560 万人感染了丙型肝炎，大致 120 万人同时患有艾滋病和丙型肝炎。[5] 实际上，全球 23% 的丙型肝

---

[1] World Health Organization, *The Public Health Dimension of the World Drug Problem: How WHO Works to Prevent Drug Misuse, Reduce Harm and Improve Safe Access to Medicine*, February 2019, p. 1.

[2] Louisa Degenhardt et al., "Estimating the Burden of Disease Attributable to Injecting Drug Use as a Risk Factor for HIV, Hepatitis C, and Hepatitis B: Findings from the Global Burden of Disease Study 2013", *The Lancet Infectious Diseases*, Vol. 16, No. 12, 2016.

[3] United Nations Office on Drugs and Crime, *2019 World Drug Report, Booklet 1: Conclusions and Policy Implications*, June 2019, p. 19.

[4] Elijah Paintsil et al., "Survival of Hepatitis C Virus in Syringes: Implication for Transmission among Injection Drug Users", *Journal of Infectious Diseases*, Vol. 202, No. 7, 2010.

[5] United Nations Office on Drugs and Crime, *2019 World Drug Report, Booklet 1: Conclusions and Policy Implications*, June 2019, p. 19.

炎引起的死亡后果可归因于注射毒品的行为。①

依据危害预防原则，吸毒者个人的身体健康、生命之所以受到影响，直接原因在于吸毒者本人的毒品使用行为。或者说，毒品使用行为对吸毒者的健康、生命造成了直接危害。但是，由于此类毒品使用造成的危害属于行为人对自己的健康、生命进行处分的后果，属于自我危害的范畴，而没有危及他人，从而不应受到刑法规制。我国对于毒品的使用行为也是以《禁毒法》《治安管理处罚法》等行政法予以规制，而不涉及刑事处罚。

第二，毒品使用可能导致毒品使用者在毒品影响下实施恶性暴力行为以及获取型犯罪行为。毒品注射者可谓所有毒品使用者中最为边缘化和被污名化的人群。他们不仅容易沦为流浪汉，或因实施获取型犯罪或在毒品影响下实施暴力犯罪等种种原因而锒铛入狱，而且容易发生无保护措施的性行为或与他人共用注射器或针头以及从事性交易工作。② 毒品使用者，尤其是注射型毒品的使用者，往往从事着特定风险行为，生活在十分危险的环境之中，经受着消极健康后果和社会后果。虽然为了获取毒资而实施获取型犯罪的行为，以及受毒品影响下实施恶性暴力犯罪行为的源头均为毒品使用，但是这一类毒品使用危害的发生具有一定偶然性，并非每一次毒品使用行为都会导致毒品影响下的恶性暴力事件发生，也并非每一次毒品使用行为都会使吸毒者出于获取毒资的目的实施获取型犯罪，此类危害的发生需介入吸毒者个人在使用毒品行为之外相应的犯罪行为，应属冯·赫希与斯密斯特所界定的介入型遥远危害的范畴。

2. 毒品犯罪的危害

本书所指毒品犯罪仅指狭义毒品犯罪，即我国《刑法》第六章第七节"走私、贩卖、运输、制造毒品罪"规制的犯罪行为。具体而言，包括走私、贩卖、运输、制造、非法持有毒品的行为，包庇毒品犯罪分子的行为，窝藏、转移、隐瞒毒品、毒赃的行为，走私、非法买卖制毒物品的行为，非法种植毒品原植物的行为，非法买卖、运输、携带、持有毒品原植物种子、幼苗的行为，引诱、教唆、欺骗、强迫、容留他人吸毒的行

---

① World Health Organization, *Global Hepatitis Report*, 2017, April 2017, p. 33.
② Louisa Degenhardt et al., "Global Prevalence of Injecting Drug Use and Sociodemographic Characteristics and Prevalence of HIV, HBV, and HCV in People Who Inject Drugs: A Multistage Systematic Review", *The Lancet Global Health*, Vol. 5, No. 12, 2017.

为，以及非法提供麻醉药品、精神药品的行为。毒品"摧残人的意志、人格和良知，严重危害人的健康以及诱发其他犯罪"等后果并非毒品犯罪行为直接导致的，而是由于毒品的使用所致，毒品犯罪对于最终危害后果的发生只起到间接作用。①上述毒品犯罪行为均无法直接导致最终危害后果发生，二者之间必须介入包括毒品使用在内的一个或多个环节。

非法买卖、运输、携带、持有毒品原植物种子、幼苗的行为，必须首先介入行为人自己或其他人实施的种植毒品原植物、幼苗并加工制造成供人使用的毒品的行为，待制成的毒品进入毒品市场的流通环节之后，毒品使用者才有可能使用并成瘾。非法种植毒品原植物的行为也必须经过加工、制造才能形成具有成瘾性的毒品，这些具有成瘾性的毒品进入流通环节之后，才具备危及他人的可能性。甚至连最为严重的走私、贩卖、运输、制造、非法持有毒品也只是毒品产业链条中的几个具体环节，毒品使用的危害后果仍依赖于吸毒者使用毒品这一关键因素。单从这三类行为的描述来看，其危害性程度逐步递进。买卖、运输、携带、持有毒品原植物种子、幼苗的行为几乎可以被视作无害，有些毒品原植物种子、幼苗在长成后具有观赏价值，其果实也可以作为卤料使用。种植毒品原植物的行为则比买卖、运输、携带、持有毒品原植物种子、幼苗的行为距离危害后果更近了一步，走私、贩卖、运输、制造、非法持有毒品有比种植毒品原植物较毒品使用的环节或最终危害的后果更近了一些。简言之，毒品犯罪行为与最终危害之间还需介入其他人的毒品消费行为，甚至毒品消费行为之后的受毒品影响下实施的其他行为，最终危害后果才会发生。因此，毒品犯罪的危害属于冯·赫希与斯密斯特所界定的介入型遥远危害。

## 三 相关治毒政策概念的厘清

我国当前基本刑事政策为宽严相济政策。宽严相济政策的首次官方表述出现于1986年9月13日最高人民检察院、最高人民法院、公安部共同发布的《关于严格依法处理反盗窃斗争中自首案犯的通知》。其中第3条规定："各级人民法院在召开从宽处理自首的犯罪分子的宣判大会时，应

---

① 何荣功：《毒品犯罪不应属于刑法中最严重的罪行》，《辽宁大学学报》（哲学社会科学版）2014年第1期。

同时适当宣判一些犯罪情节严重、拒不认罪的从严处罚的案犯，以充分体现宽严相济的政策。"自2004年以后，尤其是自2006年以来，宽严相济政策的表述在政法部门文件、中央领导讲话以及中共中央文件中出现的日益频繁，逐渐成为一种常态。2007年1月5日最高人民检察院发布的《关于在检察工作中贯彻宽严相济刑事司法政策的若干意见》以及2010年2月8日最高人民法院发布的《关于贯彻宽严相济刑事政策的若干意见》更是系统、全面地阐释了宽严相济的基本思想及贯彻要求。而在毒品治理领域，对具体方向性刑事政策的恰当界定，是以"禁毒政策"与"治毒政策"概念的厘清为前提。

"禁毒政策"是指以毒品的禁绝为最终目的，以消除毒品需求与供应为主要手段，着重于打击与消灭毒品供应的具体方向性刑事政策。"治毒政策"与"禁毒政策"的最终目的一致，也与全人类的共同期望相同，均为消除毒品犯罪、毒品使用现象。二者的不同之处在于，随着人们对于毒品犯罪的市场属性认识的加深，尤其是对于毒品需求市场的刚性市场需求认识的加深，以及对于毒品犯罪成因理解的深入，毒品犯罪治理的具体方向性刑事政策也做出了一定调整。"禁毒政策"的着力点在"禁"，而"治毒政策"的着力点在"治"。前者以打击毒品供应为重点，以刑罚作为惩罚和预防毒品犯罪的主要手段；而后者综合应用刑罚、戒毒服务、禁毒教育等措施，注重削减毒品需求和打击毒品供应并举。

我国现阶段毒品问题治理政策官方文件中的表述多为"禁毒"，这体现了我国党和政府对于消除毒品犯罪与毒品的美好愿望，也是全世界、全人类的共同期望。自21世纪以来，我国官方文件中多次强调"源头治理""综合治理"，例如2007年《禁毒法》第4条规定："禁毒工作实行预防为主，综合治理，禁种、禁制、禁贩、禁吸并举的方针。禁毒工作实行政府统一领导，有关部门各负其责，社会广泛参与的工作机制。"2014年中共中央、国务院印发的《关于加强禁毒工作的意见》也指出，毒品问题治理过程中以"源头治理、以人为本、依法治理、严格管理、综合治理"为基本原则。可以看出，自21世纪以来，我们的党和国家更加重视削减毒品需求对于打击毒品犯罪的有效作用，以及刑罚之外，诸如针具替换措施、阿片类毒品的替代治疗措施、禁毒教育等举措对于控制毒品需求的关键作用。可以说，我国目前的毒品治理更多地表现为运用刑罚手段与各项社会手段综合治理毒品犯罪与毒品使用问题的"治毒政策",而非单一运用刑罚手段注重打击毒品供应的"禁毒政策"。"治毒政策"的产生与发展是刑事政策调节功能的具体表现。

## 第二节 "危害最小化"治毒政策的演进

### 一 "危害最小化"治毒政策产生的背景

"危害最小化"治毒政策主要由英国的理论与实务界对其进行规范化和理论化构建,因此,本书对于"危害最小化"的背景、理念、内涵和相关理论争议的探讨主要在英国语境下展开。

从广义而言,"危害最小化"指的是为了减少人类行为可能导致的消极社会后果或物理后果而采取的一系列公共政策,无论所指人类行为合法与否。[1] 以最常见的机动车驾驶为例,国家在法律法规方面对在不同路况、不同区域的机动车驾驶行为做出车速限制,禁止人们酒后驾车或超员超速行驶,要求人们在驾驶或乘坐机动车时系上安全带;在车辆装置方面,人们不断改进 ABS 系统、安全气囊的配置;在交通设施方面,交通指示灯、限速牌等设施的设置,都是为了减少驾驶车辆引发道路交通事故带来的危害。事实上,积极减少由高风险行为所带来危害的做法在世界范围内已持续了好几个世纪之久。相较于最初人们仅仅以禁止、取缔高风险行为,或告诉人们不要实施高风险行为的方式来制约可能导致的危害而言,"危害最小化"的实践不断证明着它的优越性。

在毒品犯罪治理中引入"危害最小化"的指导思想始于 20 世纪 80 年代的英国、荷兰和北美,其主要动因有以下两点:第一,注射毒品者感染艾滋病病毒的问题日益严峻。第二,传统上全面禁止毒品使用的"毒品战争"(War on Drugs)没能减少毒品使用现象和毒品犯罪数量,从而引起理论界和实务界对"毒品战争"理念及其成效的深刻质疑。[2]

---

[1] Richard Pates, Diane Riley, *Harm Reduction in Substance Use and High-risk Behaviour: International Policy and Practice*, Hoboken: John Wiley & Sons, Incorporated, 2012, pp.3-5.

[2] See P. A. O'Hare, "Preface: A Note on the Concept of Harm Reduction", in P. A. O'Hare et al. eds., *The Reduction of Drug-related Harm*, London and New York: Routledge, 1992, p.xii.

20世纪80年代中期，在英国默西塞德郡（Merseyside）出现了大量廉价的棕色海洛因，在这个人口数只有255万的地方，大约有2万人使用海洛因。1985年，英国利物浦大学公共卫生系的约翰·阿什顿（后来担任默西公共卫生局局长）与默西区域卫生局健康促进主管霍华德·西摩共同制定了公共健康的新模式。该模式汇集了环境变化、预防和治疗干预的旧理念的同时，更是增加了因生活方式引起的健康问题在社会层面的重要性。他们想把这个新模式应用于当时最为严峻的公共健康问题，即毒品使用和艾滋病问题，试图达成一项涉及政府机构、针对危险人群的市场调研、媒体的创造性使用、行动主义以及危险人群在新模式中的参与和社区支持的新策略。而这个策略就是随后发生在这个区域的，针对毒品使用者的"危害最小化"举措。该举措在减少共用毒品注射设备而导致艾滋病病毒相互传播的问题方面起到了不可忽视的积极作用。①

　　默西赛德郡采取的针对毒品使用者的"危害最小化"举措最为重要的一步，在于开设了默西药物培训和信息中心（Mersey Drug Training and Information Centre），其目的在于向任何想要了解的人提供包括毒品种类、药用价值、成瘾性、可能伴生的危害等相关信息，帮助人们了解使用毒品可能伴随的风险，为社会公众和专业人员提供预防艾滋病传播等内容的相关培训。如果艾滋病病毒能够通过与他人共用毒品注射设备而传染，那么防止病毒传播的最快捷方式就是让已经形成毒品依赖的人们能够获取干净的注射设备。1986年起，默西药物培训和信息中心开始实行注射器的免费替换措施。该中心以美沙酮为诱饵，吸引人们前往中心，为他们提供清洁的注射设备，并借此机会向人们介绍如何减少毒品使用的危害。中心的目的十分明确：首先着力减少注射设备的共享，预防艾滋病以共用注射设备的方式在毒品使用者之间传播；其次结合毒品相关知识的宣传教育，努力减少街头的毒品使用行为，减少人们对于注射型毒品的依赖；最后在可行的情况下增加戒除毒瘾者的数量。针具替换措施为毒品使用者的行为带来了巨大变化，共用针头、注射器的现象越来越少，街头使用毒品的现象

---

① Richard Pates, Diane Riley, *Harm Reduction in Substance Use and High-Risk Behaviour: International Policy and Practice*, Hoboken: John Wiley & Sons, Incorporated, 2012, pp. 11-13.

也逐渐消失。①

英国政府毒品滥用问题顾问委员会（British Government's Advisory Council on the Misuse of Drugs）于1988年、1989年提出的毒品治理目标为：减少共用注射用具，减少毒品注射中的意外情况，减少街头的毒品使用现象，由注射方式使用毒品转变为以口服方式使用毒品，减少购买毒品的数量，直至最终戒除毒品使用。依据该委员会的表述，"危害最小化"治毒政策主要具备两个方面的内涵：减少毒品使用者的风险行为，包括共用针头和注射器等不安全的毒品使用行为、过量使用毒品行为等，以及减少公民的毒品使用行为。② 换言之，"危害最小化"内蕴两个核心目标，预防吸毒伴生的风险行为和预防毒品使用。20世纪80年代，利物浦的美沙酮处方量占英格兰的1/3，但利物浦半数以上的高危险人群都感染了艾滋病病毒。相较之下，默西地区的注射吸毒者却无一人感染艾滋病，足以见得针具替换措施对于减少毒品使用危害的显著成效。③

## 二 "危害最小化"治毒政策的基本理念

"危害最小化"政策不以毒品使用的强制减少为基本前提。在减少毒品使用的危害方面，主要采取针具替换措施、阿片类毒品的替代治疗、医疗监督下的毒品使用区的具体减害措施，逐步实现对吸毒者的毒品使用量的有效控制，减少毒品使用相关危害。在减少毒品犯罪的危害方面，主要以完善、全面的刑法规制来实现预防毒品犯罪的效果。

"危害最小化"治毒政策构建于以下几个基本的逻辑前提之上：第一，相较于毒品使用，传播艾滋病等风险行为对公民个人和公共健康的威胁更大；第二，在无法立即解决全社会毒品使用问题的背景下，可以着力于减少毒品使用者的风险行为；第三，承认从某些毒品依赖中恢复是非常困难的；第四，在无法改变某些毒品使用者持续使用毒品这一现实状况下，要使他们能够使用危害较低的毒品或替代毒品，以及使之在可控区

---

① Neil Mckeganey, "Harm Reduction at the Crossroads and the Rediscovery of Drug User Abstinence", *Drugs: Education, Prevention and Policy*, Vol. 19, No. 4, 2012.

② Ibid.

③ 王晓晓：《中英比较视域下我国毒品犯罪治理模式的调整路径》，《法治论坛》2019年第1期。

域、可控剂量使用毒品或替代毒品。① "危害最小化"治毒政策着眼于控制与减少毒品使用行为和毒品犯罪行为引起的个人身体健康、社会、经济、文化等各方面的危害，而以不强制减少此类物质的使用量为前提。

以"危害最小化"为指导思想，理论和实践中逐步发展出以下几项理念。②

第一，务实主义理念。接受某些使用改变精神的物质的行为是不可避免的这一基本事实，承认对这类物质的一定程度的使用在当今社会中亦属正常现象。为了充分了解毒品使用行为，我们在考虑毒品可能对人类造成不利影响的同时，也应当正视"毒品"作为"药物"而可能对使用者带来的有益作用。从社会的角度看来，相较于彻底消除毒品使用行为而言，遏抑或减少与毒品相关的危害更加实际可行。

第二，人道主义价值理念。毒品使用者的吸毒行为应当被视作一项事实，无论其使用量或使用方式如何，都只应进行事实描述，而不应予以谴责或支持，不进行道德评判，尊重毒品使用者的尊严和个人权利。

第三，以危害为焦点理念。使用毒品不仅会直接影响吸毒者个人的身体健康，而且有可能促使毒品使用者在毒品影响下实施恶性暴力行为，或者有可能促进吸毒成瘾者为了维持其毒品开销而实施获取型犯罪。此外，毒品使用也是毒品犯罪的温床，毒品需求市场是毒品供应市场的原动力。"危害最小化"治毒政策以毒品使用的危害和毒品犯罪的危害为出发点和着力点，将毒品需求市场的控制与毒品供应市场的控制置于同等重要的地位。

第四，成本收益均衡理念。必须确定与评估毒品相关社会问题的重要性，各项问题可能造成的危害程度，以及针对各项问题可能采取的干预措施的成本与收益，从而把治理资源集中到解决最重要的问题上。这一分析框架不仅考虑毒品使用者的即时利益，还将更广泛的社会利益纳入考量范围。但是，这一分析模式不可避免地会在理论上指向对"危害最小化"

---

① Neil Mckeganey, "Harm Reduction at the Crossroads and the Rediscovery of Drug User Abstinence", *Drugs: Education, Prevention and Policy*, Vol. 19, No. 4, 2012.

② James Inciardi, Lana Harrison, Lana D. Harrison, *Harm Reduction: National and International Perspectives*, London: International Educational and Professional Publisher, 1999, pp. 6-7.

治毒政策的长期影响与短期效果的系统评估。具体而言即是评估特定干预措施的成本是否可负担，比较此类措施与其他干预措施，甚至是不采取干预措施的成本和预期成效。然而在实践中，短期和长期进程中需要检验的因素太多，系统评估过于复杂，这也成为贯彻"危害最小化"治毒政策的难点。

第五，立体化目标体系理念。"危害最小化"治毒政策的目标体系是分层级的，类似于杂技演员使用的安全网，如果一个安全网无法给予充分保障，在这个安全网之下还有其他安全网继续作为保障。[1] 简单来说，其目标体系更像是依照目标完成困难程度而设置的金字塔形安全网，处于金字塔尖的目标为减少毒品的使用量和毒品使用的危害，依次往下为减少注射型毒品的使用量和注射型毒品带来的危害，减少口服类毒品的使用量和口服类毒品造成的消极影响，减少软性毒品的使用量及其消极后果。在减少毒品使用量和毒品使用危害的目标无法迅速达成时，首先考虑控制注射型毒品使用者的毒品注射量，并逐步促进注射型毒品使用者改变毒品使用模式，逐渐转为使用口服类毒品，从而达到减少与注射毒品相关的艾滋病、肝病传播风险的效果。此时，仍存在口服类毒品的问题，于是到达下一层级的"安全网"，即控制并减少口服类毒品的使用量与减少口服类毒品带来的消极后果。接着更下一层级，控制并减少软性毒品的使用量及其消极影响。可以说，就如何实现减少毒品使用者的风险行为和预防毒品使用的两大目标而言，体系化的目标原则为"危害最小化"治毒政策提供了切实可行的具体思路。[2]

## 三 "危害最小化"治毒政策的新发展

英国的理论界与实务界进一步对"危害最小化"进行了二元化设定，认为其内涵包括保障毒品使用者的个人权利与保护公共健康。同时，主流观点认为，过去20余年的理论与实践关注的重心在于毒品使用者个人权

---

[1] Russell Newcombe, "The Reduction of Drug-Related Harm: A Conceptual Framework for Theory, Practice and Research", in P. A. O'Hare et al. eds., *The Reduction of Drug-related Harm*, London and New York: Routledge, 1992, p. 1.

[2] 王晓晓：《中英比较视域下我国毒品犯罪治理模式的调整路径》，《法治论坛》2019年第1期。

利的保障。① 本书认为，这一二元化的理解太过绝对，因为减少毒品使用者的风险行为当然也就保护了公共健康，减少公民个人的毒品使用当然也会促进毒品使用者个人权利的保障。恰当的理解应当是，"危害最小化"治毒政策是以毒品使用者作为着力点，以减少毒品使用对毒品使用者造成的消极健康影响，进而减少受毒品影响下实施的犯罪行为作为控制毒品需求市场的主要途径，以完善毒品犯罪刑法规制作为控制毒品供应市场主要方式的毒品治理政策。以控制与减少毒品相关危害作为着力点是这一政策的核心特征。以此为出发点，英国内政部认为相较于传统上以查获的毒品数量和抓获的毒品犯罪人数为标准来衡量治毒措施有效性的做法，毒品相关危害的最小化才是衡量治毒措施有效性的更妥当标准。②

（一）英国《国家治毒战略2010》

英国内政部于2010年制定出台《国家治毒战略2010》（National Strategy 2010），该治毒战略在以往着力减少毒品使用危害的基础上，强调为人们摆脱毒品依赖提供任何可行的帮助。在治毒措施的设置方面，《国家治毒战略2010》表明必须在把握全局的同时，也注重以个人为中心；在确保全面戒毒措施切实可行的同时，也努力促进个人戒毒意愿的形成。此外，英国《国家治毒战略2010》还指出，以国家为中心，由政府告知社会如何应对的时代已经过去，当今时代应当是各机构以自身情势、职能与需求为依据，设计出适合当地情况的应对策略。具体而言，在国家层面，将在重大有组织犯罪调查局（Serious Organised Crime Agency）的基础上建立国家打击犯罪署（National Crime Agency），并与英国边境管理局（UK Border Agency）联手，减少国际市场的毒品流入英国境内，严厉打击毒品走私与贩运，达到控制毒品供应的效果。在社会层面，警察与刑事专员们（Police and Crime Commissioners）的介入，国民医疗保障（National Health Service）制度的改革，英格兰公共健康局的建立，以及对社会组织、慈善机构、社会企业的自愿加入的鼓励与支持，都将助力于国家将权力与

---

① Neil Mckeganey, "Harm Reduction at the Crossroads and the Rediscovery of Drug User Abstinence", *Drugs: Education, Prevention and Policy*, Vol. 19, No. 4, 2012.

② Home Office, *Extending Our Reach: A Comprehensive Approach to Tackling Serious Organised Crime*, London: Author, July 2009, p. 24.

责任由上至下地转移至地方，共同应对毒品问题。①

《国家治毒战略2010》设定了三个治毒目标：（1）减少毒品需求；（2）限制毒品供应；（3）着力促进社会摆脱毒瘾。该战略指出，非法毒品需求是英国境内外杀戮问题、贪腐问题、社会稳定与安全问题的直接原因之一，无论从国际视角还是国内视角，我们均有义务、有责任全力应对。该报告出台前，英格兰和威尔士2003—2004年的调查已显示，英国A类毒品的年消耗费用高达15.4亿英镑②，每年依靠政府救济金生活的人之中，有8%的人（约40万人）存在毒品或酒精依赖，这些人每年维持自己的毒瘾或酒瘾的年消费额共约1.6亿英镑。③ 正是在这样的背景下，《国家治毒战略2010》将减少非法毒品和其他有害毒品的使用，以及增加从毒品依赖中恢复的人数作为治毒目标。④ 这两个目标集中体现了《国家治毒战略2010》控制毒品需求市场的意愿与决心。对于第二个目标，该战略指出最佳预测方式以个人的"回复资产"（Recovery Capital）来考量，即通过影响毒品使用者从毒品依赖或酒精依赖中开始恢复和持续恢复的各项必要资源考量毒品需求的增减状况。从摆脱毒品依赖的角度来看，"回复资产"包括社会资本、物质资本、人力资本、文化资本。其中，社会资本是指毒品使用者从其社会关系（毒品使用者的家庭、父母、子女、朋友和同僚）中获取的支持、承诺和责任，物质资本是指金钱或安全的住所，人力资本是指毒品使用者个人的心理和生理健康、工作和技能，文化资本则指毒品使用者的价值观和信仰。⑤

---

① Home Office, *Drug Strategy 2010 Reducing Demand, Restricting Supply, Building Recovery: Supporting People to Live A Drug-free Life*, December 2010, pp. 2-3.

② Lorna Gordon, Louise Tinsley, Christine Godfrey, Steve Parrott, "The Economic and Social Costs of Class a Drug Use in England and Wales, 2003/04", in Nicola Singleton, Rosemary Murray, Louise Tinsley eds., "Measuring Different Aspects of Problem Drug Use: Methodological Developments", *Home Office Online Report*, June 16, 2006, https://assets.publishing.service.gov.uk/government/uploads/system/uploads/attachment_data/file/116642/hoor1606.pdf.

③ Home Office, *Drug Strategy 2010 Reducing Demand, Restricting Supply, Building Recovery: Supporting People to Live a Drug-free Life*, December 2010, p. 4.

④ Ibid.

⑤ See Best, D., Laudet, A., "The Potential of Recovery Capital", *RSA Projects*, Vol. 1-6, 2010.

## (二) 英国《国家治毒战略 2017》

统计数据显示，英格兰和威尔士每年在毒品治理、公共健康和打击毒品犯罪方面的大致花费为 107 亿英镑，仅获取型犯罪的治理与防控这一项每年就耗费 60 亿英镑。[1]《现代犯罪预防战略》（Modern Crime Prevention Strategy）也表明，涉毒行为以及使涉毒行为成为可能的行为，即持有非法毒品的行为，为维持毒品依赖而获取资金的行为，严重和有组织犯罪分子生产、提供有害物质的行为以及与毒品市场暴力相关的贩运人口与现代奴隶的行为，均可成为传统毒品犯罪与新型毒品犯罪的关键动力。[2] 实际上，约 45% 的获取型犯罪是由可卡因/霹雳可卡因成瘾者实施的。[3] 此外，毒品也促进了儿童色情和虐待儿童行为的发生，[4] 监狱中的非法使用毒品现象也成为监狱暴力、自伤或自杀的助推剂。[5] 在此背景下，英国发布了《国家治毒战略 2017》（National Strategy 2017），其整体目标基本沿用《国家治毒战略 2010》的表述，但更为简练。该战略表明，毒品治理的整体目标为二：（1）减少非法的以及其他有害的毒品使用行为；（2）增加摆脱毒品依赖的毒品使用者所占比例。[6] 可见，在持续强调毒品需求市场与供应市场的控制的同时，减少毒品使用的危害被置于更为重要的地位。在具体操作层面，《国家治毒战略 2017》在延续《国家治毒战略 2010》"减少需求，减少供应，着力恢复"的基础上，增加了"全球行动"，旨在构建全球治毒分析与研究网络，实现全球治毒政策和实践的数据、经验

---

[1] Hannah Mills, Sara Skodbo, Peter Blyth, "Understanding the Organised Crime: Estimating the Scale and the Social and Economic Costs", *Home Office Research Report*, Vol. 73, 2013.

[2] Helen Brayley, Eleanor Cockbain, Gloria Laycock, "The Value of Crime Scripting: Deconstructing Internal Child Sex Trafficking, Policing", Vol. 5, 2011, https://academic.oup.com/policing/article/5/2/132/1518450.

[3] Hannah Mills, Sara Skodbo, Peter Blyth, "Understanding the Organised Crime: Estimating the Scale and the Social and Economic Costs", *Home Office Research Report*, Vol. 73, 2013.

[4] Department for Education, *Child Sexual Exploitation: Definition and a Guide for Practitioners, Local Leaders and Decision Makers Working to Protect Children from Child Sexual Exploitation*, February 2017, p. 6.

[5] Ministry of Justice, *Prison Safety and Reform*, London: Ministry of Justice, November 2016, p. 45.

[6] Home Office, *2017 Drug Strategy*, July 2017, p. 6.

共享与教训共勉。

### (三)"危害最小化"的新发展:毒品使用危害最小化

理论界有观点认为,《国家治毒战略2017》进行了重大语境转换,重点着眼于"为希望摆脱毒品依赖的人们提供支持",以"禁毒"(Abstinence)代替了"危害最小化"(Harm Reduction),作为国家治毒战略的核心。① 正如前文所指出,此类观点事实上认为,过去20余年实施的"危害最小化"治毒政策是以对毒品使用者的权利保障为核心,通过大力推广针具替换措施、为毒品使用者提供危害较小的替代性毒品以及创设医疗监督下的吸毒区等方式,着力减少毒品使用者的风险行为,特别是艾滋病的传播,忽略了减少毒品使用这一目标,从而忽视了推动吸毒环境的消除。英国格拉斯哥大学的尼尔·麦克加尼教授的批判意见非常具有代表性,他认为,"危害最小化"治毒政策会带来诸多负面效应,最为严重的负面效应在于它会延长而非缩短毒品使用者对于毒品的依赖期限,他认为这是该政策最大的缺陷。他认为如果要确保社会公众和公民长效的健康,就应当将政策重心放在整体减少毒品使用的规模乃至予以消除,而不是在接受毒品使用者使用毒品必要性的前提下,单纯追求减少持续使用毒品所可能带来的危害。②

本书认为,对这一问题的厘清需要回归对这一政策中最核心的概念——"危害"的探讨。基于上文对于毒品危害基本规范内涵的分析,"减少吸毒与降低依赖毒品者的比例"这一目标着眼于毒品使用危害的最小化,仍属于"危害最小化"治毒政策指导下控制毒品需求市场的范畴。由此,可以明确上文所指出英国理论界对英国国家治毒战略转变的解读,以及以此为根据对"危害最小化"的批判都是不准确的,因为以上的批判意见并未以毒品危害的规范内涵为基础。对于英国国家治毒战略真正的发展变化之处,应当以个人而非社会为着眼点进行理解。具体可以从两个层面进行解读:第一,对毒品使用者个人来说,当前的政策重心已从确保可控范围、可控剂量的毒品使用进展到引导其在国家与社会全方位、体系

---

① See Neil Mckeganey, "Harm Reduction at the Crossroads and the Rediscovery of Drug User Abstinence", *Drugs: Education, Prevention and Policy*, Vol. 19, No. 4, 2012.

② Ibid.

化的支持下从对毒品的依赖中恢复；第二，从社会层面来说，当前政策重心已从将毒品使用者作为潜在危险源进行柔性管控，进化到个性化地全面促进毒品使用者复归正常生活。

基于这样的理解，相较于"危害最小化"的表述，英国当前"减少需求，控制供应，着力恢复，全球行动"的治毒政策并未偏离其以毒品使用者为治理着力点的本质特征，只是在毒品使用危害最小化的方向上进一步深化，实为"危害最小化"治毒政策的新发展。正如英国毒品治理实务界人士所呼吁的一样，毒品使用者是非常脆弱、被社会边缘化的群体。政府新的治毒战略应当持续以减少毒品使用者所遭受的危害为直接着力点，比如采纳毒品滥用咨询委员会的专业建议，着力解决鸦片制剂相关死亡人数增多、海洛因和吗啡相关死亡人数增多等问题。这需要进一步推动替代治疗措施、国家层面的海洛因辅助治疗项目，在有需求的地区设立医疗监督下的毒品使用区等措施的实施，[①] 而非以没有实质内涵的"社会危害"作为治毒政策的出发点，让毒品使用者成为追求"禁毒"这一政治理想的纯粹工具。

## 第三节 "危害最小化"治毒政策的内涵

结合"危害最小化"治毒政策的概念与演进，并进一步考察它的目的、主体、对象以及运行机制，可以明确"危害最小化"治毒政策是一项以减少与控制毒品使用的危害与毒品犯罪的危害为主要目标，[②] 以控制和削减毒品需求市场、毒品供应市场为主要手段，渐进追求消除毒品使用与毒品犯罪现象以及相关危害的具体方向性刑事政策。

### 一 "危害最小化"治毒政策的目的

"危害最小化"治毒政策的目的包括三个层面的内容。

---

① Chris Ford, David Nutt, Niamh Eastwood etc., "New UK Drug Strategy: Is the UK's 2017 Drug Strategy Fit for Purpose?", https://idhdp.com/media/531860/bmjj4405full.pdf.

② Russell Newcombe, "The Reduction of Drug-related Harm: A Conceptual Framework for Theory, Practice and Research", in P. A. O'Hare et al. edit, *The Reduction of Drug-related Harm*, London and New York: Routledge, 1992, p. 1.

首先，在最终目的层面，"危害最小化"治毒政策与我国当前治毒政策，乃至中华人民共和国成立后的禁毒政策的最终目的一致，都以消灭毒品、消除毒品犯罪为最终目的。

其次，在总体目的层面，"危害最小化"治毒政策的目的是基本刑事政策目的在毒品犯罪治理领域的具体表现，即预防和惩罚毒品犯罪。

最后，在具体目的层面，又可以分为两个方面。第一，在惩罚毒品犯罪层面，"危害最小化"治毒政策以减少毒品犯罪造成的消极影响为主要目的。力图通过对已然发生的毒品犯罪的恰当、及时的处罚，以及毒品犯罪违法所得没收制度的及时、充分适用，实现对毒品供应的有效控制，可谓"治标之策"。第二，在预防毒品犯罪方面，"危害最小化"治毒政策以减少毒品使用造成的消极影响为主要目的。力图以刑罚的威慑效能与教育、戒毒治疗等各项社会措施实现对毒品需求的有效控制。从控制乃至最终消灭毒品犯罪源头的方式，预防毒品犯罪的发生，可谓"治本之道"。"危害最小化"治毒政策旨在实现"治标"与"治本"相结合的，控制毒品需求与供应并重的毒品问题治理模式。

具体而言，"危害最小化"治毒政策以对毒品需求的控制和减少着手，控制与最终消除毒品使用的危害。若人们的毒品需求、毒品依赖得以减少甚至消除，那么毒品使用对吸毒者个人造成的健康方面的消极影响也将相应减少与消除，受毒品影响下实施相应犯罪、为了获取毒资而实施获取型犯罪的现象也将随之减少甚至消除。鉴于毒品犯罪行为与最终危害后果之间还需介入其他人的毒品消费行为，甚至毒品消费行为之后的受毒品影响下实施的其他行为，最终危害后果才会发生。毒品犯罪的危害属于冯·赫希与斯密斯特所界定的介入型遥远危害。对于毒品犯罪危害的控制与消除，应着眼于对毒品供应的打击与控制，若毒品供应得以恰当控制与削减，那么毒品犯罪的危害也将随之减少。

## 二 "危害最小化"治毒政策的运行

### (一) 毒品犯罪的市场化特征

一个完整的市场，须具备生产、运输、销售、消费等环节。以毒品这一违禁品为中心，组成毒品市场的各个环节已然齐备。

在毒品的生产方面，在我国境外，"金三角""金新月"和南美等境

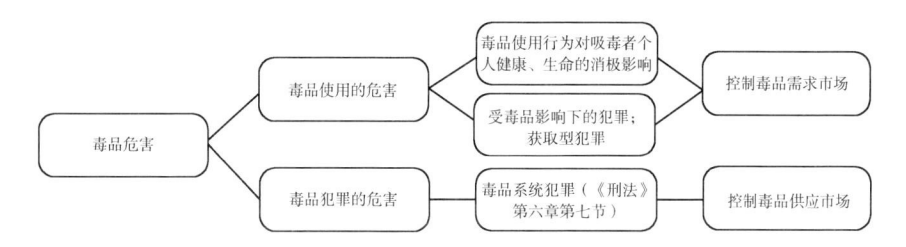

图 1-1 "危害最小化"治毒政策的运行模式

外毒源地对中国"多头入境、全线渗透"的复杂态势仍未改变。其中,"金三角"地区毒品犯罪分子大规模制造冰毒、氯胺酮,该地区可谓我国毒品的主要来源地;"金新月"地区和南美毒品产能巨大,"金新月"地区与我国毗邻,而南美大宗可卡因过境中转情况突出,缴获量增长迅猛,① 南美贩毒集团不断扩张全球可卡因贩运网络,对我国渗透加剧;此外,北美大麻走私入境的情况也呈现出逐年增长态势。② 而在我国境内,在连续开展打击整治制毒犯罪专项行动的作用下,制毒重点省份出现源头性萎缩,制毒活动不断向其他管控薄弱地区转移,以往较少发现制毒活动的西北、东北地区制毒活动上升明显。③ 地下制毒产业链依旧存在,制毒分子甚至在深山林区、海上或者改装的流动货车上制造毒品,流动性和隐蔽性都明显增强,发现难度更大。④ 此外,受到国内十分严厉的毒品治理政策的影响,国内一些制毒分子与境外贩毒势力相互勾结,将制毒地点由国内转移到"金三角"地区或其他东南亚国家,将毒品制成以后,再走私入境或者销往其他国家。⑤

在毒品的运输方面,存在毒品的走私出境、入境以及我国境内的毒品

---

① 《2018 年中国毒品形势报告(全文)》,http://www.nncc626.com/2019-06/17/c_1210161797.htm,2020 年 4 月 7 日。
② 《2019 年中国毒品形势报告》,http://www.nncc626.com/2020-06/24/c_1210675813.htm,2020 年 6 月 26 日。
③ 《2018 年中国毒品形势报告(全文)》,http://www.nncc626.com/2019-06/17/c_1210161797.htm,2020 年 4 月 7 日。
④ 《2017 年中国毒品形势报告》,http://www.cadapt.com.cn/index.php?m=newscon&id=387&aid=723,2020 年 4 月 7 日。
⑤ 《2019 年中国毒品形势报告》,http://www.nncc626.com/2020-06/24/c_1210675813.htm,2020 年 6 月 26 日。

运输。随着我国快递行业的高速发展，物流寄递俨然成为毒品贩运的重要渠道，"互联网+物流"已逐渐成为毒品贩运的主要方式。① 毒品的运输与毒品的贩卖紧密关联，近年来，利用互联网虚拟身份勾连、线上交易，通过微信、支付宝、手机银行转账等方式付款，采取物流寄递渠道运输毒品，已然成为新常态。② 毒品犯罪分子利用物流快递公司伪装邮寄毒品、制毒原料和吸毒工具及设备，通过假名、藏匿、夹带等手段在我国境内、境外之间贩运毒品。③ 其中，不法分子利用欧美一些国家或地区的大麻合法化政策，通过互联网沟通联络，以国际邮包、航空夹带的方式从境外购买和使用大麻及其制品的现象明显增多。④ 近几年，不法分子更是利用智能快递柜来进行毒品交易，贩毒分子收取毒资后将存有毒品的快递柜位置和取件密码通过手机发送给吸毒人员"取货"，交易活动往往"两头不见人"。毒品的走私渠道已遍及"海陆空邮港"，其中海运渠道由于其运毒量大、隐蔽性好、机动性强的特性，而成为大宗毒品贩运的主要途径。有些流窜境外的贩毒团伙以高额回报为诱饵，通过网络招募没有案底的年轻人，将其诱骗至境外并拘禁、恐吓、敲诈、强迫这些被诱骗来的年轻人体内藏毒或者携带毒品运往境内。⑤

在毒品的销售方面，既包括向中间商销售毒品，还包括直接向毒品使用者销售毒品，既包括大型毒品犯罪团伙之间的交易，也包括毒品经营者

---

① 例如浙江省诸暨市人民法院审理的"卞某某等贩卖毒品、非法利用信息网络案"，2017年冬天，被告人卞某某提供大麻种子给其父被告人卞士某，卞士某遂在其工厂宿舍及家中进行种植。自2018年1月起，卞某某通过微信向他人贩卖大麻，后经与卞士某合谋，由卞某某联系贩卖并收款，卞士某将成熟的大麻风干固化成大麻叶成品后通过快递寄给买家。《最高人民法院发布2020年十大毒品（涉毒）犯罪典型案例》，http://www.court.gov.cn/zixun-xiangqing-238021.html，2020年6月29日访问；《2017年中国毒品形势报告》，http：//www.cadapt.com.cn/index.php? m=newscon&id=387&aid=723，2020年4月7日。

② 《2019年中国毒品形势报告》，http：//www.nncc626.com/2020-06/24/c_1210675813.htm，2020年6月26日。

③ 《2017年中国毒品形势报告》，http：//www.cadapt.com.cn/index.php? m=newscon&id=387&aid=723，2020年4月7日。

④ 《2019年中国毒品形势报告》，http：//www.nncc626.com/2020-06/24/c_1210675813.htm，2020年6月26日。

⑤ 《2018年中国毒品形势报告（全文）》，http：//www.nncc626.com/2019-06/17/c_1210161797.htm，2020年4月7日。

与毒品消费者之间的零包销售,已然形成遍布全球的逐级分销模式。尤其是随着毒品需求市场的膨胀,零包贩卖毒品这类毒品犯罪的末端环节案件数量涨势凶猛,通常占贩卖毒品案件的一半以上,在全部毒品犯罪案件中所占比例也较高。相当数量的零包贩毒者本身也是毒品使用者,其犯罪动机主要在于获取财产,维持自己的毒品需求,从而形成一个恶性循环。①

在毒品的消费方面,毒品需求市场的构成呈现出不断扩散化与复杂化的局面,逐步从无业人员、社会闲散人员发展至企业员工、个体老板以及演艺人士,毒品消费群体已经开始从社会底层向社会中高层延伸。② 近年来,在华外籍人员、有境外学习或工作经历人员,以及娱乐圈演艺工作者的毒品使用状况呈现增长趋势。在使用毒品的种类方面,合成毒品则以青少年在娱乐场所使用为主,新精神活性物质逐步呈现出较大规模的使用趋势,混合使用合成毒品和阿片类毒品交叉使用的情况也十分突出。③ 此外,吸毒方式也日渐趋于隐蔽,在"互联网+"的当下,毒品使用者由线下转为线上,利用社交软件创建"毒友群",隐藏了真实身份,以暗语交流,吸毒者入群后需首先直播吸毒,不参与直播或者不购买毒品的,将被移出群聊。④

毒品犯罪属于贪利型犯罪,毒品市场的动力来源于非法暴利,而利益的最终来源即是毒品使用者。一般而言,市场上的商品均会出现供不应求

---

① 《人们法院禁毒工作白皮书(2012—2017)》,http://rmfyb.chinacourt.org/paper/html/2017-06/21/content_126867.htm?div=-1,2020 年 4 月 8 日。

② 莫洪宪:《毒品犯罪死刑制度的发展与国情》,《法治研究》2012 年第 4 期。

③ 《2018 年中国毒品形势报告(全文)》,http://www.nncc626.com/2019-06/17/c_1210161797.htm,2020 年 4 月 7 日。

④ 例如江苏省苏州市吴中区人民法院一审,苏州市中级人民法院二审的"梁某某非法利用信息网络、非法持有毒品,汪某贩卖毒品案"。2016 年年底至 2017 年年初,被告人梁某某加入名流汇、CF 中国网络平台,在平台中以视频方式与他人共同吸食甲基苯丙胺(冰毒)。2017 年 3 月,梁某某重新架设并管理维护视频网络平台,发展平台会员人数众多(加入会员需视频吸毒验证),以虚拟房间形式组织大量吸毒人员一起视频吸毒。被告人汪某自 2016 年起在组织吸毒活动的名流汇视频平台等非法网络中进行活动,并结识吸毒人员刘某某。2016 年 12 月至 2017 年 2 月间,汪某先后 3 次通过微信收取刘某某支付的毒资共计 4500 元,向刘某某贩卖甲基苯丙胺共 24 克,从中获利 900 元。《最高人民法院发布 2019 年十大毒品(涉毒)犯罪典型案例》,http://www.court.gov.cn/zixun-xiangqing-166442.html,2020 年 6 月 26 日访问;《2019 年中国毒品形势报告》,http://www.nncc626.com/2020-06/24/c_1210675813.htm,2020 年 6 月 26 日。

或供过于求的情形。但是，毒品在毒品市场中实为兼具成瘾性与违法性的"商品"。当毒瘾发作时，毒品使用者会穷尽合法的、非法的手段，想尽一切办法获取资金购买毒品。而毒品的违法性又决定了即使在地下非法市场，毒品也不会出现供过于求的状况。一定时期的毒品使用者若为确定，这一时期的毒品需求就几乎确定。"毒瘾"是毒品市场稳定利益来源的保障，一旦成为毒品使用者，几乎不存在"理性消费"的可能性，或者选择退出的余地。事实上，毒品供应基本上无法满足毒品需求，进而长期呈现出供不应求的局面。在丰厚、稳定利益的驱使下，即使存在巨大风险，也会有生产者、经营者源源不断地进入这一领域。

毒品市场与任何合法市场一样，都受到市场规律的影响，而刑法的介入又为毒品市场增加了一种影响因素——刑罚的风险。"毒品的生产、制造、运输的自然成本非常低，而刑罚作为最严厉的法律后果，就成了毒品非法市场中最高昂的成本。"[1] 从而，应将毒品的物理属性与风险成本的承担结合起来考虑。单从毒品的物理属性分析，毒品领域的最大贡献者在于种植毒品原植物者、制造毒品者，而实际上，"金三角""金新月"等地区的种植者扮演的角色可能远不如将毒品从境外运送至境内内陆地区的犯罪分子重要。前者使毒品从无到有，而后者使毒品从不可及到触手可得。毒品犯罪危害性的轻重，与犯罪行为承担的各项成本成正比：行为承担的成本越高，毒品作为一种"商品"的升值额也就越大，毒品犯罪行为的危害性也就越大，从而恰好与毒品市场中的毒品价值相对应。

毒品需求是毒品供应的动力，只要毒品需求的"刚需"持续存在，毒品供应市场就不会停滞不前。制毒、贩毒分子必定穷尽各种方法，转变生产方式，改变制造地点，甚至"发明"新的毒品种类，响应毒品需求市场的刚性需求。在漫长的形成与发展之中，毒品市场已演变得十分完善，且非常稳定。毒品市场俨然形成了自我维持体系，毒品和毒瘾对毒品使用者几乎起着绝对控制作用，吸毒成瘾者确保了毒品市场长期稳定的丰厚利益。马克思曾说过"当有百分之三百的利润"时，资本"就敢犯任何罪行，甚至冒着绞首的危险"[2]。毒品市场因其非法性而无法得到国家

---

[1] 莫洪宪：《毒品犯罪的挑战与刑法的回应》，《政治与法律》2012年第10期。
[2] 《马克思恩格斯全集》（第23卷），人民出版社1972年版，第829页。

保护，甚至必须时刻面对国家权力的打击，于是他们以巨额经济利益为自己寻求暴力保障。同时，在市场机制的作用下，毒品市场也不断提高自身技术，不仅制造研发新型毒品，而且不断提高反侦察技术措施。虽然司法打击能在一定范围内对毒品市场产生一定影响，但是国家层面的打击已被作为成本而纳入毒品市场的体系之中。面对司法打击策略上的调整，毒品市场也具有极强的自我调节能力。

（二）毒品犯罪的组织化、系统化运行模式

毒品犯罪的组织化运行，是指毒品犯罪往往以有组织犯罪的形式呈现，表现出"外松内紧"的组织形式：毒品犯罪组织的外围主要由毒品市场的中下层人员构成，例如毒品的直接生产者、承担毒品运输的"马仔"、毒品零售过程中的跑腿等；毒品犯罪组织的上层人员则是毒品市场的核心角色，起着统领、组织、协调作用，他们很少直接接触毒品，与中下层人员单向联系，最大程度上规避着刑罚风险。

毒品犯罪组织的外围结构十分松散，流动性高，可替代性高。有学者对近几年我国四个毒品案件多发省审理的 605 个实际案件的判决书为依据，进行实证分析。这些案件分别来自云南（241 个案件）、广西（74 个案件）、广东（109 个案件）和福建（181 个案件）；除 34 个判决书是中级人民法院的一审判决书外，其他判决书均是高级法院的二审判决书。其中，涉及运输毒品的案件共有 313 个，占总数的 51.7%。在这 313 个案件中，有 226 个案件的犯罪实行行为仅限于运输毒品，占 72.2%；剩余 87 个案件的犯罪实行行为在包含运输毒品的同时，还涉及走私、制造、贩卖毒品行为中的一个或多个行为。[①] 中下层人员仅听命于上层人员的指挥安排，而无法主动联系上层人员，因此外观上往往表现为单个毒品犯罪。在毒品犯罪组织中，中下层人员通常属于"被剥削者"，他们在毒品犯罪中的获利十分有限。同时，由于其直接接触毒品，在当前侦查部门以毒品为主要线索的侦察模式之下，中下层人员所面临的风险极高。但在利益的诱惑和侥幸心理的驱动下，他们仍旧铤而走险。因此，他们属于典型的"风险敏感型"犯罪分子，一旦他们认识到高惩罚概率的存在，便会在相当程度上抑制犯罪的冲动。

---

① 赵国玲、刘灿华：《毒品犯罪刑事政策实证分析》，《法学杂志》2011 年第 5 期。

相反，毒品犯罪组织的核心结构则十分稳定，他们是毒品市场利益的主要瓜分者，处于利益"剥削者"的地位。他们极少直接接触毒品，与中下层人员之间存在单线联系的隔离措施，目前的侦察手段难以对他们造成影响，这些原因直接导致他们受惩罚概率很低。在毒品生产、供应的核心领域，各犯罪者之间由于毒品市场的存在而走向联合，在毒品犯罪的不同阶段，均有承担不同职责的毒品犯罪人或毒品犯罪组织紧锣密鼓地实施犯罪活动，他们共同分享毒品市场带来的利益，共同应对司法机关的各项打击。而毒品市场中上层人员之间的联系，又便利了反侦察信息的交换，即使某一环节被司法机关摧毁，其他犯罪分子基于对内部情况的充分了解，也能够迅速做出反应，弥补产业链的漏洞。这也是局部打击对整个毒品市场影响甚微的原因所在。

毒品犯罪的组织化运行也决定了它的系统化运行模式：具体毒品犯罪行为依附于毒品市场，毒品从生产到运输、销售的各个环节都有承担相应职能的人"各司其职"、前赴后继。每个独立的毒品犯罪行为都是毒品市场存续的重要组成部分，且根据其不同分工，担任着毒品市场内的不同角色。值得注意的是，承担同一角色的毒品犯罪分子，在毒品市场内具有极高的可替代性和流动性。这在毒品犯罪的外围结构体现得尤为明显。中下层人员具有极高的可替代性，即使其中一部分犯罪分子受到司法打击，很快就有新的犯罪分子加入进来，取代他们。可以说，对这一部分犯罪人的打击之于整个毒品市场而言，并不会造成任何实质伤害。即使毒品犯罪的上层人员被捕或部分核心结构被摧毁，产生的空缺会由承担相同角色的毒品犯罪分子或组织迅速填补，重新瓜分市场份额。而司法打击产生的刑罚成本，会通过市场机制迅速转移给毒品的消费者。[①]

## （三）毒品市场及其控制

1990年，储槐植教授在我国首次提出了犯罪场的概念，并将其视为主客体之间相互交融、主观与客观之间相互结合、存在于犯罪人体验中的特定环境和条件。[②] 从行为人的角度来看，若某一行为的实施很有可能为其带来报酬，那么他便倾向于实施该行为，时间因素、空间因素、侵犯对

---

① 莫洪宪：《毒品犯罪的挑战与刑法的回应》，《政治与法律》2012年第10期。
② 储槐植：《刑事一体化论要》，北京大学出版社2007年版，第255—256页。

象因素以及社会规制的疏漏都需要通过潜在的犯罪人主观意志起作用。1993年,皮艺军教授在犯罪场概念的基础上提出了犯罪市场的概念,指出犯罪市场是在市场机制作用下犯罪赖以生成与活动的空间,而市场犯罪则是以营利为目的,以非法商品和劳务的交换为特征的犯罪。毒品市场受供需法则支配,是典型的市场犯罪。[①] 即使我们不愿认可毒品市场,但在现实生活意义上,毒品市场确实客观存在。

在世界范围内,毒品的生产、供应与消费已然形成了一个环环相扣的毒品供需市场。毒品犯罪的组织化、系统化运行模式以及毒品市场本身长期以来形成的自我调节能力,弱化了刑罚对于毒品供应市场的打击效果。鉴于毒品需求市场是毒品供应市场稳定的利益来源,以及毒品需求的刚性需求属性,"危害最小化"治毒政策采取控制毒品使用的危害、毒品犯罪的危害,控制毒品需求市场、供应市场,渐进减少甚至最终消除毒品使用现象、毒品犯罪现象的运行机制。在减少毒品使用的危害,控制毒品需求市场方面,"危害最小化"治毒政策主张以针具替换措施、阿片类毒品的替代治疗、医疗监督下的毒品使用室等综合性的社会措施来实现。在减少毒品犯罪的危害,控制毒品供应市场方面,"危害最小化"治毒政策主张通过严密的刑事法网、漏斗型量刑机制、灵活的法律规制以及完善的毒品犯罪违法所得没收制度等措施共同实现。

### 三 "危害最小化"治毒政策的主体和对象

基于毒品犯罪的市场化特征,"危害最小化"治毒政策最显著的特征,在于该政策以控制毒品需求市场(毒品使用)、供应市场(毒品犯罪)作为消除毒品需求(毒品使用危害)、毒品犯罪(毒品犯罪危害)的必经之路。

"危害最小化"治毒政策的主体包含决策主体与执行主体。其决策主体为国家,应由国家制定毒品犯罪治理领域的具体方向性刑事政策。其执行主体为国家和社会,该治毒政策的施行不仅有赖于国家公权力,还需依靠各项社会措施的配合,体现出对"综合治理"的现实需求。

---

[①] 皮艺军:《再论犯罪市场(上)——犯罪现象的市场机制评说》,《政法论坛》1998年第3期。

"危害最小化"治毒政策的对象包括认识对象与实践对象。其认识对象是指毒品使用与毒品犯罪态势。其中，毒品使用态势包括不同时期毒品使用的年龄、性别、种类和使用方式的差异，以及不同种类的毒品在不同时期、不同年龄层的流行程度等方面。而毒品犯罪态势则体现在不同时期的毒品犯罪案件数量（包括针对不同种类的毒品实施的不同类型的毒品犯罪案件数量）、抓获的毒品犯罪人数、收缴的毒品数量、没收的毒品犯罪违法所得数额等方面。其实践对象既具有"治毒政策"对象的一般属性，又因其"危害最小化"的提倡而具有独特性。"危害最小化"治毒政策作用的对象可以分两个层面来解读。在宏观层面，该治毒政策的作用对象为毒品供应市场与毒品需求市场；在微观层面则为毒品犯罪行为、毒品犯罪人、吸毒行为和吸毒者。毒品供应市场的治理与毒品犯罪行为、毒品犯罪人相对应，而毒品需求市场的治理与吸毒行为、吸毒者的治理相对应。

# 第二章　我国治毒政策的发展与挑战

## 第一节　我国治毒政策的沿革

### 一　革命根据地时期的治毒政策

依据政策施行的区域不同，革命根据地时期的治毒政策可以分为革命根据地的治毒政策和解放区的治毒政策。

革命根据地的治毒政策表现为"因地制宜"和"严禁"毒品犯罪。为了治理毒品使用和毒品犯罪现象，革命根据地成立了禁烟督察处、禁烟督察分处、禁烟督察局、禁烟局等机构等专门禁烟毒机构，[①] 颁布了《晋察冀根据地关于严禁播种罂粟的命令》《晋察冀边区行政委员会关于开展灭毒运动的命令》《晋察冀鲁豫边区毒品治罪暂行条例》《晋西北禁烟治罪暂行条例》《陕甘宁边区政府关于成立陕甘宁边区禁烟督察处命令》《山东省禁毒治罪暂行条例》等20部禁烟法律法规。[②] "因地制宜"体现在不同的革命根据地以其所在地区毒品使用状况、毒品犯罪形势为依据，制定不同的禁烟条例或命令，设置不同程度的刑罚。"严禁"则体现在对于禁止种植罂粟，禁止制造鸦片，禁止贩卖或贩运烟毒，禁止设立传播烟毒的商店、烟馆，禁止帮助或包庇他人从事毒品犯罪活动，禁止或限制吸食及注射烟毒等特定涉毒犯罪行为。[③] 革命根据地的治毒政策尚不涉及毒品使用行为的治理和预防。

---

[①] 张洪成：《毒品犯罪刑事政策之反思与修正》，中国政法大学出版社2017年版，第72页。
[②] 同上书，第72—73页。
[③] 同上书，第73页。

表 2-1　　　　　革命根据地时期解放区发布的治毒文件

| 发布时间 | 发布机构 | 文件名称 | 主要内容 |
| --- | --- | --- | --- |
| 1945年10月17日 | 晋察冀边区 | 《关于严加管理烟毒的布告》 | 禁止私买私卖、贩运鸦片及其制造品、代用品；种植罂粟之户，以及存有鸦片之户，应按期限呈交禁烟督察局；烟民须向禁烟督察局登记，逐渐戒除 |
| 1946年2月25日 | 晋察冀边区行政委员会 | 《严禁种植鸦片令》 | 严禁种植鸦片，违者依法严惩 |
| 1949年7月 | 华北人民政府 | 《华北区禁烟禁毒暂行办法》 | 严厉禁止和制裁种植、私存、制造、买卖、贩运和吸食鸦片及其他毒品的行为 |

解放区的治毒政策表现为"严打与教育一体化"。① 相较于根据地政府，解放区政府治毒政策的重大区别在于，解放区政府认识到仅靠政府一己之力无法解决毒品使用和毒品犯罪问题，而必须依赖于禁毒教育、社会措施以及吸毒者自己。在打击毒品供应市场方面，解放区政府保持着严厉打击的态度，在削减毒品需求市场方面，解放区政府采取了禁毒宣传教育、登记制度的举措，预防潜在吸毒人员的产生与帮助现有吸毒人员戒毒并重。

## 二　中华人民共和国成立至改革开放前的治毒政策

总体来说，中华人民共和国成立之后至改革开放之前，我国治毒政策表现为"惩办、教育改造与群众运动相结合"。

中华人民共和国成立之初，公民对于毒品的危害尚未形成统一的正确认识，吸食鸦片俨然成为一种社会文化现象，或者说是一种"道德上比较中性的生活方式"。② 在此背景下，我国表现出全面禁毒的迫切愿望。中央人民政府政务院于1950年2月发布《关于严禁鸦片烟毒的通令》，强调："对于全国范围内贩运、制造、售卖烟土等毒品的行为，除没收烟土毒品外，还必须从严治罪。"同年11月，最高人民法院明确下达指示，要求对实施毒品犯罪的行为人不得"以罚代刑"，必须废止专科或并科罚金的方法，以避免部分地区存在的"以罚代刑"现象。无疑十分鲜明地

---

① 张洪成：《毒品犯罪刑事政策之反思与修正》，中国政法大学出版社2017年版，第74页。

② 高巍：《中国禁毒三十年——以刑事规制为主线》，法律出版社2011年版，第6—7页。

表达了国家当时对于毒品犯罪治理的从严立场。虽然当时的中国尚未形成刑法、刑事诉讼法等法律，但是该时期我国在打击毒品犯罪方面体现了从严打击与从快、从重打击的态度。1952年中共中央发布《关于肃清毒品流行的指示》，明确了惩办与改造教育相结合的方针。依据1952年《关于开展全国规模的禁毒运动的报告》，我国分三个阶段开展禁毒活动。经过半年时间的全面、深入肃清，毒品贩运及毒品制造等问题几乎在我国大陆地区消失无踪。

中华人民共和国成立初期三年禁毒运动取得了优异成果，我国将"无毒国"的美誉保持了近30年。直至20世纪70年代末，我国大陆境内的毒品犯罪、毒品吸食现象几乎消失殆尽，只在边疆地区偶尔出现毒品种植及吸食现象，即便如此，当时的毒品问题仍未成为一种普遍的社会问题。[①] 1956年，党的第八次全国代表大会的政治报告中首次提出"惩办与宽大相结合的政策",[②] 1979年《刑法》第1条对此做出明确规定。[③] 以毒品犯罪尚未在我国发展为严重问题为背景，在当时"宜粗不宜细"的立法思想的指导下，1979年《刑法》对于毒品犯罪的规定十分简单：（1）罪名设置方面，只有制造、贩卖、运输毒品罪，对于走私毒品的行为，可以成立走私罪；（2）罪刑设置方面，制造、贩卖、运输毒品罪和走私罪的最高刑均为有期徒刑。可以说，1952—1979年我国的毒品治理政策呈现出轻缓化的态势。

## 三 改革开放后至21世纪初的治毒政策

改革开放后至21世纪初，我国毒品犯罪治理政策逐步严厉，将毒品犯罪的法定刑提高至死刑，并明确无论走私、贩卖、运输、制造毒品数量多少均应追究刑事责任。

---

① 崔敏主编：《毒品犯罪发展趋势与遏制对策》，警官教育出版社1999年版，第306页。

② 1956年，党的第八次全国代表大会的政治报告中指出："我们对反革命分子和其他犯罪分子一贯地实行惩办和宽大相结合的政策，凡是坦白的、悔过的、立功的，一律给以宽大的处置。"马克昌：《宽严相济刑事政策研究》，清华大学出版社2012年版，第62页。

③ 1979年《刑法》第1条规定："中华人民共和国刑法，以马克思列宁主义毛泽东思想为指针，以宪法为根据，依照惩办与宽大相结合的政策，结合我国各族人民实行无产阶级领导的、工农联盟为基础的人民民主专政即无产阶级专政和进行社会主义革命、社会主义建设的具体经验及实际情况制定。"

表 2-2　　　　　　　1979 年至 21 世纪初发布的治毒文件

| 发布时间 | 发布机构 | 文件名称 | 主要内容 |
| --- | --- | --- | --- |
| 1981 年 | 国务院 | 《关于重申严禁鸦片烟毒的通知》 | 1. 对制造、贩卖和偷运鸦片等毒品的犯罪分子必须依法严惩；2. 对于鸦片等毒品的吸食者，应由职能部门组织强制戒除 |
| 1982 年 | 全国人大常委会 | 《关于严惩严重破坏经济的罪犯的决定》 | 将制造、贩卖、运输毒品罪的最高刑提高至死刑 |
| 1987 年 | 全国人大常委会 | 《海关法》 | 细化走私罪的行为方式，首次在走私罪中明确列出走私毒品的行为 |
| 1988 年 | 全国人大常委会 | 《关于惩治走私罪的补充规定》 | 走私毒品行为的最高刑被提高至死刑 |
| 1990 年 | 全国人大常委会 | 《关于禁毒的决定》 | 1. 扩大毒品犯罪的行为方式；2. 明确毒品概念；3. 走私、贩卖、运输、制造毒品罪的数量与含量规定没有下限；4. 毒品犯罪的财产刑改为"并处"；5. 规定单位犯罪情形；6. 确立毒品犯罪的特殊再犯制度 |
| 1991 年 | 最高人民法院 | 《关于十二省、自治区法院审理毒品犯罪案件工作会议纪要》 | 1. 明确贩卖、运输、制造毒品的，无论数量多少，均应受到法律责难；2. 明确表述应适用总则"情节显著轻微危害不大的，不认为是犯罪"的规定 |
| 1997 年 | 全国人大 | 《刑法》 | 1. 保留走私、运输、贩卖、制造毒品罪的死刑；2. 明文规定走私、贩卖、运输、制造毒品，无论数量多少，都应当追究刑事责任；3. 明确毒品数量不以纯度折算；4. 进一步扩大了单位犯罪的范围；5. 重申了毒品犯罪的再犯制度 |

在基本刑事政策领域，1986 年 9 月 13 日最高人民检察院、最高人民法院、公安部共同发布的《关于严格依法处理反盗窃斗争中自首案犯的通知》第 3 条规定："各级人民法院在召开从宽处理自首的犯罪分子的宣判大会时，应同时适当宣判一些犯罪情节严重、拒不认罪的从严处罚的案犯，以充分体现宽严相济的政策。"随着社会治安形势变得日益严峻，"严打"方针受到极大重视，占据显著地位，而"惩办与宽大相结合政策"一度受到冷落，以至于 1997 年《刑法》删除了关于惩办与宽大相结合的表述，也未增加关于宽严相济的表述。1997 年最高人民法院在《关于认真抓好禁毒转向斗争中审判工作的通知》中，在论及宽严相济政策时，首先指出"各级人民法院在打击毒品犯罪的活动中，要严肃执法，坚持从重从快的'严打'方针"，进而表明"对毒品犯罪

分子适用刑罚时，要注重加大打击力度……注意严格执行惩办与宽大相结合的政策，做到宽严相济"。实际上，这一时期毒品治理政策往往首先强调加大对毒品犯罪分子的打击力度，并以此为基础，提出宽严相济政策的落实。

从毒品问题治理的具体方向性刑事政策的手段来看，1979年至21世纪初，我国毒品治理政策逐步趋严，不仅扩大了毒品犯罪的犯罪圈，而且提高了毒品犯罪的量刑，充分体现对于毒品供应市场的严厉打击立场。

值得注意的是，中华人民共和国成立至21世纪初，我国的毒品治理政策并未涉及毒品需求市场的治理，而单一注重毒品供应市场的打击，实际上更多地体现为"禁毒政策"而非"治毒政策"。这一时期，我国对于毒品供应市场的打击也经历了由严禁鸦片到从严、从快、从重打击，再到轻缓控制，最终发展为从严治毒的演变过程。每一不同阶段的法律规制范围和程度不尽相同，反映出毒品治理政策对于具体立法和司法实践的导向功能，随着毒品犯罪形势、毒品使用状况不断变化的毒品治理政策也体现了其自身的调节功能。

## 四　21世纪初至今的治毒政策

21世纪初至今，由于严格的毒品防控策略并未明显遏制毒品蔓延，越来越多的国家、地区开始反思治毒政策。严厉规制毒品供应市场虽能起到一定作用，但贫穷、社会排挤、心理支持缺失等因素，都有可能促使个人使用毒品。有鉴于此，逐渐有国家、地区开始增强对吸毒成瘾者的治疗投入，并致力于开发防范毒品成瘾的项目。也就是说，世界范围内，治毒政策呈现出由单一严控毒品供应市场，转向毒品供应与需求市场控制并重的趋势。[1] 我国也不例外。

在基本刑事政策方面，自2004年以后，尤其是自2006年以来，宽严相济政策的表述在政法部门文件、中央领导讲话以及中共中央文件中出现的日益频繁。在具体语境下，有的强调宽严有别，有的侧重宽严相济相得益彰，有则进行了全面阐释。在官方规范性文件中，宽严相济政策的表述

---

[1] 刘建宏主编：《新禁毒全书（第一卷）：全球化视角下的毒品问题》，人民出版社2014年版，第227—228页。

由频次逐年增至成为一种常态。① 2007年，最高人民检察院发布的《关于在检察工作中贯彻宽严相济刑事司法政策的若干意见》，分四个方面具体阐释了宽严相济政策的基本思想及贯彻要求。最高人民法院2010年印发的《关于贯彻宽严相济刑事政策的若干意见》系统阐释了宽严相济政策的精神与贯彻，该意见指出："宽严相济刑事政策是我国的基本刑事政策……是惩办与宽大相结合政策在新时期的继承、发展和完善。"可见，21世纪初至今，我国的基本刑事政策仍为宽严相济政策。

但是，对于这一时期毒品治理的具体方向性刑事政策，我国官方文件的表述要么是在贯彻宽严相济政策的同时，必须保持对毒品犯罪的"严打"态势；要么是在从严惩处毒品犯罪的要求之下，将宽严相济作为从严惩治的内容之一。前者例如2010年最高人民法院发布的《关于认真做好人民法院2010年禁毒综合治理工作的通知》的第一部分，在强调切实贯彻落实宽严相济政策的同时，着重强调必须"对严重毒品犯罪保持'严打'的高压态势"，并将这一高压态势确定为"禁毒工作的重要方针"及"人民法院审判毒品犯罪案件一直坚持的政策"。后者例如最高人民法院2015年5月18日印发的《全国法院毒品犯罪审判工作座谈会纪要》（以下简称为2015年《武汉会议纪要》）第一部分，在加强人民法院禁毒工作的总要求中强调须"毫不动摇地坚持依法从严惩处毒品犯罪"，并在这一项之下，作为这一项的内容之一，主张"也要贯彻好宽严相济刑事政策，突出打击重点，体现区别对待"。而2015年《武汉会议纪要》第二部分，关于毒品犯罪法律适用具体问题中的死刑适用方面，也首先强调"审判工作中应当继续坚持依法从严惩处毒品犯罪的指导思想，充分发挥死刑对于预防和惩治毒品犯罪的重要作用"，进而表明"应当全面、准确贯彻宽严相济刑事政策，体现区别对待，做到罚当其罪"。可以说，21世纪初至今，对于毒品供应市场的治理，我国治毒政策仍旧保持"从严惩处"的态度，依法从宽是以更趋严厉为后盾。

2007年《禁毒法》的出台，"综合治理"方针的提出表明了我国毒品问题治理对于刑罚之外的社会措施的重视逐步加强。2014年中共中央、

---

① 张小虎：《宽严相济刑事政策的基本思想与制度建构》，北京大学出版社2018年版，第29—33页。

国务院发布的《关于加强禁毒工作的意见》强调"源头治理""以人为本"则表明了我国治毒政策对于治理毒品需求市场的关注与侧重。21世纪初至今,我国治毒政策由以往的单一注重打击毒品供应市场,发展为毒品需求市场与供应市场的共同治理,更多地表现为"治毒政策"而非"禁毒政策"。治毒政策的手段也出现了从以刑罚手段为主,到以刑罚手段与其他削减毒品需求的社会措施并重的转变。

表 2-3　　　　21世纪初至今我国发布的治毒文件

| 发布时间 | 发布机构 | 文件名称 | 主要内容 |
| --- | --- | --- | --- |
| 2007年 | 全国人大常委会 | 《禁毒法》 | 明确提出"禁毒工作实施预防为主,综合治理,禁种、禁制、禁贩、禁吸并举的方针" |
| 2008年 | 最高人民法院 | 《全国部分法院审理毒品犯罪案件工作座谈会纪要》 | 1. 修改了2000年最高人民法院发布的《全国法院审理毒品犯罪案件工作座谈会纪要》关于吸毒者持有毒品的定罪量刑规定；2. 肯定关于"犯意引诱""数量引诱"的处理方式,但是删除了其他特情引诱应从轻或斟酌决定的规定,极大地限制了特情介入对于量刑的影响；3. 同时构成累犯和再犯的,同时适用累犯和再犯的规定；规定了必须做出毒品鉴定的三种情形；4. 排除了"亲属代为立功"的情形；5. 列明推定的明知的九种情形 |
| 2009年 | 最高人民法院、最高人民检察院、公安部 | 《关于办理制毒物品犯罪案件适用法律若干问题的意见》 | 专门针对走私、非法买卖制毒物品行为的主观明知做出规定,列举了七种若无证据证明属于被蒙骗的,则可以认定为"明知"的情形 |
| 2010年 | 最高人民法院 | 《关于贯彻宽严相济刑事政策的若干意见》 | 将"走私、贩卖、运输、制造毒品等危害人民健康的犯罪作为严惩的重点,依法从重处罚"。对于同时构成毒品累犯和再犯的,"即使犯罪情节较轻,也要体现从严惩处的精神" |
| 2010年 | 最高人民法院 | 《关于认真做好人民法院2010年禁毒综合治理工作的通知》 | 在强调切实贯彻落实宽严相济政策的同时,着重强调必须"对严重毒品犯罪保持'严打'的高压态势,是禁毒工作的一项重要方针,也是人民法院审判毒品犯罪案件一直坚持的政策" |
| 2014年 | 中共中央、国务院 | 《关于加强禁毒工作的意见》 | 1. 要求各地区各有关部门把禁毒工作纳入国家安全战略和平安中国、法治中国建设的重要内容；2. 提出"源头治理、以人为本、依法治理、严格管理、综合治理"的基本原则；3. 重申"预防为主,综合治理,禁种、禁制、禁贩、禁吸并举"的工作方针 |

续表

| 发布时间 | 发布机构 | 文件名称 | 主要内容 |
| --- | --- | --- | --- |
| 2015 年 | 最高人民法院 | 《全国法院毒品犯罪审判工作座谈会纪要》 | 1. 贩卖毒品罪的认定更为严格；2. 强调"充分发挥死刑对于预防和惩治毒品犯罪的重要作用"；3. 强调"加大对犯罪分子的经济制裁力度"；4. 减刑、假释的适用从严；5. 对因同一毒品犯罪前科和不同犯罪前科同时构成再犯和累犯的情形进行了分别规定 |
| 2016 年 | 最高人民法院 | 《关于审理毒品犯罪案件适用法律若干问题的解释》 | 1. 降低了氯胺酮的定罪量刑数量标准；2. 新规定了 12 类毒品的定罪量刑标准；3. "向多人贩卖毒品或者多次走私、贩卖、运输、制造毒品"被列为情节严重；4. 扩大了特殊群体走私、贩卖、运输、制造毒品中特殊群体的范围；5. 限制了近亲属包庇毒品犯罪分子的条件 |

## 第二节 我国现行治毒政策的确立

### 一 现行治毒政策确立的背景与历程

对毒品犯罪的严厉打击，在我国有着历史根源。中华人民共和国成立之初，我国吸毒者人数约为 2000 万人，占全国人口总数的 4.4%。[①] 罂粟种植遍布全国，种植面积达 100 多万公顷。[②] 旧中国未能实现毒品危害性的统一认识，吸食鸦片、种植罂粟等行为的危害性仍处于社会舆论的模糊地带，缺乏道德上的可责性。中华人民共和国成立之前的某些地区，吸食鸦片已成为常见的社交方式，上层社会普遍吸食鸦片，吸毒工具和方式也逐步精细化，这些现象极大地削弱了人们对于毒品危害性的认识。1952年 7 月 30 日中共中央批准了公安部提交的《关于开展全国规模的禁毒运动的报告》，分三个阶段开展禁毒活动，取得了毒品贩运及毒品制造等在我国大陆地区几乎消失无踪的优异成果。不可否认，当时特殊历史条件下，与境外交流、联系较少，对毒品的境外输入起到了极大的抑制作用。

---

[①] 凌青、邵秦：《从虎门销烟到当代中国禁毒》，四川人民出版社 1997 年版，第 103 页。
[②] 王金香：《中国禁毒史》，上海人民出版社 2005 年版，第 292 页。

普遍且持久的禁毒宣传也逐步纠正了公民对毒品和禁毒问题的不当认识，形成了对毒贩、吸毒者强大的负面舆论压力，奠定了发动群众力量的坚实基础。正是在各项因素的共同作用下，我国才得以被称为"无毒国"，并将这一美誉保持了近30年。

20世纪70年代末到80年代初，欧洲、美洲等西方国家进入了毒品消费的高峰期，尤其是对海洛因的需求大量增加。在如此庞大的需求之下，"金三角"地区与"金新月"地区迅速扩大了罂粟的种植面积，并以技术手段改良和提升了鸦片及海洛因的产量，其毒品消费地区主要集中在美国等北美国家，而其传统贩运路线包括经泰国、缅甸仰光、新加坡、马来西亚、越南等国家或地区中转后通过海运进入北美市场。然而20世纪80年代初，上述中转国家或地区政局逐步稳定，禁毒法也得到了较为严格的执行，传统运输、中转路线无法满足"金三角"地区毒品贩运的迫切需要，而我国西南地区与"金三角"地区相毗邻，"有些边境地区与境外村村相通，阡陌相连，语言相通，文化相似，并保留着互市、通婚、过耕等习俗"[1]，这极大地刺激了贩毒集团打开"中国通道"，实现快捷输出、中转毒品的目标，同时也有利于贩毒集团培养潜在的毒品消费市场。

改革开放后，我国逐步由计划经济走向市场经济，鼓励社会、个体参与市场竞争，国家对于个体经济行为、自主生活等方面的管控趋于淡化，人口流动更为频繁、交易行为也更加多元化，从某种程度而言，这也使毒品这类管制品的交易成为可能，其交易可能性亦随市场机制的充分程度而递增。此外，文化的多元化催生了一个庞大的吸毒群体，毒品问题已不再单纯停留在过境方面，而是使我国再次成为毒品消费大国。在改革开放、思想解放的背景下，人们的自由度增加，但同时这种思想和文化的转型也会带来某种程度的思想焦虑，而思想上的焦虑和感知上的落差则容易导致自我忘却的冲动，加之毒品大量过境使毒品的获取更为便利，毒品吸食行为逐步演变为一种亚文化现象。[2] 而当时的1979年《刑法》只设置了制造、贩卖、运输毒品罪，最高刑期为15年有期徒刑。走私毒品的行为可以成立走私罪，最高刑期为10年有期徒刑。在当时如此严峻的背景下，

---

[1] 姚志辉：《禁毒大视角》，中国人民公安大学出版社2004年版，第253页。
[2] 高巍：《中国禁毒三十年——以刑事规制为主线》，法律出版社2011年版，第26—28页。

我国 1979 年《刑法》由于其罪名设置单一、罪刑处罚轻缓，而无法取得有效的威慑效果与惩罚效果。在此背景下，我国治毒政策渐趋严厉，逐步形成了现行较多注重对毒品供应市场严厉打击，而较少关注对毒品需求市场有效控制的治毒政策。

## 二　现行治毒政策的立法确认与适用

### （一）现行治毒政策在刑事立法上的确认与适用

第一，为走私、贩卖、运输、制造毒品罪设置死刑。1997 年《刑法》全面吸收了既有条款和 1988 年《联合国禁止非法贩运麻醉药品和精神药物公约》对于扩大毒品犯罪打击面的指导，但坚持着毒品犯罪死刑适用的立场。1997 年《刑法》第 48 条第 1 款规定："死刑只适用于罪行极其严重的犯罪分子。"而第 347 条保留了走私、贩卖、运输、制造毒品罪的死刑。

第二，关于走私、贩卖、运输、制造毒品罪成立标准，没有规定成立该罪所需的毒品数量与含量的下限。1997 年《刑法》第 347 条第 1 款延续了 1990 年《关于禁毒的决定》的做法，只规定构成毒品犯罪的数量上限，而未规定犯罪成立的数量下限。而且在此基础上表明对于走私、贩卖、运输、制造毒品的行为，无论数量多少，都应当追究刑事责任。另外，第 357 条第 2 款更是指出："毒品的数量以查证属实的走私、贩卖、运输、制造、非法持有毒品的数量计算，不以纯度折算。"这种"零容忍"的立法方式表达出毒品治理效果欠佳的现实下，立法者对于毒品犯罪治理的焦虑。

第三，为走私、贩卖、运输、制造、非法持有毒品罪设立再犯制度。1997 年《刑法》第 356 条规定了"因走私、贩卖、运输、制造、非法持有毒品罪被判过刑，又犯本节规定之罪的，从重处罚。"一般而言，世界范围内，从重处罚再犯已是共识，但是我国从再犯之中剥离出累犯予以特别规定，而现行《刑法》又在总则关于累犯的规定之外，对走私、贩卖、运输、制造、非法持有毒品罪特别设置了再犯规定。[①] 反映了国家对于毒品犯罪区别对待的严厉打击立场。

### （二）现行治毒政策在刑事司法上的确认与适用

第一，走私、贩卖、运输、制造毒品罪的死刑适用门槛低。最高人民

---

[①] 何荣功：《我国"重刑治毒"刑事政策之法社会学思考》，《法商研究》2015 年第 5 期。

法院于 2000 年 4 月印发的《全国法院审理毒品犯罪案件工作座谈会纪要》（以下简称为 2000 年《南宁会议纪要》）表明："充分运用刑法武器严厉打击毒品犯罪……对依法应当判处死刑的，必须坚决判处死刑……特别是对可能判处死刑的案件，必须严格执行法律的规定和党的死刑政策，一定要把死刑案件办成铁案"，表明了当时毒品犯罪治理对于适用死刑的积极态度。但是，自从宽严相济基本刑事政策形成后，尤其是 2007 年最高人民法院统一恢复行使死刑核准权以来，我国死刑制度经历了重大变革，形成了"少杀、慎杀"的死刑政策，并在毒品犯罪领域得到较为严格的贯彻。2008 年 12 月，最高人民法院印发的《全国部分法院审理毒品犯罪案件工作座谈会纪要》（以下简称为 2008 年《大连会议纪要》）集中体现了我国死刑政策在毒品犯罪领域的落实，毒品犯罪死刑适用受到较大限制。2008 年《大连会议纪要》列举了可以判处被告人死刑的五种情形，[①] 和可以不判处死刑立即执行的九种情形，[②] 但同时强调"对于毒品

---

[①] 根据最高人民法院于 2008 年 12 月印发的《全国部分法院审理毒品犯罪案件工作座谈会纪要》的规定，可以判处被告人死刑的五种情形分别是：（1）具有毒品犯罪集团首要分子、武装掩护毒品犯罪、暴力抗拒检查、拘留或者逮捕、参与有组织的国际贩毒活动等严重情节的；（2）毒品数量达到实际掌握的死刑数量标准，并具有毒品再犯、累犯、利用、教唆未成年人走私、贩卖、运输、制造毒品，或者向未成年人出售毒品等法定从重处罚情节的；（3）毒品数量达到实际掌握的死刑数量标准，并具有多次走私、贩卖、运输、制造毒品，向多人贩毒，在毒品犯罪中诱使、容留多人吸毒，在戒毒监管场所贩毒，国家工作人员利用职务便利实施毒品犯罪，或者职业犯、惯犯、主犯等情节的；（4）毒品数量达到实际掌握的死刑数量标准，并具有其他从重处罚情节的；（5）毒品数量超过实际掌握的死刑数量标准，且没有法定、酌定从轻处罚情节的。

[②] 根据最高人民法院于 2008 年 12 月印发的《全国部分法院审理毒品犯罪案件工作座谈会纪要》的规定，毒品数量达到实际掌握的死刑数量标准，具有下列情形之一的，可以不判处被告人死刑立即执行：（1）具有自首、立功等法定从宽处罚情节的；（2）已查获的毒品数量未达到实际掌握的死刑数量标准，到案后坦白尚未被司法机关掌握的其他毒品犯罪，累计数量超过实际掌握的死刑数量标准的；（3）经鉴定毒品含量极低，掺假之后的数量才达到实际掌握的死刑数量标准的，或者有证据表明可能大量掺假但因故不能鉴定的；（4）因特情引诱毒品数量才达到实际掌握的死刑数量标准的；（5）以贩养吸的被告人，被查获的毒品数量刚达到实际掌握的死刑数量标准的；（6）毒品数量刚达到实际掌握的死刑数量标准，确属初次犯罪即被查获，未造成严重危害后果的；（7）共同犯罪毒品数量刚达到实际掌握的死刑数量标准，但各共同犯罪人作用相当，或者责任大小难以区分的；（8）家庭成员共同实施毒品犯罪，其中起主要作用的被告人已被判处死刑立即执行，其他被告人罪行相对较轻的；（9）其他不是必须判处死刑立即执行的。

数量接近实际掌握的判处死刑的数量标准,但具有从重处罚情节的被告人,也可以判处死刑"。此外,2008年《大连会议纪要》单独规定了运输毒品罪和制造毒品罪的死刑适用。对于运输毒品罪的死刑设置,被告人存在受人指使、雇用参与、初犯、偶犯情形的,可以从轻处罚。但也只是规定"毒品数量超过实际掌握的死刑数量标准,也可以不判处死刑立即执行",仍可以判处死刑缓期执行。

在此之后,2015年《武汉会议纪要》一方面表明将死刑作为预防和惩治毒品犯罪的手段的立场;另一方面重申"严格审慎地决定死刑适用,确保死刑只适用于极少数罪行极其严重的犯罪分子"的立场。2015年《武汉会议纪要》规定了运输毒品罪的死刑适用,毒品共同犯罪、上下家犯罪的死刑适用,新类型、混合型毒品犯罪的死刑适用的具体情形。在毒品犯罪的共同犯罪中,两名主犯的罪责均很突出,且均具有法定从重处罚情节的,2015年《武汉会议纪要》指出要尽可能比较其主观恶性、人身危险性方面的差异,判处二人死刑要特别慎重。对于贩卖毒品案件中的上下家,需结合其贩毒数量、次数及对象范围,犯罪的主动性,对促成交易所发挥的作用,犯罪行为的危害后果等因素,综合考虑其主观恶性和人身危险性,慎重、稳妥地决定死刑适用。在涉案毒品属于其他滥用范围和危害性相对较小的新类型、混合型毒品的,一般不宜判处被告人死刑,但符合一定条件的,仍可以判处被告人死刑。2008年《大连会议纪要》和2015年《武汉会议纪要》在限制毒品犯罪死刑适用的同时,也强化了对于严重毒品犯罪仍适用死刑的司法观念。走私、贩卖、运输、制造毒品罪仍旧是我国严厉打击的重点。

第二,走私、贩卖、运输、制造毒品罪的起刑点设置低。1997年《刑法》没有对走私、贩卖、运输、制造毒品罪的起刑点做出明确规定,此后的2015年《武汉会议纪要》注意到实践中不乏为了隐蔽运输毒品而临时改变毒品常规形态的情形,为了对这类行为合理定罪量刑,而将这类案件作为"将查证属实的毒品数量认定为毒品犯罪数量"的例外。2015年《武汉会议纪要》的这一例外规定,是对宽严相济政策的具体落实,符合公正定罪量刑的必然要求。

第三,毒品纯度鉴定适用条件的严格限定。2000年《南宁会议纪要》主张毒品的含量仅在查获的毒品被证实大量掺假、含量极少时,作为酌定考虑情节,对量刑起一定影响作用。2008年《大连会议纪要》延续了审慎考量毒品纯度的态度,明确规定仅在以下三种情形中应当做出毒品含量鉴定:可能判处被告人死刑的毒品犯罪案件;涉案毒品可能大量掺假;涉案毒品系成分复杂的新类型毒品。无论是在特定条件下将毒品含量作为酌定量刑情节,还是在特定条件下将其作为必要鉴定内容,都体现了我国已逐步重视毒品纯度在毒品犯罪中对量刑起到的重要作用。但是这两次会议纪要相较于1994年《适用〈关于禁毒的决定〉的若干问题的解释》提出的"对毒品犯罪案件中查获的毒品,应当鉴定,并做出鉴定结论",以及1991年《最高人民法院关于十二省、自治区法院审理毒品犯罪案件工作会议纪要》(以下简称为1991年《珠海会议纪要》)主张的"应逐步做到全部鉴定"而言,则显现出我国进一步严格限制鉴定毒品纯度之意,从而可能导致某些毒品犯罪行为得到更严厉的处罚。

第四,在毒品犯罪的证据适用方面,往往呈现出以"推定明知"或"应当知道"取代"明知"的局面。2007年《办理毒品犯罪案件适用法律若干问题的意见》规定走私、贩卖、运输、非法持有毒品罪的"明知"指的是行为人"知道或应当知道所实施的行为是走私、贩卖、运输、非法持有毒品行为"。并列举出八种情形,[①]在犯罪嫌疑人、被告人不能做出合理解释的情形下,可以推定其"应当知道"。2009年的《办理制毒物品犯罪案件适用法律若干问题的意见》专门针对走私、非法买卖制毒物品行为的主观明知做出规定,列举了七种若无证据证明属于被蒙骗的,则可以认定为"明知"的情形。2015年《武汉会议纪要》更是规定对于从贩毒人员住所、车辆等处查获的毒品,一般均应认定为其贩卖的毒品,除

---

① 2007年《办理毒品犯罪案件适用法律若干问题的意见》规定的八种情形分别是:(1)执法人员在口岸、机场、车站、港口和其他检查站检查时,要求行为人申报为他人携带的物品和其他疑似毒品物,并告知其法律责任,而行为人未如实申报,在其所携带的物品内查获毒品的;(2)以伪报、藏匿、伪装等蒙蔽手段逃避海关、边防等检查,在其携带、运输、邮寄的物品中查获毒品的;(3)执法人员检查时,有逃跑、丢弃携带物品或逃避、抗拒检查等行为,在其携带或丢弃的物品中查获毒品的;(4)体内藏匿毒品的;(5)为获取不同寻常的高额或不等值的报酬而携带、运输毒品的;(6)采用高度隐蔽的方式携带、运输毒品的;(7)采用高度隐蔽的方式交接毒品,明显违背合法物品惯常交接方式的;(8)其他有证据足以证明行为人应当知道的。

非确有证据证明查获的毒品并非贩毒人员用于贩卖。对于吸毒者购买的毒品数量，一般全部认定为其贩卖的毒品数量，只有在确有证据证明其购买的部分毒品并非用于贩卖的情形下才不计入。无论是对客观事实的推定，还是对主观罪过的推定，都会导致国家在打击毒品犯罪方面优势地位的确立。

第五，逐步赋予特情引诱合法性。2000年《南宁会议纪要》在肯定特情侦破毒品案件重要性的同时，对特情引诱保持着审慎态度。而2008年《大连会议纪要》对于诱惑侦察的合法性做出了明确肯定，表明行为人在"犯意引诱""双套引诱"及"数量引诱"下实施毒品犯罪的，仍应追究刑事责任。有学者指出，上述侦查行为涉嫌诱使他人犯罪，其行为实质与鼓励、教唆、引诱犯罪无异，应当予以禁止。[1] 2013年《刑事诉讼法》增加了"技术侦查"一节，打开了对毒品犯罪案件采取技术侦查措施的大门。而在第153条第1款笼统地规定"不得诱使他人犯罪"之后，第2款专门规定了依据侦查的需要，涉及毒品的犯罪活动，可以实施控制下交付，对毒品犯罪的侦察权力开了一扇后门。[2] 我国官方法律文件逐步对诱惑侦察手段在毒品犯罪侦查中的适用做出明确肯定，体现了我国在打击毒品犯罪方面的特殊立场。

## 第三节　我国现行治毒政策面临的挑战

一直以来，我国都以十分特殊的态度对待毒品犯罪治理问题。在毒品犯罪领域，我国当前的具体方向性刑事政策往往首先强调从严打击毒品犯罪，而有关宽严相济基本刑事政策的描述大多退居"从严惩处毒品犯罪"之后。在刑事立法方面，我国刑法为不涉及人员死亡的非暴力的走私、贩卖、运输、制造毒品罪配置死刑，未规定此类犯罪成立所需的毒品数量与含量的下限，同时，为毒品犯罪再犯设置特殊规定。而在司法适用方面，走私、贩卖、运输、制造毒品罪的起刑点低、死刑适用门槛低，对于犯罪嫌疑人主观明知的推定，对于特情引诱的允许，无一不彰显着我国对于毒

---

[1] 张黎：《法治视野下的秘密侦查》，知识产权出版社2013年版，第142页。
[2] 罗钢：《毒品犯罪刑事治理去敌人刑法化》，《政法论丛》2018年第1期。

品犯罪"零容忍"的态度。无论是刑事立法还是司法，我国始终对毒品犯罪采取严厉打击的高压政策，却并未达到治理毒品犯罪与毒品使用的预期效果。不可否认，"严打"在短时期内可以产生一定积极效果，但不可避免地存在局限性。

## 一 治理毒品需求面临的挑战

### （一）"严打"对于毒品需求市场治理的局限

近年来，尽管我国现行治毒政策逐步重视对于毒品需求的削减与消除，但政策重心仍落在对于毒品供应市场的严厉打击。毒品犯罪的治理与其刑事政策和犯罪本身特点都密切相关。毒品具备显著的成瘾性，也就是说，若一定时期内的毒品使用者人数大致上是确定的，基于他们对毒品的依赖性，这一时期内的毒品需求市场也就大致确定。毒品需求市场的大小决定了毒品供应市场的走向，毒品需求量越大，铤而走险实施毒品犯罪的情形也就越多。[1]"严打"刑事政策对于毒品犯罪的作用是双重的，既有积极效果，也有消极影响。积极效果主要体现在以下两个方面[2]：第一，"严打"增加了行为人的惩罚成本，即犯罪行为被司法机关侦破并对犯罪人判处刑罚而对犯罪人造成的经济损失。一般而言，其他犯罪成本（犯罪的直接成本、时间机会成本）不变的情况下，犯罪的惩罚成本越高（以一定的案件破获率为前提），犯罪就会越少。惩罚成本的提高主要体现在司法机关案件侦破率的提高，以及犯罪分子被抓获后所获刑罚的严厉性方面。无论提高上述哪一种类型的惩罚成本，都能够在一定程度上起到遏制和减少相关犯罪发生的效果。第二，国家对毒品犯罪的严厉打击态度会减少毒品在"地下市场"的流通，加剧毒品市场供不应求的状况，毒品价格受到供求关系的影响必然会上涨，从而导致毒品使用成本增加。在毒品的高价压力下，对于毒品使用者尤其是潜在的毒品使用者而言，也有可能由于使用毒品的成本过高而放弃使用毒品。一部分已经形成毒品依赖的吸毒者也可能因此而尝试戒断毒品。

---

[1] 郑永红：《毒品犯罪的发经济学分析》，《贵州警官职业学院学报》2008年第2期。
[2] 何荣功：《毒品犯罪的刑事政策与死刑适用研究》，中国人民公安大学出版2012年版，第58—60页。

但是，基于毒品本身具有成瘾性与非法性的特质，以"严打"政策处理毒品犯罪的消极效果明显，其有限的治理效果较为直观地体现在我国登记在册的毒品使用者人数整体增长的状况之中。从经济学的角度而言，一种商品可能出现供大于求或供不应求的情形，但是毒品本身兼具非法性与成瘾性的特质，其供应基本上难以满足其需求，从而长期呈现出供不应求的局面。毒品的供不应求又会导致毒品作为非法市场上的一种"商品"售价的提高，而高额的非法利润正是以贩养吸的吸毒者或为了钱财而实施毒品犯罪者的目标所在。此外，对于毒品的使用者而言，其毒品需求量并非保持不变，相反，他们的毒品使用量与使用频率处于不断增量与增速的状态。有学者将这一现象称为"齿轮效应"，[1] 即在毒品耐药性作用的影响下，毒品使用者为了追求"嗨"的体验，不得不加大毒品使用量，或者缩短两次毒品使用行为之间的时间间隔，或者使用（包括混合使用）致瘾性更强的毒品。一旦形成毒品依赖，在不采取任何替代措施、治疗措施的情形下，将不存在理性消费或退出毒品市场的余地。因此，尽管治毒政策导致毒品价格上涨能阻止一些可以戒断毒品依赖的吸毒者继续使用毒品，但更多的毒品使用者在毒瘾支配下，不得不想方设法获取足够资金以维持毒瘾，甚至不惜走上违法犯罪之路。

（二）"严打"对毒品需求市场的治理效果

1. 我国毒品使用者人数总体增长且长期高位运行

1999—2005 年，我国登记在册的毒品使用者人数不断增加，由 1999 年的 68.00 万人增加至 2005 年的 116.00 万人。在经历了 2008 年（112.67 万人，较 2005 年下降了 3.33 万人）的短暂小幅下降后，2009—2014 年，毒品使用者人数一直处于增长状态，且增长幅度不断加大。仅 2013—2014 年，毒品使用者人数就增长了 48.00 万人。2014 年，我国登记在册的毒品使用者人数达到记录以来的顶峰，为 295.50 万人。随后的 2015 年，又经历了大幅下降，毒品使用者减少了 61.00 万人。2013—2015 年，可谓毒品使用者人数波动最大的时段。在经历了 2014—2015 年的陡降之后，2015—2017 年，我国毒品使用者人数持续上涨，由 2015 年

---

[1] 麦买提·乌斯曼：《我国惩治毒品犯罪刑事政策的调整》，《江西社会科学》2018 年第 10 期。

的 234.50 万人增加至 2017 年的 255.30 万人。之后的 2018 年（240.40 万人）、2019 年（214.80 万人）又出现一定程度的下降。总体看来，我国登记在册的毒品使用者自 1999 年的 68.00 万人增至 2019 年的 214.80 万人，尽管其中出现几次波动，整体仍处于增长态势。

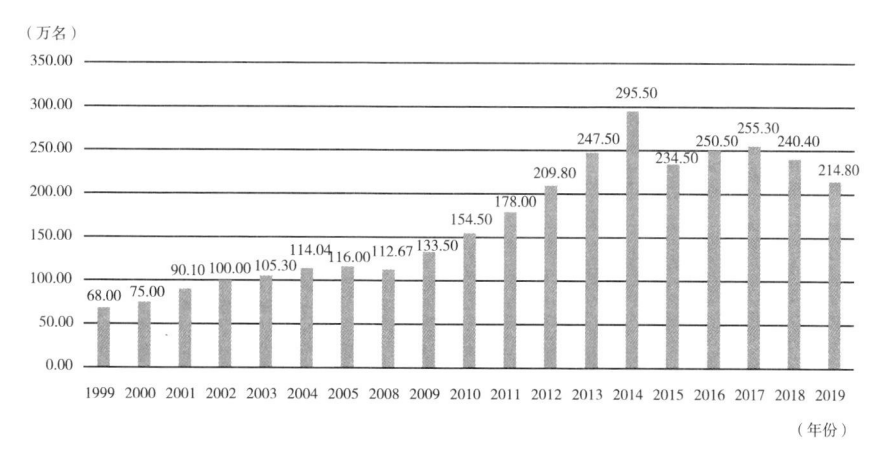

**图 2-1　1999—2019 年登记在册的毒品使用者人数①**

数据来源：1999—2013 年（除 2004 年）《中国禁毒报告》，2014—2019 年《中国毒品形势报告》，http://www.cadapt.com.cn/index.php?m=news&id=384，2020 年 6 月 26 日。

其中有两个时间节点值得我们关注。第一个重要时间节点是 2002 年，2002 年我国登记在册的毒品使用者人数首次达到 100 万人，之后的每一年均保持在 100 万人以上。第二个重要时间节点是 2012 年，2012 年我国登记在册的毒品使用者人数首次突破 200 万人，之后的每一年均保持在 200 万人以上。登记在册的毒品使用者人数的规模之大，其原因是多方面的，但不可否认的是，毒品使用者人数在一定程度上直接反映了我国毒品市场需求的规模。毒品市场需求的扩大一方面刺激着毒品供应市场的活跃程度；另一方面也造成了极大的经济损失。以 2014 年全国累计发现、登记吸毒者人数（295.50 万人）为例，参照国际上通用的吸毒人员显性与隐性比例，实际吸毒人数超过 1400 万。一名吸毒人员年均花费至少

---

① 其中，2006 年和 2007 年的统计数据缺失。1999 年全国登记在册的毒品使用者人数根据 2000 年《中国禁毒报告》计算得出，2010 年全国登记在册的毒品使用者人数根据 2011 年《中国禁毒报告》计算得出，2011 年全国登记在册的毒品使用者人数根据 2012 年《中国禁毒报告》计算得出。

4万—5万元购买毒品，按实际吸毒人数上千万估算，全国每年因吸毒造成的直接经济损失达5000亿元。① 毒品需求市场的控制极为重要，且迫在眉睫，不可小觑。

2. 吸毒人员引发的刑事案件数量居于高位

根据目前十分有限的统计数据显示，吸毒人员引发的刑事案件数量处于高位，其中，暴力犯罪与获取型犯罪案件的比例较高。2014年破获吸毒人员引发的刑事案件数量为14.9万件，占刑事案件总数的12.1%。其中，破获吸毒人员抢劫、抢夺、盗窃等侵财型案件7.2万件，杀人、绑架、强奸等严重暴力案件约0.3万件。② 2015年，破获吸毒人员引发的刑事案件数量增加了2.5万件，达到17.4万件，占刑事案件总数的14%。其中，侵财型案件与2014年持平，为7.2万件，但杀人、绑架、强奸等严重暴力案件增加到0.7万件。③ 2016年、2017年的《中国禁毒报告》或《中国毒品形势报告》中并未公布毒品使用者在毒品作用下实施的恶性暴力犯罪，或者获取型犯罪的案件数量和占总体刑事案件的比例情况。2018年禁毒报告也只是强调了长期滥用合成毒品引发的自伤自残、暴力伤害他人、"毒驾"等肇事肇祸案件在各地时有发生，并未就具体案件类型、数量和比例进行详细公布。④ 结合登记在册的毒品使用者统计数据来看，2014年我国登记在册的毒品使用者人数达到顶峰，2015年下降极为明显。而吸毒者实施的恶性暴力犯罪和获取型犯罪的数量并未呈现出与登记在册毒品使用者人数相对应的下降趋势。

3. 2001—2019年阿片类毒品使用者人数波动较大而比重趋于下降

2001—2014年，我国登记在册的海洛因等阿片类毒品使用者的人数呈上升态势，由2001年的74.50万人增加至2014年的145.80万人，几

---

① 《2014年中国毒品形势报告》，http://www.nncc626.com/2015-06/24/c_127945747_2.htm，2020年4月4日。

② 同上。

③ 《2015年中国毒品形势报告》，http://www.nncc626.com/2016-02/18/c_128731173_2.htm，2020年4月4日。

④ 《〈2018年中国毒品形势报告〉全文》，http://www.nncc626.com/2019-06/17/c_1210161797.htm?from=groupmessage，2020年4月4日。

乎增长了一倍。2001—2005 年，登记在册的阿片类毒品使用者人数波动较大，2005 年之后，阿片类毒品使用者人数逐年增加，直至 2014 年达到峰值。

2014 年以后，我国登记在册的海洛因等阿片类毒品使用者的人数整体持续减少。其中 2014—2015 年降幅最大，达到 47.80 万人。2015—2019 年，登记在册的海洛因等阿片类毒品使用者人数稳中有降，截至 2019 年，已降至 80.70 万人，但是相较于 2001 年数据统计之初的统计数据而言，仍增加了 6.20 万人；较之统计数据以来的最低值（2005 年，70.00 万人），则增长了 10.70 万人。

2001—2019 年，我国登记在册的吸食海洛因等阿片类毒品人员（含交叉使用合成毒品人员）所占比例整体下降，由 2001 年占比 82.69%减少至 2019 年的 37.50%。其中，相较于 2001 年，2002 年登记在册的吸食海洛因等阿片类毒品人员所占比例轻微增加（增加了 4.91%），2002—2018 年，阿片类毒品使用者占登记在册的毒品使用者人数比例逐年减少，2018—2019 年，该比例稍有增加（增加了 0.50%）。

需要注意的是，我国登记在册的吸食海洛因等阿片类毒品人员所占比例的下降，并不能说明毒品治理的成效。结合"图 2-2"，可以看出，即使登记吸食海洛因等阿片类毒品人员所占比例整体减少，但是实际使用阿片类毒品的人员数量仍十分庞大。可以说，2001—2019 年我国登记在册的吸食海洛因等阿片类毒品人员所占比例的减少，体现出毒品使用者的毒品使用习惯逐步发生着变化。使用阿片类毒品的人数所占比例减少了，使用合成毒品、新精神活性物质的人数所占比例增加了。

4. 2004—2017 年合成类毒品使用者人数和比重处于整体增长态势

2004—2017 年，我国登记在册的合成毒品使用者（含交叉使用阿片类毒品人员）人数整体呈上升态势，由 2004 年的 10.83 万人增加至 2017 年的 153.80 万人，增加了 13.2 倍。

其中 2004—2005 年、2014—2015 年，登记在册的合成毒品使用者人数出现了两次下降。相较于 2004 年，2005 年登记在册的合成毒品使用者人数减少了 3.05 万人。而 2015 年登记在册的合成毒品使用者人数（134.00 万人）较之 2014 年（145.90 万人），减少了 11.90 万人。

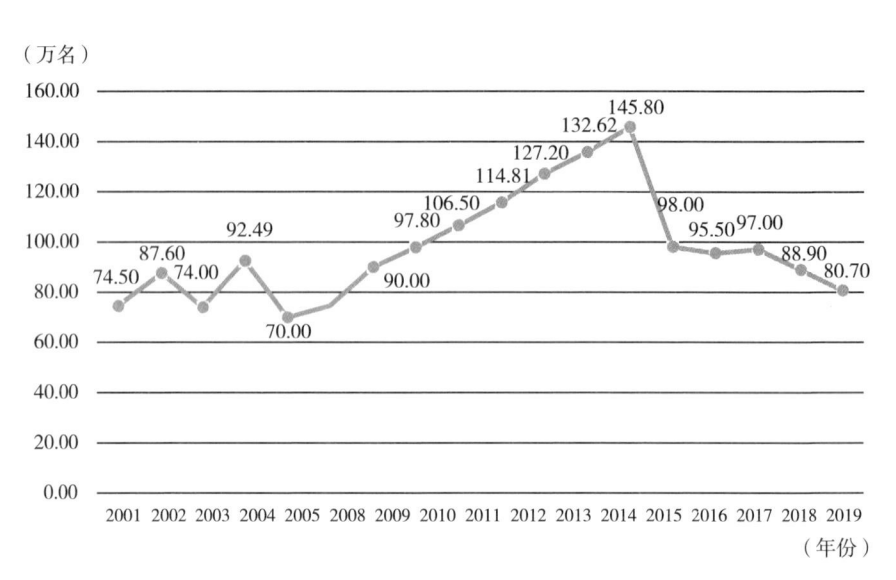

**图 2-2　2001—2019 年登记吸食海洛因等阿片类毒品人员情况**
**（含交叉使用合成毒品人员）**①

数据来源：《2016 年中国禁毒报告》，http：//www.nncc626.com/2016-11/21/c_129372086.htm，2020 年 6 月 26 日；《2017 年中国禁毒报告》，http：//www.nncc626.com/2017-03/30/c_129521742.htm，2020 年 6 月 26 日；中国药物滥用防治协会：2001—2015 年《中国禁毒报告》，2017—2019 年《中国毒品形势报告》，http：//www.cadapt.com.cn/index.php？m=news&id=387，2020 年 6 月 26 日。

2005—2014 年、2015—2017 年，登记在册的合成毒品使用者人数持续上涨。2005—2014 年，每年增加的合成毒品使用者人数也不断上涨，由最初的每年新增约 12 万人（2008—2009 年），增加至每年新增约 40.46 万人（2013—2014 年）。2015—2016 年，合成毒品使用者人数增加了 17.5 万人，2016—2017 年合成毒品使用者人数的增速突然放缓，仅增加了 2.3 万人。

---

① 其中，2006 年和 2007 年统计数据缺失。2004 年登记吸食海洛因等阿片类毒品人员（含交叉使用合成毒品人员）人数根据 2005 年、2013 年《中国禁毒报告》计算得出，2011 年登记吸食海洛因等阿片类毒品人员（含交叉使用合成毒品人员）人数根据 2012 年、2013 年《中国禁毒报告》计算得出，2013 年登记吸食海洛因等阿片类毒品人员（含交叉使用合成毒品人员）人数根据 2014 年《中国禁毒报告》计算得出。

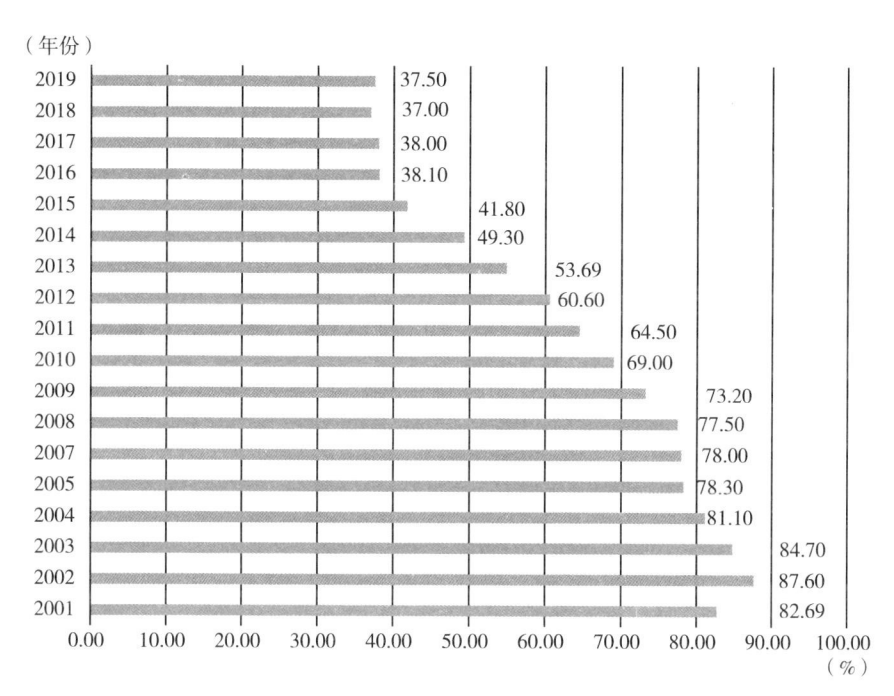

(年份)
| 年份 | 比例(%) |
|---|---|
| 2019 | 37.50 |
| 2018 | 37.00 |
| 2017 | 38.00 |
| 2016 | 38.10 |
| 2015 | 41.80 |
| 2014 | 49.30 |
| 2013 | 53.69 |
| 2012 | 60.60 |
| 2011 | 64.50 |
| 2010 | 69.00 |
| 2009 | 73.20 |
| 2008 | 77.50 |
| 2007 | 78.00 |
| 2005 | 78.30 |
| 2004 | 81.10 |
| 2003 | 84.70 |
| 2002 | 87.60 |
| 2001 | 82.69 |

**图 2-3　2001—2019 年登记吸食海洛因等阿片类毒品人员
（含交叉使用合成毒品人员）所占比例**①

数据来源：《2016 年中国禁毒报告》，http://www.nncc626.com/2016-11/21/c_129372086.htm，2020 年 6 月 26 日；中国药物滥用防治协会：2001 年、2013—2015 年《中国禁毒报告》，2017—2019 年《中国毒品形势报告》，http://www.cadapt.com.cn/index.php?m=news&id=384，2020 年 6 月 26 日。

2004—2017 年，我国登记在册的合成毒品使用人员（含交叉使用阿片类毒品人员）所占比例整体大幅增长，从 2004 年占比 9.50% 增加至 2017 年的 60.20%。

其中，相较于 2004 年，2005 年登记在册的合成毒品使用人员所占比例减少了 2.80%。2005 年之后，合成毒品使用者占登记在册的毒品使用者人数比例逐年增加。2017 年登记在册的合成毒品使用人员所占比例较

---

① 其中，2006 年统计数据缺失。2002—2012 年登记吸食海洛因等阿片类毒品人员（含交叉使用合成毒品人员）所占比例数据均来源于 2013 年《中国禁毒报告》。

之 2016 年轻微下降了 0.30%。

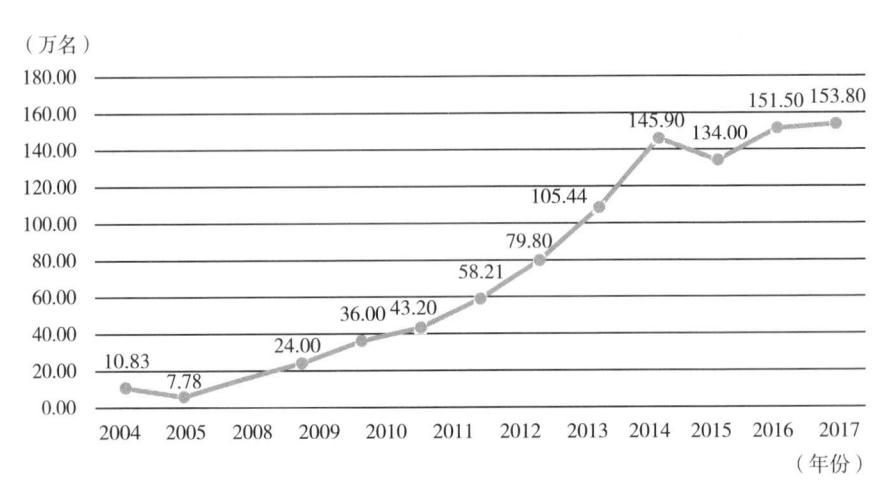

**图 2-4　2004—2017 年登记使用合成毒品人员情况**
**（含交叉使用阿片类毒品人员）①**

数据来源：中国药物滥用防治协会：2001—2015 年（除 2004 年）《中国禁毒报告》，2014 年、2017 年《中国毒品形势报告》，http：//www.cadapt.com.cn/index.php？m = news&id = 387，2020 年 6 月 26 日；《2016 年中国禁毒报告》，http：//www.nncc626.com/2016-11/21/c_129372086.htm，2020 年 6 月 26 日；《2017 年中国禁毒报告》，http：//www.nncc626.com/2017-03/30/c_129521742.htm，2020 年 6 月 26 日。

结合图 2-3 可以看出，我国登记在册的合成毒品使用者所占比例于 2014 年首次超过阿片类毒品使用者所占比例。2014 年之后，前者稳步上升，后者稳步下降。我国毒品使用者的毒品使用种类逐渐发生着变化，由以海洛因等阿片类毒品为主，转变为以甲基苯丙胺等合成毒品为主。整体而言，我国登记在册的毒品使用者总数仍处于高位，毒品使用行为造成的危害仍非常严重。

---

① 其中，2006 年、2007 年统计数据缺失。2005 年登记使用合成毒品人员（含交叉使用阿片类毒品人员）人数根据 2006 年、2013 年《中国禁毒报告》计算得出，2008 年登记使用合成毒品人员（含交叉使用阿片类毒品人员）人数根据 2009 年、2013 年《中国禁毒报告》计算得出，2011 年登记使用合成毒品人员（含交叉使用阿片类毒品人员）人数根据 2012 年、2013 年《中国禁毒报告》计算得出，2013 年登记使用合成毒品人员（含交叉使用阿片类毒品人员）人数根据 2014 年《中国禁毒报告》和 2014 年《中国毒品形势报告》计算得出。

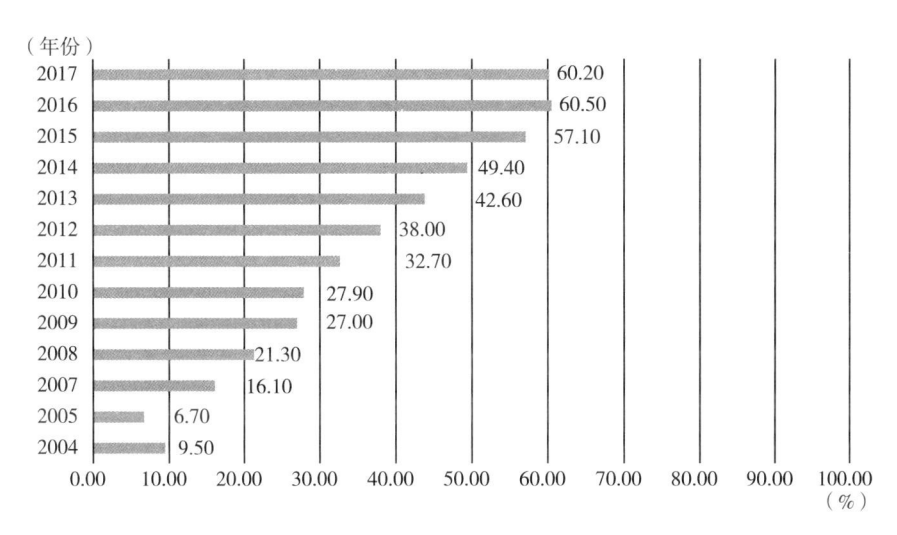

图 2-5　2004—2017 年登记使用合成毒品人员所占比例情况
（含交叉使用阿片类毒品人员）①

数据来源：《2014 年中国毒品形势报告（全文）》，http：//www.nncc626.com/2015-06/24/c_127945747.htm，2020 年 4 月 19 日；《2015 年中国毒品形势报告（全文）》，http：//www.nncc626.com/2016-02/18/c_128731173_3.htm，2020 年 5 月 12 日；中国药物滥用防治协会：2005 年、2013 年、2014 年《中国禁毒报告》，2016 年、2017 年《中国毒品形势报告》，http：//www.cadapt.com.cn/index.php?m=news&id=387，2020 年 4 月 6 日。

## 二　治理毒品供应面临的挑战

### （一）毒品犯罪分子对于我国现行治毒政策的回应

储槐植教授曾指出，对犯罪原因的深入认识，必须包含犯罪之于惩罚犯罪的信息反馈。② 治毒政策影响着毒品市场的运行，毒品犯罪分子在观察、揣测禁毒刑事政策的前提下，会迅速采取相应的回应措施。大致而言，毒品犯罪分子可以分为传统毒品犯罪分子与合成毒品犯罪分子两类，他们实施毒品犯罪所针对的毒品种类不同，也因此对我国现行治毒政策做出不同回应。

传统毒品制造者对"天目-16"严打整治的铲毒活动的回应表现为减

---

① 其中，2006 年数据缺失。
② 储槐植：《刑事一体化与关系刑法论》，北京大学出版社 1997 年版，第 219 页。

少境内毒品种植，使其不成规模，[1] 并逐步转移至"金三角"地区继续从事毒品制造活动，走私进境。[2] 传统毒品的贩毒组织由垄断转向分散化，国外单一贩毒组织的规模缩小，国内小规模贩毒团体迅速组建、有序瓜分国内毒品市场，[3] 贩毒组织一方面切断自己与毒品零售者、运输者之间的联系；另一方面尽量不诉诸暴力以解决纠纷。[4] 而传统毒品的零售者则采取转移贩毒地点、零包贩毒等措施躲避侦查。传统毒品的运输方式也经历了由毒品批发者亲自运输到雇佣马仔承担运输任务，再到马仔运输与物流寄递运输并重的两次转变。

合成毒品于20世纪末进入我国法律规制视野，至今已然经历了萌芽落脚期、本土扩张期与制毒猖獗期三个阶段。[5] 三个阶段的发展与演进充分体现了合成毒品犯罪者对于我国禁毒刑事政策的深刻剖析和"巧妙应对"。一方面，合成毒品制造者利用未列入国家管制的易制毒化学品制造毒品，并在该物质被列管之后积极寻找替代原料；另一方面，制毒者不断研发、升级制毒工艺，提高毒品产量，制毒模式俨然演变为规范化生产模式。此外，在制毒地点的选择方面，也实现了由闽粤两省辐射到沿海地区的周边省市，进而转移至内地地区的转变；且具体制毒地点也由以往的固定化转变为分段、分离模式。可谓竭尽全力利用法律漏洞与执法滞后性，迅速扩张合成毒品市场。此外，与传统毒品的贩毒组织类似，合成毒品贩毒组织也经历了由寡头垄断向小规模分散化组织的转变。合成毒品零售市场也形成了封闭毒品市场（毒品交易发生在彼此熟识的买卖双方之间，对外封闭，易于躲避侦查）、半开放毒品市场（对特定空间内的人开放，主要为娱乐场所内部的毒品交易，娱乐场所为毒

---

[1] 《2016年中国毒品形势报告》，http://www.nncc626.com/2017-03/27/c_129519255_2.htm，2018年11月7日。

[2] Ko-Lin Chin, *The Golden Triangle, Inside Southeast Asia's Drug Trade*, New York: Cornell University Press, 2009, p. 102.

[3] L. Paoli, Greenfield A. Victoria and P. Reuter, *The World Heroin Market: Can Supply Be Cut?* New York: Oxford University Press, 2009, pp. 205-226.

[4] ［法］米歇尔·福柯：《规训与惩罚》，刘北成、杨远婴译，生活·读书·新知三联书店2012年版，第84页。

[5] 任娇娇：《我国禁毒刑事政策调整依据与路径探讨》，《政法论丛》2018年第3期。

品使用者通风报信,贩毒形式采取人货分离、小额贩售)① 和开放毒品市场(利用网络交易平台、吸毒聊天室等方式,以暗语、行话和较高的聊天室准入门槛来躲避侦查)三类。种种举措极大地增强了毒品犯罪本身的抗侦查能力。

## (二)毒品犯罪违法所得没收制度重要性被忽视

有学者对104位毒品犯罪分子进行调查问卷,其中包括44名男性、60名女性,对其实施毒品犯罪的动机进行分析研究。数据显示,61.54%的毒品犯罪分子为了获取钱财而实施毒品犯罪,20.19%源于好奇心理。其中,"为了钱财"这一犯罪动机的比例,甚至超过了财产型犯罪中为了获取钱财而实施犯罪的比例(57.66%)。② 毒品犯罪分子实施相关犯罪大多数是为了获取财物,这一高比例与毒品犯罪的高额非法利润直接相关,反映了毒品犯罪本身的逐利性特质。调查表明,出于好奇心理实施毒品犯罪的犯罪人,多采取"以贩养吸"的方式实施获取型犯罪,以满足自己的毒品需求,因此大致也可归为"为了钱财"而实施毒品犯罪。此外,在被调查的104位毒品犯罪人之中,有36位重新犯罪,占比高达34.62%。而这之中,86.11%重新所犯罪行仍是毒品犯罪。重新犯罪的原因中,"经济困难,家庭受到影响,日子过不下去了"占52.8%。③ 该研究表明,因毒品犯罪经受过刑罚而后又实施毒品犯罪的,一半以上也是为了获取非法利益。这项实证研究表明,消除毒品犯罪违法所得不失为预防毒品犯罪的有效途径之一,而这正是我国现行治毒政策有待重视与改进之处。

## (三)"严打"对毒品供应市场的治理效果

1. 1999—2019年抓获毒品犯罪嫌疑人人数呈整体增加趋势

自1999年以来,我国每年抓获的毒品犯罪嫌疑人人数呈总体增加趋势,由1999年的5.81万人增加至2019年的11.30万人。1999—2017年,我国每年抓获的毒品犯罪嫌疑人人数出现了四次短暂下降,且前三次短暂

---

① 朱晓莉、薛建和、辜煌明:《福建省娱乐场所涉毒问题现状及治理对策》,《福建公安高等专科学校学报》2006年第6期。

② 刘娜:《刑罚威慑效能实证研究——以犯罪预防为视角》,博士学位论文,武汉大学,2014年,第81、95页。

③ 同上书,第101—102页。

下降之后迅速反弹、增长。自 2017 年以来，我国每年抓获的毒品犯罪嫌疑人人数连续两年下降。

1999—2017 年，第一次短暂下降出现在 2000 年，相较于 1999 年，2000 年抓获的毒品犯罪嫌疑人人数下降了 2.10 万人，降至 3.71 万人。但在之后的两年迅速反弹，2001 年我国每年抓获的毒品犯罪嫌疑人人数增长至 7.33 万人，2002 年继续增长至 9.00 万人。第二次短暂下降出现在 2003 年（6.37 万人），降幅较大（相较于 2002 年，2003 年抓获的毒品犯罪嫌疑人人数减少了 2.63 万人），与第一次短暂下降一样，此次短暂下降也只是维持了一年，2004 年抓获的毒品犯罪嫌疑人人数小幅增长了 0.33 万人。在 2005 年（5.80 万人）与 2006 年（5.62 万人）连续两年的第三次短暂下降之后，我国抓获的毒品犯罪嫌疑人人数不断增加，且涨幅不断加大，直至 2015 年达到峰值，为 19.40 万人。

2017 年的数据与 2016 年几乎持平，但相较于 2015 年的峰值，仍有较大减少。2018 年，在以打击制毒犯罪、打击贩毒犯罪和管控制毒物品、管控吸毒人员为重点的"禁毒 2018 两打两控"专项行动下，① 我国抓获的毒品犯罪嫌疑人人数（相较于 2017 年）减少了 3.16 万人；2019 年，在持续推进"两打两控"、重点整治、示范城市创建等重点工作的共同作用下，我国抓获的毒品犯罪嫌疑人人数降至 11.30 万人，② 取得了一定成绩。但需要注意的是，尽管近两年抓获的毒品犯罪嫌疑人人数出现了小幅下降，但自 2010 年以来，我国每年抓获的毒品犯罪嫌疑人人数均超过 10 万人，如此庞大的毒品犯罪嫌疑人人数值得我们深思。

2. 近年毒品犯罪案件数量持续下降但整体处于高位

近年来毒品犯罪案件数量的走势可以分为两个时间段来考察。第一个时间段为 1999—2015 年，第二个时间段为 2016—2019 年。

首先，1999—2015 年，公安机关查获的毒品犯罪案件数量呈整体增长趋势。1999—2002 年，公安机关查获的毒品犯罪案件数量不断增长，

---

① 《全国"禁毒 2018 两打两控"专项行动部署视频会议召开》，http：//www.nncc626.com/2018-02/28/c_ 129818857.htm，2020 年 4 月 4 日。

② 《2019 年中国毒品形势报告》，http：//www.nncc626.com/2020-06/24/c_ 1210675813.htm，2020 年 6 月 26 日。

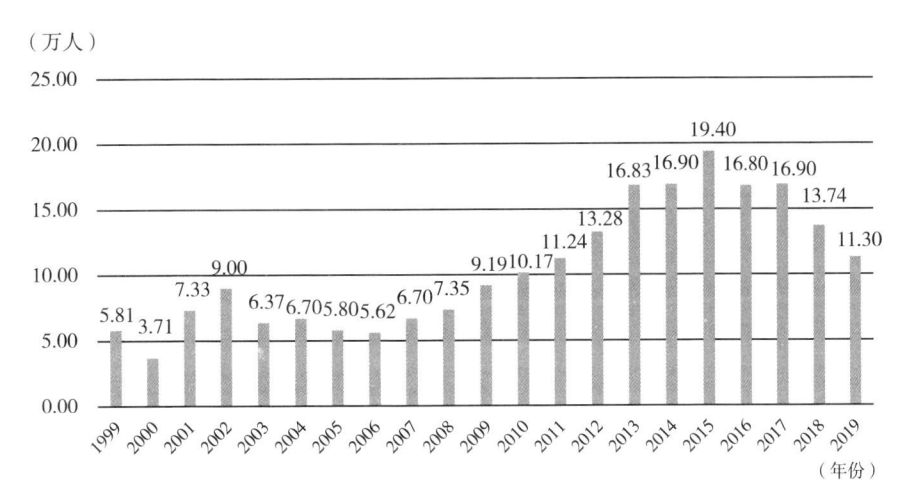

图 2-6　1999—2019 年抓获毒品犯罪嫌疑人人数①

数据来源：中国药物滥用防治协会：2000—2005 年（除 2004 年）《中国禁毒报告》，2017—2019 年《中国毒品形势报告》，http://www.cadapt.com.cn/index.php?m=news&id=387，2020 年 6 月 26 日。

由 1999 年的 6.40 万件增加至 2002 年的 11.29 万件。随后的 2003 年，毒品犯罪案件数量出现小幅下降，为 9.38 万件，较 2002 年减少了 1.91 万件。在经历了 2004 年的轻微上涨后，2005 年我国毒品犯罪案件数量急剧下降至 4.54 万件，降幅高达 53.70%。随后的八年内，毒品犯罪案件数量稳步增加，且增幅不断加剧。直到 2013 年，我国毒品犯罪案件数量达到 15.09 万件。在经过 2014 年（14.60 万件）的小幅回落后，2015 年公安机关查破的毒品犯罪案件数量达到统计数据以来的顶峰，为 16.50 万件。

其次，2016—2019 年，公安机关查获的毒品犯罪案件数量出现持续回落，但整体仍处于高位。2016 年、2017 年我国毒品犯罪案件数量均为 14 万件，2019 年降至 8.30 万件，取得了一定成果。需要注意的是，尽管近两年公安机关查破的毒品犯罪案件数量出现明显下降，但是我国毒品犯罪案件总数仍连续九年超过 8 万件，长期处于高位。2018 年，我国共破获走私、贩卖、运输毒品案件 7 万起，约占毒品犯罪案件总数的 63.87%；

---

① 其中，2005—2017 年抓获毒品犯罪嫌疑人人数均来源于 2017 年《中国毒品形势报告》。

抓获犯罪嫌疑人9.8万名，占毒品犯罪嫌疑人总数的71.32%。[①] 2019年，我国共破获走私、贩卖、运输毒品案件6.2万起，约占所有毒品犯罪案件的74.70%；抓获犯罪嫌疑人9万名，大概占比79.65%。[②] 准确地说，尽管近两年公安机关查破的毒品犯罪案件数量保持了较好的下降趋势，但是能够直接反映毒品供应市场活跃程度的走私、贩卖、运输毒品案件所占比例，以及该案件所涉犯罪嫌疑人所占比例都有明显增长。毒品供应市场仍十分活跃，毒品供应市场的控制仍不可忽视。

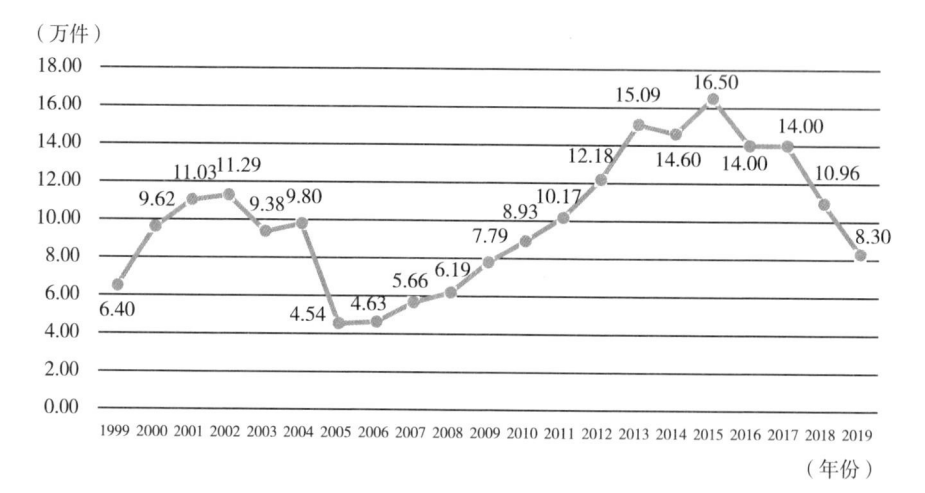

**图 2-7　1999—2018 年全国查破毒品犯罪案件数量[③]**

数据来源：中国药物滥用防治协会：1999—2005 年（除 2004 年）《中国禁毒报告》，2017—2018 年《中国毒品形势报告》，http://www.cadapt.com.cn/index.php?m=news&id=387，2020 年 6 月 26 日。

登记在册的毒品使用者人数与毒品犯罪案件数量、抓获的毒品犯罪嫌疑人人数存在一定呼应关系，或者说因果关系。毒品犯罪案件数量、抓获的毒品犯罪嫌疑人人数随着登记在册的毒品使用者人数的变化而发生一定

---

[①] 《2018 年中国毒品形势报告（全文）》，http://www.nncc626.com/2019-06/17/c_1210161797.htm，2020 年 4 月 7 日。

[②] 《2019 年中国毒品形势报告》，http://www.nncc626.com/2020-06/24/c_1210675813.htm，2020 年 6 月 26 日。

[③] 其中，2002 年全国查破毒品犯罪案件数量根据 2001 年、2002 年《中国禁毒报告》计算得出，2005—2017 年全国查破毒品犯罪案件数量均来源于 2017 年《中国毒品形势报告》。

波动，体现了毒品供应市场随着毒品需求市场的活跃而繁荣，随着需求市场的衰落而消解。登记在册的毒品使用者人数于 2014 年达到顶峰，毒品犯罪案件数量、抓获的毒品犯罪嫌疑人人数于 2015 年达到顶峰，十分直观地体现了毒品供应市场受毒品需求市场影响并随之变化的特质。因此，从实证的角度看，毒品犯罪的有效治理有赖于毒品使用的有效治理。出于保护吸毒者人权的目的，我国并未将毒品使用行为犯罪化。尽管学界也出现了吸毒行为犯罪化，并将这一举措作为削减毒品需求市场有利途径的观点，[①] 但是此类观点在我国学界仍属少数。使用毒品的行为，其本质是吸毒者自我伤害的行为，只要毒品使用行为没有危及他人，理应属于行为人自我管理的范畴。只有使用毒品的行为进一步引起了毒品使用者实施盗窃、抢劫等获取型犯罪，或者毒品使用者在毒品影响下实施强奸、杀人等恶性暴力行为，刑法才具有介入的正当性。刑法无力于毒品使用的削减，作为"治本之策"的毒品使用及其危害的控制与减少，[②] 有赖于社会政策与社会服务措施的系统化适用。

从近几年的毒品治理统计数据显示，自 2017 年以来，我国登记在册的毒品使用者人数、公安机关查破的毒品犯罪案件数量、全国抓获的毒品犯罪嫌疑人人数，均保持了连续两年的下降，可谓取得了一定成效，值得肯定。从近 20 年来的统计数据看来，登记在册的毒品使用者人数、公安机关查破的毒品犯罪案件数量、全国抓获的毒品犯罪嫌疑人人数的短暂下降之后，常常伴随着一定程度反弹。当前毒品治理应保持高度警惕，努力维持近两年的治理效果，并在此基础上竭尽全力更进一步。

---

[①] 曾粤兴、孙本雄：《当代中国毒品犯罪刑事政策的检讨与修正》，《法治研究》2019 年第 2 期。

[②] 揭萍：《我国毒品消费与供给关系实证研究》，法律出版社 2019 年版，第 308 页。

# 第三章 "危害最小化"治毒政策的尝试与成效

## 第一节 "危害最小化"治毒政策的国际公约尝试

当今世界，毒品问题已然从单一国家问题转变为区域性、国际性问题，跨国应对之道也应运而生。在国际禁毒领域，联合国承担着召开国际会议、研讨毒品问题、签署公约协定、建立健全有关机构、组织协调反毒斗争、提供经济技术援助、实施替代种植计划等重要职能，起到了无法替代的先锋作用。自20世纪以来，国际社会对毒品危害性的认识日益清晰，反毒呼声不断高涨，禁毒国际合作不断壮大。国际社会倾注了大量人力、物力应对毒品犯罪问题，先后签订了一系列防治毒品犯罪的国际公约、协议。主要包括1924年12月11日在日内瓦签订的《关于熟鸦片的制造、国内贸易及使用的协定》；1925年2月19日在日内瓦签订的《国际鸦片公约》；1931年11月27日在曼谷签订的《远东管制吸食鸦片协定》；1936年6月26日在日内瓦签订的《禁止非法买卖麻醉品公约》；1953年6月23日在纽约签订的《限制与调节罂粟的种植、鸦片的生产、国际贸易、批发购销及其使用议定书》；1961年3月31日在纽约签订的《麻醉品单一公约》（以下简称为《1961年麻醉品单一公约》），该公约经1972年联合国组织正式外交会议修正，成为《经〈修正1961年单一公约议定书〉修正的1961年麻醉品单一公约》（以下简称为经修正的《1961年麻醉品单一公约》）；1971年2月21日通过的《精神药物公约》（以下简称为《1971年精神药物公约》）和1988年12月19日通过的《联合国禁止非法贩运麻醉药品和精神药物公约》（以下简称为《1988年联合国禁毒公约》）。

为了实现对人类健康与福祉的保护，出于应对不断变化的毒品使用状况与毒品犯罪形势的需要，国际禁毒法律体系的着力点出现了重要转变：由注重毒品供应市场的打击转变为打击毒品供应市场与削减毒品需求市场并重。

## 一　经修正的《1961年麻醉品单一公约》的吸纳

1961年1月24日至3月25日在纽约召开的联合国关于通过一项麻醉品单一公约的会议，通过了《1961年麻醉品单一公约》，并将其开放供签署。在《1961年麻醉品单一公约》的落实与执行中，当时的美国尼克松政府认识到这一公约的执行主要依赖于政府间的自愿合作，无法从根本上规制麻醉品的种植、生产与非法贩运，在此背景下，美国政府希望提出一项新的禁毒公约。与此同时，法国、瑞典、秘鲁也提出了各自的修正案。[1] 于是，1972年3月6—24日联合国在日内瓦召开全权代表大会，审议并以绝对多数通过了《1961年麻醉品单一公约》修正案。经修正的《1961年麻醉品单一公约》于1975年8月8日生效。截至2019年11月1日，已有186个国家批准或加入了经修正的《1961年麻醉品单一公约》。只有10个国家尚未加入该公约，包括2个非洲国家（赤道几内亚和南苏丹），1个亚洲国家（东帝汶）和7个大洋洲国家（库克群岛、基里巴斯、瑙鲁、纽埃、萨摩亚、图瓦卢、瓦努阿图）。乍得仍是仅批准了未经修正的《1961年麻醉品单一公约》的国家。[2]

经修正的《1961年麻醉品单一公约》对于国际联合对抗毒品犯罪的贡献主要表现在以下几个方面。

第一，扩大了管制范围。在对过去的公约和协定加以合并与修订的基础上，该公约将其管制范围扩大至天然麻醉原料的种植，包括鸦片、大麻和古柯叶。

第二，增加了缔约国义务。经修正的《1961年麻醉品单一公约》第4条强调各缔约国应采取必要的立法措施和行政措施，在其本国领土内实

---

[1] 刘建宏主编：《新禁毒全书（第六卷）：外国禁毒法律概览》，人民出版社2014年版，第80页。

[2] International Narcotics Control Board, *Report of the International Narcotics Control Board for 2019*, January 2020, p.17.

施并执行该公约的规定。该公约第 36 条重申各缔约国在不违背本国宪法规定的前提下,应对故意实施该公约规定的麻醉品的种植、生产、制造、提制、调制、持有、供给、兜售、分配、购买、贩卖、以任何名义交割、经纪、发送、过境寄发、运输、输入和输出行为的情节重大者,处以适当的刑罚,尤其应当科处徒刑或其他剥夺自由的刑罚。

第三,重视人类的健康与福祉。该公约建议各缔约国从毒品成瘾的鉴别、治疗、教育和回归社会方面既分别作为又共同推进,促进尚未形成毒瘾者了解此类物质的成瘾机制、危害性和预防之道,促进已然形成吸毒瘾癖者清晰认识毒品使用的危害和治疗之道,倡导国际社会以鉴别、预防、治疗、教育相结合的方式共同应对毒品问题。

第四,以麻醉药品滥用的危害为着眼点。经修正的《1961 年麻醉品单一公约》在导言中明确了麻醉品在医药上具有减轻痛苦的作用,同时指出麻醉品成瘾会对人类社会层面和经济层面造成巨大危害。并在此基础上表明,缔约国深刻认识到毒品成瘾的弊害,同有预防和消除此项弊害的责任。该公约肯定了麻醉药品的医用价值,并将该类物质的医用价值与该类物质滥用可能造成的危害相区分,预防尚未产生的毒品依赖,消除已然形成的有害毒品使用行为(例如,共用注射器等不安全的毒品注射行为)和毒品瘾癖。

## 二 《1971 年精神药物公约》的吸纳

20 世纪 60 年代中期,精神药物的滥用现象增加,引起了国际社会的广泛关注。国际社会呼吁建立一个类似《1961 年麻醉品单一公约》的公约来管理精神药物的国际贸易活动。1965 年,第 18 届世界卫生大会通过了第 18.47 号决议,认为对于诸如巴比妥类药物、安非他命等被广泛使用的镇静剂和兴奋剂应当给予恰当管制,并主张缔约国将此类物质的使用限于医疗用途。[①] 1971 年 1 月 11 日至 2 月 21 日在维也纳召开的联合国关于通过一项精神药物议定书的会议,通过了《1971 年精神药物公约》。批准或加入了《1971 年精神药物公约》的国家数目为 184 个,尚未加入该公

---

① 刘建宏主编:《新禁毒全书(第六卷):外国禁毒法律概览》,人民出版社 2014 年版,第 91 页。

约的国家共有 13 个：3 个非洲国家（赤道几内亚、利比里亚和南苏丹），1 个美洲国家（海地），1 个亚洲国家（东帝汶），8 个大洋洲国家（库克群岛、基里巴斯、瑙鲁、纽埃、萨摩亚、所罗门群岛、图瓦卢、瓦努阿图）。该公约对以往条约所管制的麻醉品之外的易滥用药物，即精神物质（包括兴奋剂、抑制剂和致幻剂）加以管制。[1] 该公约对于国际毒品管制的贡献主要表现在以下几个方面。

第一，将精神药物纳入管制范畴。《1971 年精神药物公约》在充分认识精神药物的医疗作用和滥用可能导致的危害的前提下，针对国际社会新出现的滥用精神药物的状况，将以往公约中没有规定的精神药物纳入管制。该公约第 3 条明确指出，对制剂使用与其所含精神药物相同的管制措施，若某一制剂含有一种以上的精神药物，则实行各该种物质中所含物质之最严格管制措施。

第二，增加了缔约国的立法义务。《1971 年精神药物公约》第 22 条规定，各缔约国应在不违背本国宪法的前提下，将故意违背为履行本公约所订法律或规章之任何行为作为可以科处刑罚的犯罪行为对待，并确保罪行情节重大者受到充分刑罚，尤其是徒刑和其他剥夺自由的处分。需要注意的是，该公约禁止的关涉精神药物的行为主要为该类物质的非法产销行为，规定在该公约的第 21 条，其中"非法产销"仅指此类物质的非法制造与贩运。

第三，以人类健康和福祉为本。《1971 年精神药物公约》延续了《1961 年麻醉品单一公约》对于"人类健康和福利"的重视，对于防止精神药物滥用的一系列鉴别、治疗、教育、善后护理等措施的关注，以及对于宣传教育的认同。

第四，以精神药物滥用的危害为着眼点。《1971 年精神药物公约》导言中表明对于精神药物滥用而引发的公共社会问题的关注与关切，并以此为着眼点，目的在于预防和制止此类物质的滥用，以及精神物质滥用而引发的非法产销问题。此外，该公约第 10 条特别强调精神物质的标签上应载明该药物的使用方法说明、注意事项和警语，以增进一般民众对于此类

---

[1] International Narcotics Control Board, *Report of the International Narcotics Control Board for 2019*, January 2020, p. 17.

物质的认识，从而对于该类物质滥用可能造成的危害起到一定预防作用。

尽管上述两个公约顺应时势地对麻醉药品、精神物质进行规定，并科学化地进行分类管制，但是公约内容反映的主要关注点仍限于从执法层面消除非法作物以及作物替代，从而具有一定局限性。换言之，虽然公约内容涉及减少毒品使用和毒品需求，但对于毒品需求市场的控制没能成为上述公约的重要组成部分，上述公约的重点仍是打击毒品供应市场。

## 三 《1988年联合国禁毒公约》的吸纳

20世纪八九十年代，非法生产、贩运和使用毒品的现象继续增多，尤其是苯丙胺类兴奋剂的非法制造、贩运和使用现象。毒品使用，特别是注射型毒品的使用而引起的艾滋病、肝病传染问题给世界范围内许多国家或地区的公共健康带来了新的挑战，有组织的犯罪集团参与毒品非法贩运的负面影响也日益严峻。在此背景下，1981年联合国第36届大会通过了《国际管制药物滥用战略》和基本的五年行动纲领，1984年联合国第39届大会通过了《管制麻醉品贩运和麻醉品滥用宣言》。该宣言指出，毒品贩卖和使用"已成为国际罪行活动"；毒品非法生产、非法需求、使用与贩运等行为严重威胁着世界各国人民的安全与发展，妨碍了经济和社会的进步，应采取一切可能的道德的、法律的和体制的手段"加以取缔"。[1] 1988年11月25日至12月20日，在维也纳召开的联合国关于通过一项禁止非法贩运麻醉药品和精神药物公约的会议通过了《1988年联合国禁毒公约》。《1988年联合国禁毒公约》是三项禁毒公约中得到最广泛批准的公约，共有191个缔约方（190个国家和欧洲联盟）。尚未加入该公约的国家多数位于大洋洲（基里巴斯、巴布亚新几内亚、所罗门群岛、图瓦卢）。另外，非洲有三个国家（赤道几内亚、索马里、南苏丹）尚未批准或加入《1988年联合国禁毒公约》。[2] 该公约对以往禁毒公约做出了重要补充，不仅全方位地规制了毒品犯罪行为，而且体系化地涵

---

[1] 刘建宏主编：《新禁毒全书（第六卷）：外国禁毒法律概览》，人民出版社2014年版，第102页。

[2] International Narcotics Control Board, *Report of the International Narcotics Control Board for 2019*, January 2020, p. 18; International Narcotics Control Board, *Report of the International Narcotics Control Board for 2018*, February, 2019, p. 14.

盖了毒品犯罪的刑罚措施和社会措施,完成了从单一强调刑罚打击毒品供应市场到以减少毒品使用、毒品犯罪相关危害为手段控制毒品需求市场与打击毒品供应市场并行的治毒策略,可谓国际禁毒立法的里程碑。《1988年联合国禁毒公约》主要包括以下几个方面的内容。

(一) 控制毒品供应市场

《1988年联合国禁毒公约》对于毒品供应市场的打击与控制主要通过扩大公约规制范围,严格限制早释或假释,延长追诉时效,不将毒品犯罪视为经济犯或政治犯来实现。

第一,扩大了公约的规制范围。该公约第3条第1、2款主张缔约国应将一系列关涉毒品的故意行为确定为国内法的刑事犯罪。具体包括生产、制造、提炼、配制、提供、兜售、分销、出售、以任何条件交付、经纪、发送、过境发送、运输、进口或出口任何麻醉药品或精神药物的行为,和为了实施这些行为而占有或购买任何麻醉药品和精神药物的行为;为生产麻醉药品而种植罂粟、古柯或大麻植物;明知某类物质的用途或以非法种植、生产或制造麻醉药品或精神药物为目的而制造、运输或分销设备、材料或《1988年联合国禁毒公约》表一和表二所列物质;组织、管理或资助上述行为的任何犯罪行为;明知他人财产是由上述行为所获,出于隐瞒或掩饰该财产的非法来源的目的,或出于协助涉及上述罪行的犯罪人逃避法律后果而转换或转让该财产,或掩饰、隐瞒该财产的真实性质、来源、所在地、处置、转移相关的权利或所有权;在收取财产时明知该财产源于上述罪行而获取、占有或使用该财产;明知其被用于或将用于非法种植、生产或制造麻醉药品或精神药物而占有设备、材料或《1988年联合国禁毒公约》表一和表二所列物质;以任何手段公开鼓动或引诱他人实施上述罪行或非法使用麻醉药品或精神药物;以及参与进行、合伙、共谋、进行未遂、帮助、教唆、便利和参谋进行上述行为。此外,故意占有、购买或种植麻醉药品或精神药物以供个人消费的行为也被建议规定为刑事犯罪。

第二,表明了严格限制早释或者假释的态度。《1988年联合国禁毒公约》第3条第7款主张缔约国应确保对于已经被判定犯有上述除故意占有、购买或种植麻醉药品或精神药物以供个人消费之外的罪行的犯罪人,在考虑其将来可能的早释或假释时,充分考虑其行为的严重性,以及该犯罪行为的实施是否涉及暴力或武器、是否危及或利用未成年人、是否涉及其他国际上有组织的犯罪活动、犯罪是否发生在监禁管教场所或教育机构或服务场所等,《1988年联合国禁毒公约》第3条第5款规定的构成特别严重犯罪的情形。该公约表达了国际社会对于毒品犯罪分子严格限制早释或者假释的立场。

第三,延长了追诉时效期限。《1988年联合国禁毒公约》第3条第8款规定,各缔约国应对除故意占有、购买或种植麻醉药品或精神药物以供个人使用之外的犯罪规定一个长的追诉时效期限,当被指称的犯罪已逃避司法处置时,期限应更长。由于毒品犯罪多采取跨国、集团化形式,且利用暗网实施毒品犯罪者不在少数,案件侦破难度大、耗时长,对于犯罪嫌疑人的确认与抓获也提出了严峻挑战。为了确保毒品犯罪的侦查与抓捕的充裕时间,从而更有效地打击毒品犯罪,《1988年联合国禁毒公约》主张缔约国对特定情形设置较长的诉讼时效期限。

第四,不将毒品犯罪视为经济犯罪、政治犯罪。《1988年联合国禁毒公约》第3条第10款规定,为了促进缔约国之间依照本公约开展合作,在不违背缔约国的宪法制约和符合基本的国内法的情况下,凡依照本条确定的犯罪均不得视为经济犯罪或政治犯罪或认为是出于政治动机。当前国际立法呈现出轻刑化趋势,尤其对于贪利刑的经济犯罪,一般倾向于适用罚金刑,有的国家或地区甚至明确规定对经济犯罪不能判处死刑。因此,为避免有些国家或地区将毒品犯罪当作经济犯罪处理而判处与犯罪人所犯罪行不合比例的刑罚,该公约将毒品犯罪排除在经济犯罪的范畴之外。另外,由于"政治犯罪不引渡"这项国际引渡规则的存在,被请求国可以以被申请引渡之罪为政治犯罪为由,拒绝请求国的引渡请求。引渡是一项十分重要的刑事司法协助形式,其实施顺利与否,对于毒品犯罪分子是否能够得到公正惩治起着至关重要的作用。因此,出于确保毒品犯罪得到公平公正刑事惩罚的目的,该公约也将毒品犯罪排除在政治犯罪的范畴之外。

(二) 控制毒品需求市场

《1988年联合国禁毒公约》第3条第4款规定,除对毒品犯罪者进行定罪或惩罚外,缔约国还可以规定相应的治疗、教育、善后护理、康复或回归社会等措施,对于故意占有、购买或种植麻醉药品或精神药物以供个人使用者，可以以上述措施来代替刑事定罪或刑事处罚，或作为刑事定罪或刑事处罚的补充，进而达到削减毒品成瘾者的毒品需求的效果。有条件地采取替代、补充措施能够带来两个方面的积极效果：其一，能够在一定程度上减轻监狱负担，使各国将更多的人力、物力投入反毒品犯罪的宣传教育、预防治疗、刑事侦查等更为紧迫之处；其二，治疗、教育、善后护理、康复措施能有效减轻甚至消除毒品使用者对于毒品的心理依赖与生理依赖，而回归社会的相关措施则有助于毒品使用者不被边缘化，从而促进毒品犯罪的温床——毒品使用的消除。治疗、教育、善后护理、康复或回归社会等措施实际上作用于毒品犯罪的需求市场，能有效起到削减毒品成瘾者对于麻醉药品、精神药物的需求的作用。

（三）以麻醉药品和精神药物的危害为着眼点

《1988年联合国禁毒公约》"导言"中多次强调麻醉药品和精神药物的非法生产、需求和贩运规模巨大且呈上升趋势，不仅对人类健康和幸福构成严重威胁，而且对社会经济、文化、政治基础也带来了不利影响，尤其是此类物质的非法贩运已然侵蚀着各类社会群体。在世界许多地区，儿童被利用从事麻醉药品和精神药物的非法生产、分销和买卖，其严重后果无法估量。该公约指出，麻醉药品和精神药物的非法贩运往往与其他有组织犯罪活动相结合，损害正当合法的经济，危及各国的稳定、安全和主权。此类物质的非法贩运通常具有跨国性，在各个国家或地区内又因其高额利益而实现跨国犯罪集团与各级政府、合法商业、金融企业甚至社会各阶层之间的相互渗透、污染和腐蚀局面。该公约着眼于麻醉药品和精神药物所致危害，力图减少此类物质可能导致的相关危害。

（四）以消除毒品的非法需求与毒品犯罪的非法利润为路径

《1988年联合国禁毒公约》将对麻醉药品与精神药物的非法需求，以及此类物品的非法贩运所获的巨额利润视为此类物品泛滥的根源，主张应遵循有效路径，从消除对麻醉药品与精神药物的非法需求，与缴获和没收针对这类物质实施犯罪所获收益这两方面入手，同时实现对毒品需求与供应市场的控制。该公约明确指出非法需求是麻醉药品与精神药物的滥用之源，消除对此类物质的非法需求乃是治本之道。

鉴于毒品犯罪的逐利性特质，高额利益是毒品犯罪分子铤而走险的极大驱动力，严厉且严密的刑法只能在短时间内提高毒品价格，对毒品犯罪起到一定遏制作用，但从长远来看，毒品价格的增长则会转移至毒品消费者。刑罚成本属于毒品犯罪的重要成本之一，然而这一成本导致的毒品价格增长则最终由消费者买单，毒品供应者并不会因此损失金钱上的利益，仍旧会在高额毒品犯罪违法所得的驱动下继续实施犯罪行为。因此，尽可能全面查获并没收毒品犯罪违法所得和用于实施毒品犯罪的物品、设备等，会直接减损毒品供应者的利益，使潜在犯罪人丧失实施毒品犯罪的物质基础，进而起到影响其犯罪决定的作用。在毒品犯罪违法所得的没收方面，《1988年联合国禁毒公约》第5条详细规定了没收制度的范围和程序。依据《1988年联合国禁毒公约》第5条的规定，没收的范围包括毒品犯罪的收益或价值相当于此种收益的财产，已经或意图以任何方式用于实施毒品犯罪的麻醉药品、精神药物、材料和设备或其他工具。如果收益已转化或换成其他财产，则应将此种财产视为收益的替代；如果收益已与得自合法来源的财产相混合，则在不损害任何扣押权或冻结权的情况下，应没收此混合财产，但以不超过所混合的该项收益的估计价值为限；收益、由收益转化或变换成的财产或已与收益相混合的财产为源取得的收入或其他利益，其处理方式、程度与犯罪收益的处理一致。①

值得特别注意的是，《1988年联合国禁毒公约》第5条第7款规定，在符合各国国内法的原则、司法程序和其他程序的要求下，针对毒品犯罪领域的收益或应予没收的其他财产，可以考虑在案件证明中实行财产合法来源的举证责任倒置，由被告人承担举证责任，并在无法证明财产合法来源时认定为毒品犯罪收益而予以追缴或没收。

## 第二节 "危害最小化"治毒政策的区域性尝试

在国际禁毒公约的倡导下，当前国际社会应对毒品使用和毒品犯罪的

---

① 若无特别说明，本书中"毒品犯罪违法所得"与"毒品犯罪收益""毒品犯罪所得"表达的是同一概念，其范围包括：（1）通过实施犯罪直接或者间接产生、获得的任何财产；（2）违法所得已经部分或全部转变、转化为其他财产的，转变、转化后的财产；以及来自违法所得转变、转化后的财产收益，或者来自已经与违法所得相混合财产中违法所得相应部分的收益。最高人民法院、最高人民检察院于2017年1月4日发布的《关于适用犯罪嫌疑人、被告人逃匿、死亡案件违法所得没收程序若干问题的规定》第3条。

模式以"人类的健康与福利"为本，以麻醉药品和精神药物成瘾对于使用者个人身体健康造成的严重危害，对社会的经济、文化和政治基础造成的不利影响为着眼点，主张在国际合作框架下从控制毒品市场着手贯彻"危害最小化"治毒政策，携手应对毒品使用和毒品犯罪问题。"危害最小化"的治毒政策不仅体现为对毒品供应市场的打击，也体现为对毒品需求市场的控制。以刑事司法和执法打击非法贩运毒品等一系列毒品犯罪行为，在客观上可以起到减少毒品犯罪危害的作用，尤其是国际禁毒公约中倡导的毒品犯罪收益没收制度，将在可视范围内削减毒品犯罪的利益驱动，促使逐利者做出犯罪决定时再三思量。针具替换措施、阿片类毒品替代疗法有助于吸毒成瘾者逐步控制甚至最终摆脱毒品依赖，在减少毒品使用危害方面起着不可替代的作用。

世界上许多国家或地区，尤其是毒品犯罪严重的国家或地区，都对毒品犯罪规定了较为严厉的刑罚，在没有废除死刑的国家或地区一般将毒品犯罪的最高刑罚规定为死刑。在各国刑法轻缓化的总趋势下，国际禁毒立法的严厉导向充分表明了国际社会打击毒品犯罪的艰巨性和坚强决心。在严厉打击毒品供应市场的同时，毒品需求市场的控制也受到国际立法的重视。国际禁毒立法十分注重惩罚与挽救相结合，对于故意占有、购买或种植麻醉药品或精神药物以供个人使用，可以以治疗、教育、康复等相关措施代替或补充定罪与刑罚；对于其他毒品犯罪行为也可以采取治疗、教育、善后护理、康复或回归社会等措施，力图做到对于毒品成瘾的早期识别，预防有害的毒品使用方式、毒品成瘾可能对毒品使用者个人、社群和整个社会造成的危害，并对正在使用毒品者（尤其是以有害方式使用毒品者）提供治疗服务，对相关工作人员进行相应培训，普及教育毒品使用的危害，尽全力控制与削减毒品需求市场。国际公约深刻认识到毒品需求是毒品犯罪的温床，毒品使用的危害是毒品犯罪的危害之源，唯有切实减少甚至消灭毒品需求，才能减少直至消除毒品犯罪，并将减少毒品危害融入毒品市场的控制之中。与毒品供应市场的消除机制不同，毒品需求市场的消除无法以刑事规制实现。毒品具有成瘾性，即使对毒品成瘾者设定徒刑甚至死刑等极为严厉的刑罚，也无法改变毒品成瘾性的本质。而只有以尽早发现、尽心教育、尽力治疗的方式，才有可能逐步减少直至消除有害的毒品使用方式以及毒品依赖。

鉴于以往单一侧重打击毒品供应市场的治毒模式无法取得消灭毒品犯罪的成效，国际社会在实证研究的基础上逐步转变思路，逐步认识到控制毒品市场是消灭毒品犯罪的必经之路，毒品使用危害与毒品犯罪危害的消除必须以控制此类危害为前提。在此背景下，欧盟谨遵国际公约的指导思想，以"危害最小化"作为其治毒政策，毒品需求与供应市场的控制并重，实践证明了这一政策的有效性和优越性。

## 一 欧盟"危害最小化"治毒政策的立法化及其实践

"危害最小化"不仅是英国的治毒政策，在欧洲乃至全球范围内也被普遍接受。实际上，欧洲许多国家或地区对于"危害最小化"治毒政策的选择可以说是源于欧盟政策的整体指导。欧盟不仅在处理欧洲事务上，而且在国际社会中也发挥着越来越重要的作用，在引领欧盟乃至世界范围内的治毒政策方面表现得尤为明显。欧盟从20世纪50年代发展至今已有27个成员国，尽管目前英国已经脱离欧盟，但不可否认，英国在脱欧之前对于毒品犯罪和毒品使用的管制与关切深受欧盟立法影响。

欧盟享有独立的立法权，该立法权主要通过欧洲议会（European Parliament）、欧洲理事会（Council of the European Union）和欧洲委员会（European Commission）三个机构的共同作用来实现。在治毒政策方面，欧盟在恪守联合国公约的前提下，于2012年通过《2013—2020治毒战略》（EU Drug Strategy 2013—2020）和相应的两个四年度的《行动计划》（Action Plan 2013—2016；Action Plan 2017—2020）。无论在《2013—2020治毒战略》中，还是在相应的两个《行动计划》中，欧盟始终坚持从减少毒品需求和减少毒品供应两个方面来应对毒品犯罪和毒品使用问题，在减少毒品需求方面更是不断强调将"危害最小化"视为其行动计划的终极目标之一。[①]《2013—2020治毒战略》设定了五项目标：（1）着力减少毒品使用、毒品依赖以及与毒品相关的健康危害和社会风险；（2）促进毒品市场的销毁，减少非法毒品的可获得性；（3）鼓励欧盟视野下乃至

---

① "EU Drug Strategy（2013-2020）", *Official Journal of the European*, December 29, 2012, p. C402/2.

全球视野下开展关于毒品治理效果与挑战的积极研讨；（4）进一步加强欧盟与第三国、国际组织之间的对话与合作；（5）加深对毒品现象、干预措施的全面认识，促进此类问题的监测、研究和评估成果的传播，以期为毒品治理政策和实践提供丰硕的实证基础。①《2013—2016 行动计划》② 和《2017—2020 行动计划》③ 分别重申了上述五项目标。减少与毒品相关的危害和风险位于五项目标之首，"危害最小化"在毒品问题领域的适用已经占据了十分重要的地位。在《2017—2020 行动计划》中，欧盟强调需更加注重和采用"危害最小化"的相关措施，着力减少毒品使用对人类健康和社会环境造成的不良后果。④

《2013—2020 治毒战略》致力于减少欧盟范围内毒品需求和毒品供应的同时，也着力于不断维护和完善国家政策，构建协同治理毒品问题的框架，坚实欧盟在这一领域的对外合作。⑤ 在减少需求方面，《2013—2020 治毒战略》强调了一系列措施，包括（环境性的、普遍性的、有选择的、指示性的）预防措施、早期发现和干预、降低危害和风险、治疗、康复以及回归社会，并表明这些措施具有同等的重要性。此外，该策略更是将"减少毒品给人类健康和社会环境带来的消极影响"明确作为减少毒品需

---

① "EU Drug Strategy (2013-2020)", *Official Journal of the European*, December 29, 2012, p. C402/2-3.

② "EU Action Plan on Drugs 2013-2016", *Official Journal of the European*, November 30, 2013, https://eur-lex.europa.eu/legal-content/EN/TXT/PDF/?uri=CELEX：52013XG1130(01)&from=EN.

③ European Commission, *Evaluation of the Implementation of the EU Drugs Strategy 2013-2020 and of the EU Action Plan on Drugs 2013-2016: A Continuous Need for an EU Action Plan on Drugs 2017-2020*, March 15, 2017, https://ec.europa.eu/home-affairs/sites/homeaffairs/files/what-we-do/policies/organized-crime-and-human-trafficking/drug-control/eu-response-to-drugs/20170315_evaluation_communication_en.pdf.

④ European Commission, *Communication from the Commission to the European Parliament and the Council: Evaluation of the Implementation of the EU Drugs Strategy 2013-2020 and of the EU Action Plan on Drugs 2013-2016: A Continuous Need for an EU Action Plan on Drugs 2017-2020*, March 15, 2017, p. 8, https://ec.europa.eu/home-affairs/sites/homeaffairs/files/what-we-do/policies/organized-crime-and-human-trafficking/drug-control/eu-response-to-drugs/20170315_evaluation_communication_en.pdf.

⑤ "EU Drug Strategy (2013-2020)", *Official Journal of the European*, December 29, 2012, p. C402/2.

求领域的目的,指明"危害最小化"举措的优先性,以及深入研究有效减少与毒品相关的死亡和传染性血源性疾病相关措施的优先性。① 在减少毒品供应方面,《2013—2020治毒战略》指出,毒品供应的减少主要依赖司法程序和执法合作、禁止令、违法所得没收制度、调查和边境管制预防、劝阻和瓦解毒品犯罪,尤其是有组织犯罪;力图在可测量范围内通过破坏非法毒品贩运、瓦解涉及毒品生产和贩运的有组织犯罪集团,通过刑事司法、以情报为主导的执法的有效适用,减少非法毒品的可获得性,并将打击重点放在与毒品相关的大规模跨境和有组织犯罪上。②

《2013—2020治毒战略》和《2013—2016行动计划》基本构建了欧盟毒品政策的政治框架和优先事项,为解决欧盟范围内外的毒品问题提供了一致、以证据为基础的框架,力图促进欧盟范围内毒品需求与毒品供应有效控制的实现,致力于毒品相关健康问题与社会危害的控制和削减。③ 截至2013年,欧盟所有成员国都采取了公共卫生政策目标,以预防和减少与毒品依赖有关的健康危害。大多数欧盟成员国于2013年和2014年采取特定措施确保以实证研究为基础、减少毒品相关危害和风险的举措在本国得以实施,确保需要此类措施帮助的人们能够获取此类帮助。据统计,欧盟所有成员国都采取了阿片类毒品替代疗法和针具替换措施,并将此作为预防和控制毒品注射者因不安全的注射行为而感染艾滋病病毒或肝病病毒的核心举措,这两类核心举措的覆盖率也不断上升。④ 欧盟范围内替代措施的覆盖率和可获得性与毒品使用过量现象的控制和减少密切相关。⑤ 换言之,在替代措施覆盖率较高且人们可以轻易获得此类帮助的地区,毒品使用过量的现象得到了一定程度的遏制。

在对《2013—2020治毒战略》和《2013—2016行动计划》落实成效的分析与评估的基础上,《2017—2020行动计划》第四部分"减少毒品需

---

① "EU Drug Strategy (2013-2020)", *Official Journal of the European*, December 29, 2012, p. C402/4.

② Ibid., p. C402/5.

③ European Commission, *Report from the Commission to the European Parliament and the Council on Progress in the EU's 2013-2020 Drugs Strategy and 2013-2016 Action Plan on Drugs*, November 27, 2015, p. 3.

④ Ibid., p. 5.

⑤ Ibid., p. 6.

求"强调减少危害和风险的举措的重要性,促进旨在减少毒品使用的消极健康后果和社会影响措施的适用,并指出这类措施在毒品政策中起着核心作用,即便在监狱环境中也是如此。①《2017—2020行动计划》还指出应帮助第三世界国家或地区采取减少危害和风险的措施,尤其是在因毒品问题而产生严重传染性血源性疾病的国家或地区中适用"危害最小化"的相关举措。②

近年来,联合国大会、联合国艾滋病规划署、世界卫生组织、联合国毒品和犯罪问题办公室(United Nations Office of Drugs and Crime)、人权理事会、全球对抗艾滋病/肺结核和疟疾基金会等组织机构都支持与推崇以"危害最小化"作为治理毒品的主要思路。③ 数据显示,2016年共有90个国家或地区或多或少地采取了针具替换措施,共有80个国家或地区至少实施了一种阿片类毒品的替代治疗。④ 这些国家或地区通常将"危害最小化"主要作为治理艾滋病/艾滋病病毒的重要政策,而对于"危害最小化"的高级别认可,不仅确保了此类服务的资金支持,同时也为其规模扩大提供保障。

## 二 欧洲国家"危害最小化"替代措施的适用

25个西欧国家中,至少有17个国家采取了支持"危害最小化"的国家治毒政策。⑤ 其中,在塞浦路斯、德国、荷兰、葡萄牙和瑞士,"危害最小化"被视作独立于毒品成瘾的治疗与康复的国家治毒政策支柱之一。⑥

### (一)针具替换措施

荷兰是较早采取"危害最小化"举措的国家之一。其主要做法是为

---

① European Commission, *Evaluation of the Implementation of the EU Drugs Strategy 2013-2020 and of the EU Action Plan on Drugs 2013-2016: A Continuous Need for an EU Action Plan on Drugs 2017-2020*, March 15, 2017, p. 8.
② Ibid., p. 43.
③ International Drug Policy Consortium, *Drug Policy Guide*, 3 Edition, pp. 11, 42.
④ Harm Reduction International, *Global State of Harm Reduction 2016*, p. 9.
⑤ 这17个国家分别是:奥地利、比利时、塞浦路斯、丹麦、芬兰、法国、德国、希腊、爱尔兰、卢森堡、马耳他、荷兰、挪威、葡萄牙、西班牙、瑞士和英国。Harm Reduction International, *Global State of Harm Reduction 2018*, p. 74.
⑥ Harm Reduction International, *Global State of Harm Reduction 2018*, pp. 74-75.

毒品使用者提供医疗帮助和社会关怀，以避免毒品注射可能带来的更恶劣后果。荷兰于 1984 年开始采取针具替换措施（Needle and Syringe Programme），并得到了警方的支持，阿姆斯特丹的警察局承担起部分向毒品使用者提供干净、清洁的针头，供他们前来替换的职能。[1] 与英国相比，荷兰可以说是更近了一步，除了采取针具替换措施，实现信息共享和教育，实施针对贩毒者而非使用者的法律，以美沙酮处方代替阿片类毒品之外，荷兰还设立了医疗监督下的、固定的毒品使用室，为前来使用毒品的人提供固定的吸食、注射毒品场所，以及清洁的注射用具，并由具备专业知识的人员进行医疗监控，在毒品使用者出现吸毒过量（Overdose）症状时，及时提供医疗救助，从而大幅减少了因吸食过量而死亡的人员数量。[2]

根据《柳叶刀全球卫生》（Lancet Global Health）2017 年的系统评价显示，全球 206 个国家中，有 179 个国家存在以注射方式使用毒品的情况，全球约有 1564.80 万注射吸毒者，他们的艾滋病患病率和丙型肝炎患病率分别约为 18% 和 52%。[3] 全球范围内，注射吸毒者之中，约 52.3% 携带丙型肝炎病毒抗体，[4] 约 9.1% 携带乙型肝炎表面抗原，[5] 约 17.8% 感染了艾滋病。[6] 实证数据显示，非注射吸毒者也面临着感染病毒性肝炎和艾滋病的重大风险，尤其是霹雳可卡因（Crack Cocaine）、可卡因膏

---

[1] Richard Pates, Diane Riley, *Harm Reduction in Substance Use and High-Risk Behaviour: International Policy and Practice*, Hoboken: John Wiley & Sons, Incorporated, 2012, pp. 11-13.

[2] Harm Reduction International, *Global State of Harm Reduction 2018*, p. 21.

[3] Larney S., Peacock A., Leung J., et al., "Global, Regional, and Country-level Coverage of Interventions to Prevent and Manage HIV and Hepatitis C Among People Who Inject Drugs: A Systematic Review", *Lancet Glob Health*, Vol.5, No.12, 2017.

[4] 丙型肝炎病毒抗体是 HCV 感染的标志。百度百科：《丙型肝炎病毒抗体》，https://baike.baidu.com/item/%E4%B8%99%E5%9E%8B%E8%82%9D%E7%82%8E%E7%97%85%E6%AF%92%E6%8A%97%E4%BD%93/6834292?fr=aladdin，2020 年 5 月 19 日。

[5] 乙型肝炎表面抗原本身不是完整的乙肝病毒，而是乙肝病毒的外壳，本身不具备传染性但有抗原性。乙型肝炎表面抗原是乙肝病毒感染的标志之一，可以表示过去感染过乙肝病毒，或者目前正在受到乙肝病毒的感染。百度百科：《乙型肝炎表面抗原》，https://baike.baidu.com/item/%E4%B9%99%E5%9E%8B%E8%82%9D%E7%82%8E%E8%A1%A8%E9%9D%A2%E6%8A%97%E5%8E%9F/10858416?fr=aladdin，2020 年 5 月 19 日。

[6] Degenhardt L., Peacock A., Colledge S. et al., "Global Prevalence of Injecting Drug Use and Sociodemographic Characteristics and Prevalence of HIV, HBV, and HCV in People Who Inject Drugs: A Multistage Systematic Review", *Lancet Glob Health*, Vol. 5, No. 12, 2017.

（Cocaine Paste）的使用者。较早采取针具替换措施、阿片类毒品的替代治疗措施等减害措施，有助于将注射吸毒者的艾滋病感染率和病毒性肝炎感染率保持在较低水平。①

### （二）阿片类毒品的替代治疗

20世纪70年代，荷兰阿姆斯特丹创造性地实施了美沙酮巴士计划，将巴士作为一个流动的美沙酮诊所，巴士每天在城市中巡游并停在不同的区域，为人们提供清洁的针头和安全套，并出售口服美沙酮。阿姆斯特丹卫生服务中心有少量注射美沙酮和吗啡的注册者，在美沙酮巴士计划和针具替换措施实施后，该市前往戒毒治疗的人数比以往增加了一倍。受到艾滋病在阿片类毒品使用者之间大面积传播的影响，20世纪50年代晚期的加拿大和20世纪60年代早期的美国也相继采取了以美沙酮作为阿片类毒品替代物的维持疗法。②

全球范围内，现有86个国家采取了阿片类毒品的替代治疗措施（Opioid Substitution Therapy），较2016年增加了6个国家。美沙酮（Methadone）仍是最常用的阿片类毒品替代治疗的处方药，其次是丁丙诺啡（Buprenorphine），而在大洋洲和西欧，丁丙诺啡-纳洛酮组合（Buprenorphine-Naloxone Combinations）的使用越来越普遍。研究发现，海洛因辅助治疗（Heroin-assisted Therapy）能够有效增加阿片类毒品使用者对阿片类毒品替代治疗的依从性，能够有效减少他们非法使用海洛因的行为，从而有效促进毒品使用者恢复与保持良好的健康状况。③ 尽管如此，世界范围内只有比利时、加拿大、丹麦、德国、荷兰、瑞士和英国采取了海洛因辅助治疗措施。④

近年来，纳洛酮对于减少阿片类毒品使用者因使用过量致死的有效作

---

① Harm Reduction International, *Global State of Harm Reduction 2018*, p. 20.

② Richard Pates, Diane Riley, *Harm Reduction in Substance Use and High-Risk Behaviour: International Policy and Practice*, Hoboken: John Wiley & Sons, Incorporated, 2012, p. 13.

③ Demaret I., Quertemont E., Litran G., et al., "Efficacy of Heroin-assisted Treatment in Belgium: A Randomised Controlled Trial", *Eur Addict Res*, Vol. 21, No. 4, 2015.

④ See Harm Reduction International, *Global State of Harm Reduction 2018*, p. 20; Demaret I., Quertemont E., Litran G., et al., "Efficacy of Heroin-assisted Treatment in Belgium: A Randomised Controlled Trial", *Eur Addict Res*, Vol. 21, No. 4, 2015.

用不断凸显，引起了世界人民的广泛关注。纳洛酮是一种十分高效的阿片类拮抗剂，可以逆转阿片类毒品使用过量的消极影响，其使用方式包括静脉注射、肌肉注射方式，以及最近研发的鼻内喷雾剂方式。[1] 2014 年，世界卫生组织建议向警察、救护人员、急诊人员、毒品使用者的家人、旅馆工作人员等可能目击他人过量使用阿片类毒品的人们提供纳洛酮，并对他们就如何识别阿片类毒品使用过量、如何正确应对吸毒过量等内容进行培训，以期减少阿片类毒品使用过量致死的情况发生。[2] 欧洲毒品与毒品依赖监测中心（European Monitoring Centre for Drugs and Drug Addiction）对 21 个有关"纳洛酮到家"（Take Home Naloxone Programmes）研究进行了系统分析，并指出，以"纳洛酮到家"为辅助的教育和培训干预措施有效减少了毒品使用过量致死的比例，阿片类毒品成瘾者及其同伴们不仅因此增强了有关正确使用纳洛酮的知识，也增强了有关如何识别阿片类毒品使用过量、如何以纳洛酮及时应对的知识。[3] 也就是说，接受此类培训的医学旁观者，在能够获取纳洛酮的条件下，能够迅速识别他人使用阿片类毒品过量的症状，并有效地使用纳洛酮减少阿片类毒品使用行为可能造成的危害。挪威的实证数据也表明，"纳洛酮到家"的纳洛酮分配计划能够有效确保纳洛酮到达具有毒品使用过量风险的人群，并确保目击过量使用毒品的人们能够及时以适量的纳洛酮减少吸毒者因毒品使用过量而造成的危害。[4]

目前，澳大利亚、加拿大、欧洲、美洲已逐步采取了"纳洛酮到家"

---

[1] European Monitoring Centre for Drugs and Drug Addiction, *Preventing Overdose Deaths in Europe*, September 27, 2018, https://www.emcdda.europa.eu/system/files/publications/2748/POD_Preventing%20overdose%20deaths.pdf.

[2] European Monitoring Centre for Drugs and Drug Addiction, *Health and Social Responses to Drug Problems: A European Guide*, Lisbon: European Monitoring Centre for Drugs and Drug Addiction, October, 2017, p.55, https://www.emcdda.europa.eu/system/files/publications/6343/TI_PUBPDF_TD0117699ENN_PDFWEB_20171009153649.pdf.

[3] European Monitoring Centre for Drugs and Drug Addiction, *Preventing Overdose Deaths in Europe*, September 27, 2018, https://www.emcdda.europa.eu/system/files/publications/2748/POD_Preventing%20overdose%20deaths.pdf.

[4] See Madah-Amiri D., Clausen T., Lobmaier P., "Rapid Widespread Distribution of Intranasal Naloxone for Overdose Prevention", *Drug Alcohol Depend*, Vol.173, 2017.

计划，九个欧洲国家（丹麦、德国、爱沙尼亚、爱尔兰、西班牙、法国、立陶宛、挪威和英国）对此进行了报道。在意大利，纳洛酮可以作为"非处方药"获取，提供减害服务的工作人员可以将纳洛酮分发给可能目睹阿片类毒品使用过量的人们。在丹麦、法国、挪威和英国，"纳洛酮到家"计划已在全国范围内运作。而德国、爱沙尼亚、爱尔兰、西班牙、立陶宛的"纳洛酮到家"计划只是区域性或者地方性地运行。另外，丹麦、爱沙尼亚、法国、挪威和英国已将"纳洛酮到家"计划推广至刚刚从监狱中释放的阿片类毒品使用者。[1] 以英国为例，尽管"纳洛酮到家"计划尚未普及英国所有监狱，但是在2016—2017年，苏格兰和威尔士的监狱分发了1355个纳洛酮药包。[2] 英国的一项研究表明，为刚刚出狱的阿片类毒品使用者提供纳洛酮，能够有效减少其本人、同龄人甚至整个社区的毒品使用过量致死的情况发生。[3]

"纳洛酮到家"计划的实施并非一帆风顺的，而是经受着监管方面和实际实施方面的障碍。这主要是由于纳洛酮的注射使用方式所致。除了意大利外，其他八个国家必须由医生对需要纳洛酮的特定阿片类毒品使用者开具处方，才有可能获得纳洛酮药物。为了应对美国和加拿大阿片类毒品使用过量致死人数极具攀升的严峻形势，人们不断致力于简化纳洛酮的使用方式，改善纳洛酮的使用率。尽管"纳洛酮到家"计划仍需在医疗监督下实施，但是各国已经找到了相应的解决方案。英国、意大利调整了纳洛酮的分类，将其作为一种紧急药物。澳大利亚、加拿大、法国以及美国一些州取消了纳洛酮的处方限制。丹麦和挪威则为"纳洛酮到家"计划设立了地方性的、暂时的例外情形。[4]

---

[1] Meredith Hortona, Rebecca McDonaldb, Traci C.Greenc, etc., "A Mapping Review of Take-Home Naloxone for People Released From Correctional Settings", *International Journal of Drug Policy*, Vol.46, August 2017.

[2] Harm Reduction International, *Global State of Harm Reduction 2018*, p.74.

[3] See Mahesh K. B. Parmar, John Strang, Louise Choo, etc., "Randomized Controlled Pilot Trial of Naloxone-on-Release to Prevent Post-prison Opioid Overdose Deaths", *Addiction*, Vol.112, No.3, 2017.

[4] European Monitoring Centre for Drugs and Drug Addiction, *Preventing Overdose Deaths in Europe*, September 27, 2018, https：//www.emcdda.europa.eu/system/files/publications/2748/POD_Preventing%20overdose%20deaths.pdf.

自 2015 年以来，美国已经开始使用纳洛酮鼻喷雾剂。2017 年 7 月，法国成为第一个授权销售纳洛酮鼻喷雾剂的欧洲国家。2017 年 11 月，欧盟委员会批准了一种浓度更高，使用更为便利的纳洛酮鼻喷雾剂在欧盟、挪威、冰岛和列支敦士登销售。① 2019 年，全国性的纳洛酮对等分配计划已经在苏格兰、威尔士、北爱尔兰全面实施，虽然在英格兰尚未完全实施，但是英格兰的纳洛酮分发较为普遍。苏格兰和威尔士的数据显示，自纳洛酮对等分配计划实施以来，已经分发了 5.6 万个纳洛酮药包。② 但遗憾的是，在减害措施经费紧张的国家和地区，纳洛酮的分发情况并不理想，常常难以送到阿片类毒品使用者与其同龄人的手中。③

（三）医疗监督下的毒品使用室

世界上第一个医疗监督下的毒品使用室（Drug Consumption Room）于 1986 年 6 月设立在瑞士伯尔尼。据统计，截至 2018 年，全球范围内共有 11 个国家或地区共开设了 117 个医疗监督下的毒品使用室，较 2016 年增加了 27 个（其中 24 个医疗监督下的毒品使用室均设于加拿大）。④ 目前，西欧有八个国家总共设立了 78 个医疗监督下的毒品使用室，这些国家包括丹麦、德国、卢森堡、荷兰、挪威、西班牙、瑞士和法国。⑤

医疗监督下的毒品使用室设置目的在于消除街头注射毒品的行为，为毒品使用者提供即时医疗救助，使其免于因使用过量而死亡或因共用注射器而感染艾滋病等疾病，同时，也承担依据毒品使用者的意愿帮助其联系戒毒中心的职能。但是，毒品使用室本身不具有帮助人们戒除毒瘾的职能。实际上，毒品注射室已经有 30 多年的历史，法国、爱尔兰、瑞士、

---

① 大多数药物和健康服务提供的纳洛酮药包中，包括装在安瓿中的或者预先装在注射器中的清洁且可供注射的纳洛酮（纳洛酮含量为每毫升 0.4 毫克或者 1 毫克）。纳洛酮鼻喷雾剂则无须注射，纳洛酮的含量为每毫升 1.8 毫克。European Monitoring Centre for Drugs and Drug Addiction, *European Drug Report: Trends and Developments 2018*, p. 79.

② European Monitoring Centre for Drugs and Drug Addiction, *United Kingdom Country Drug Report 2019*, p. 18.

③ Harm Reduction International, *Global State of Harm Reduction 2018*, p. 13.

④ Ibid., p. 21.

⑤ European Monitoring Centre for Drugs and Drug Addiction, "Drug Consumption rooms: An Overview of Provision", June 7, 2018, https://www.emcdda.europa.eu/system/files/publications/2734/POD_ Drug%20consumption%20rooms.pdf.

荷兰、德国、丹麦、西班牙，以及加拿大、澳大利亚都设有毒品使用室。医疗监督下的毒品使用室的运作模式大致是：毒品使用者自带列管毒品前往医疗监督下的毒品使用室，其余例如针头等吸食、注射毒品的物品都由毒品使用室提供，接受过毒品知识、医疗救助知识的工作人员在一旁监控，在使用者需要帮助的时候及时提供帮助。[1] 国际麻醉品管制局（International Narcotics Control Board）始终强调医疗监督下的毒品使用室的设立目的在于减少毒品使用的有害后果，并指出这类设施必须提供治疗、康复和重新融入社会服务，或者介绍患者接受这些服务。[2]

以丹麦为例，目前丹麦共有6个毒品使用室，其首个毒品使用室于2012年在斯凯恩（Skyen）设立，每年的运行费用大约为100万英镑。斯凯恩毒品使用室包括两个分开的供人们使用毒品的区域，一个是注射室，每次使用时间不超过45分钟，可以容纳9个人；另一个是可供8个人吸食毒品的房间，吸食室的使用时间为每次最多35分钟。自斯凯恩毒品使用室开设以来，其毒品摄入总量为70万次；每天平均接待500—700次毒品摄入；已注册的毒品使用者人数为5772人。斯凯恩的毒品使用室每天开放23小时，剩余1小时用来清洁毒品使用室。在斯凯恩的毒品使用现场出现过500多起毒品使用过量的例子，但由于毒品使用室提供实时医疗监督，500多例使用过量的事件中，无一人死亡。斯凯恩的毒品使用室为毒品使用者提供清洁的针头，毒品使用者自带毒品，包括海洛因、可卡因在内的烈性毒品在毒品使用室内的使用行为都是合法的。[3]

此外，法国政府于2016年1月通过第2016-41号法律，作为"低风险毒品使用室"的法律依据，并于巴黎、斯特拉斯堡分别设立了医疗监督下的毒品使用室。爱尔兰也于2017年5月颁布了《2017年药物滥用（受监督注射设施）法》，该法规定了卫生部长颁发许可证和设立医

---

[1] What Are Drug "Fix Rooms"？ http：//www.bbc.co.uk/news/av/uk-37825527/what-are-drug-fix-rooms.

[2] 联合国：《2017年国际麻醉品管制局报告》，第36页。

[3] Divya Talwar, "Why Addicts Take Drugs in 'Fix Rooms'", *BBC Victoria Derbyshire Programme*, November 16, 2018, http：//www.bbc.co.uk/news/magazine-38531307？from=singlemessage&isappinstalled=0.

疗监督下的毒品注射室的条件,并允许毒品使用者在得到监督注射室许可证持有者同意的情况下使用该设施,并免受私藏毒品刑事条款的惩罚。2017年7月,爱尔兰政府发布的《国家治毒战略》中,更是将标题定为"减少危害,支持康复:2017—2025年爱尔兰毒品和酒精使用的健康先导对策",爱尔兰《国家治毒战略》对医疗监督下的毒品使用室做出详细规定,并保证政府促成这些设施的运作,以遏制与消除街头毒品注射现象。① 荷兰则根据本国的毒品使用情况,将医疗监督下的毒品使用室的目标主体主要设定为以吸入方式使用毒品的人群,为他们提供安全的吸入设备,并充当着毒品使用者与其他医疗服务之间的纽带。②

医疗监督下的毒品使用室能够与难以接触到的吸毒者之间建立起联系,这些毒品使用者常常在冒险的、不清洁的条件下使用毒品,医疗监督下的毒品使用室能够为他们提供安全的毒品使用环境,并就安全的毒品使用方式进行培训,以此来降低高危险的毒品使用行为可能引起的发病率和死亡率。③ 大多数医疗监督下的毒品使用室仅针对阿片类毒品使用者,力图减少他们毒品使用过量而造成的危害,但也有部分医疗监督下的毒品使用室为注射或吸入苯丙胺和可卡因衍生物的人群提供服务。④ 医疗监督下的毒品使用室的设置取得了相当显著的成效,自各国毒品使用室设立以来,街头注射毒品的现象显著减少,道路安全与秩序以及社区状况都得到较大改善,而毒品使用过量致死的事例也几乎消失无踪。⑤

(四) 毒品检查服务

欧亚大陆、拉丁美洲、北美洲、大洋洲以及西欧的许多国家,均设有毒品检查服务(Drug-checking Services)。毒品检查服务是一项通过检测吸毒者拟使用的毒品成分与含量,并告知吸毒者,使其明白将要吸食的毒品成分与含量的社会服务。毒品检查服务的设置目的在于:确保吸毒者清

---

① 联合国:《2017年国际麻醉品管制局报告》,第37页。
② Harm Reduction International, *Global State of Harm Reduction 2018*, p. 22.
③ Ibid., p. 21.
④ Ibid., p. 22.
⑤ Divya Talwar, "Why Addicts Take Drugs in 'Fix Rooms'", BBC Victoria Derbyshire Programme, November 16, 2018, http://www.bbc.co.uk/news/magazine-38531307? from = singlemessage&isappinstalled=0.

晰地了解其所使用的毒品成分与含量，以期减少高纯度毒品使用行为和掺杂使用毒品行为可能造成的危害。毒品检查服务的提供方式通常包括以下几种：（1）在聚会、节日现场提供毒品检查服务；（2）在通过邮寄可达的固定毒品实验室中检测；（3）提供步入式毒品检查服务；（4）通过自检套件自助检测。据统计，欧亚大陆、拉丁美洲、北美洲、大洋洲、西欧已陆续开展了毒品检查服务，另外，加拿大已将毒品检查服务逐步并入医疗监督下的毒品使用室，在对毒品使用者提供医疗监控的同时，也为其提供毒品检查服务。[①] 毒品检查服务对于新出现的新型毒品、新精神活性物质而言，意义重大。一旦毒品使用者了解清楚其即将使用的毒品成分与含量，就有可能三思而后行。对于年龄较低的毒品使用者、首次使用毒品的人群而言，则更是如此。

## 第三节 "危害最小化"治毒政策的个案实践样本

英国作为世界上最老牌的资本主义国家之一，也是19世纪最大的毒品输出国之一。英国的毒品使用问题不仅先于许多欧洲国家，同时也是目前欧洲毒品使用最为严重的国家之一，英国对于毒品需求市场、供应市场的重视与控制勾勒出"危害最小化"的理论与实践框架。

早在1858年英国就颁布了《有毒物质控制法》（*Poisons Act 1858*）控制有毒化学品的传播，而后又颁布了一系列治毒立法，充分体现了其立法思想的转变。20世纪初的英国，毒品使用范围很小，吸毒成瘾的情况还不严重，当时英国医学界将吸毒成瘾视为一种疾病，并指出突然或者完全戒断毒瘾会产生严重的并发症，从而建议应在维持吸毒者最小剂量的毒品摄入、保持毒品使用者正常生活的前提下逐步戒掉毒瘾。20世纪60年代，在英国吸毒人数猛增的背景下，英国政府于1967年颁布《危险药品法》（*Dangerous Drugs Act 1967*），开始以内政部颁发处方权执照的方式严格控制医生的处方权，仍将毒品成瘾者视为患者而非罪犯。此后，英国于1971年颁布了《毒品滥用法案》（*Misuse of Drug Act 1971*），于1985年颁

---

① Harm Reduction International, *Global State of Harm Reduction 2018*, p. 21.

布了该法案的实施规则（*Misuse of Drugs Regulations 1985*），奠定了英国治毒立法的基石。①

20世纪80年代艾滋病的出现给当时的英国政府造成了极大的压力，促使英国治毒方针进行新一轮的调整。这一时期英国的治毒政策有两个突出特点：第一，为毒品犯罪设置了更为严厉的刑罚；第二，官方文件中正式引入了"危害最小化"治毒政策，治毒政策的重心开始逐步转向对公共卫生领域的投入。在毒品犯罪的打击方面，1985年英国颁布《管制毒品惩罚法令》（*Controlled Drugs Penalties Act 1985*）将贩毒罪的最高刑提高到终身监禁；1986年颁布的《毒品贩运犯罪法案》（*Drug Trafficking Offences Act 1986*）规定，法庭一旦查明有贩毒罪行，即可没收全部非法财产。1994年又制定了《毒品贩运法案》（*Drug Trafficking Act 1994*），对毒品贩运和毒品贩运犯罪做出了更严格的界定，加大了对毒品贩运犯罪的惩罚力度。另外，1988—1989年毒品滥用问题顾问委员会（Advisory Council on the Misuse of Drugs）连续发布《艾滋病和毒品使用报告》，主张禁毒政策的优先目的应是防止艾滋病病毒的感染和传播，并借鉴了利物浦地区实行的"危害最小化"政策，提出了一个综合的健康计划。②20世纪90年代后期，英国艾滋病传染现象得到一定程度的控制，打击毒品相关犯罪再度成为其治毒政策的重心。

2000年后，英国政府一面不断增加对严重毒品成瘾者的治疗投入；另一面不断加重对毒品犯罪的刑事处罚。21世纪的英国以毒品的危害为出发点，以毒品需求市场与供应市场的特征为基础，贯彻落实"危害最小化"治毒政策。在毒品需求市场的控制方面，以毒品使用者为核心，以减少毒品对毒品使用者个人的危害为着力点，以各项替代措施的适用着力减少毒品对社会的消极影响。在毒品供应市场的控制方面，通过严密、灵活的法律体系打击已然实施的毒品犯罪，预防可能发生的毒品犯罪。已形成控制毒品供应市场与需求市场并重的局面。③

---

① 刘建宏主编：《新禁毒全书（第六卷）：外国禁毒法律概览》，人民出版社2014年版，第26—27页。

② 同上书，第28页。

③ 同上书，第28—29页。

## 一 英国对毒品需求市场控制的实践

### (一) 毒品需求市场的控制途径

第一,区分人群统计数据,并以此为依据,采取有针对性的预防、治疗措施。与我国对于毒品使用者人数以登记在册为指标进行统计的模式不同,英国采取以终生、年、月为单位,统计不同年龄阶段人群中,在一生中的某个时段曾使用过毒品、统计年内使用过毒品以及统计月内使用过毒品的人数以及毒品使用者在该年龄阶段人群中所占比例。对于不同年龄阶段的毒品使用者人数进行统计,能够清晰体现毒品使用者的规模。对于毒品使用者在特定年龄阶段人群中所占比例的统计,能够清楚反映毒品的流行趋势。在以年龄段、统计时间段为变量进行统计的过程中,将毒品种类作为变量进行统计,能够清晰反映不同年龄段毒品使用者的喜好。

另外,英国国民医疗保障于 2019 年 11 月 28 日发布的《2019 年毒品滥用数据》(Statistics on Drug Misuse, England, 2019) 对于有关毒品使用的三类入院数据进行了统计,综合反映了毒品使用者的健康状况。这三类数据分别是:(1) 因主要诊断为药物相关的精神和行为障碍而入院的人数 (以下简称为"药物相关的精神和行为障碍入院");(2) 因主要诊断为与 1971 年《毒品滥用法案》列管毒品中毒 (包括故意中毒与非故意中毒) 而入院的人数 (以下简称"因毒品滥用中毒入院");(3) 因主要或者次要诊断为药物相关的精神和行为障碍而入院的情况,即药物相关的精神和行为障碍是一个入院因素的情况。在第一类数据和第二类数据中,药物相关的精神和行为障碍或者滥用毒品而中毒是患者的主要入院原因。第二类数据所涉范围则更加宽泛,包含了药物相关的精神和行为障碍只是与患者的护理情况有关。[1] 上述数据的结合,有助于监测不同年龄段的毒品使用者的使用习惯,掌握毒品使用者因毒品使用行为引发的精神障碍、行为障碍等健康问题,从而有助于设计出有针对性地减少吸毒危害、帮助毒品使用者从毒品依赖中恢复的各项措施。

第二,区分群体差别对待,提供个性化的预防、治疗措施。在"减少需求"方面,《国家治毒战略 2017》指出,在学校中"妖魔化"地宣传毒品危害性,以戒毒者和警察作为宣传员、以恐吓战术为核心的宣传教

---

[1] NHS Digital, *Statistics on Drugs Misuse, England, 2019*, November 28, 2019.

育没能立足于预防措施的广泛经验事实，从而不利于毒品使用的预防。①《国家治毒战略2017》将急需减少毒品需求的人们分为不同群体，包括脆弱的年轻人，失学、失业和没有接受职业训练者，犯罪人，毒瘾者的家庭（主要指父母吸毒的家庭），经历过亲密伴侣暴力行为的人群，性工作者，无家可归者，退伍军人，老年人；研究每类人员吸毒成瘾的原因，并以此为基础，提出个性化的减少毒品需求的策略。② 研究表明，在毒品治疗上花费的每1英镑，之后都能替英国节约2.5英镑。③ 此外，《国家治毒战略2017》在继承《国家治毒战略2010》有关促进毒品使用者从毒品依赖中康复的思想基础上指出，应统计毒品使用者所用毒品的种类与频率，并对参与恢复治疗的人群进行细分，以更好地为想要戒除毒品或正在进行戒毒治疗的人们提供个性化的服务与支持。④

第三，广泛适用替代措施，全方位减少毒品使用的危害。英国不仅在国家政策文件中明确"危害最小化"治毒理念，在具体实践中更是积极落实。《2018年全球减害状况》（Global State of Harm Reduction 2018）的统计数据显示，英国实施了针具替换措施、阿片类毒品的替代治疗以及纳洛酮对等分配计划（Naloxone Peer Distribution Program）。据统计，英国境内共有606个针具替换措施站点，包括固定替换站点（Fixed Sites）、自助替换站点（Vending Machines）以及通过车辆或外展工作人员（Outrech Warkers）进行操作的移动替换站点（Mobile NSP Sites），但该减害措施的实施范围尚未推广至监狱。英国采取的阿片类毒品替代疗措施十分广泛、灵活，阿片类毒品替代治疗方式包括美沙酮维持治疗、丁丙诺啡替代治疗、医疗镇痛海洛因辅助疗法（Heroin-assisted Therapy）和其他形式的替代治疗（包括吗啡、可待因替代治疗），并且已经在监狱中广泛采用。⑤ 包括英国在内，全世界仅四个国家建立了

---

① Advisory Council on the Misuse of Drugs, *Prevention of Drug and Alcohol Dependence*, *Briefing by the Recovery Committee*, *Advisory Council on the Misuse of Drugs*, February 25, 2015.
② Home Office, *2017 Drug Strategy*, July 2017, pp. 10-14.
③ Home Office, *New Drug Strategy to Safeguard Vulnerable and Stop Substance Misuse*, July 14, 2017.
④ Home Office, *2017 Drug Strategy*, July 2017, p. 5.
⑤ Harm Reduction International, *Global State of Harm Reduction 2018*, p. 62.

纳洛酮对等分配网络。① 目前，英国尚未建立毒品使用室，但呼声高涨，本书认为民众呼吁设立毒品使用室主要是基于以下几方面的原因。

首先，毒品的轻易获得性。据统计，英国80%的可卡因使用者表示可卡因能够当天到货，格拉斯哥（Glasgow）36.7%的毒品使用者和伦敦26.7%的毒品使用者表示可卡因能够在30分钟内送达。至于毒品的购买渠道，英国再一次成为英语国家中使用暗网购买毒品比例最高的国家（24.6%），其暗网使用率为世界第三，仅次于芬兰（45.8%）和挪威（30.3%）。② 由欧洲毒品与毒品依赖监测中心以及欧洲刑警组织（Europol）共同进行的一项暗网研究发现，截至2017年8月，全球五个主要暗网交易平台的所有交易清单中，60%以上涉及非法贩卖毒品（包括与毒品有关的化学品和药品）。③

其次，毒品使用过程中安全保障措施的缺乏以及紧急医疗救助需求比例高。英国78.9%的可卡因使用者的首次使用是与朋友一起，其中只有25%的人在使用可卡因的过程中，计划由一个人来照看他们。2018年，英格兰的摇头丸使用者在过去12个月使用毒品后寻求紧急医疗救助的比例为1.8%，其比例仅次于苏格兰（1.9%），远超2017年英格兰的比例（0.7%），也远高于2018年的全球平均比例（0.9%）。2018年，英格兰的可卡因使用者寻求紧急医疗救助的比例为1.1%，排全球第七；苏格兰为2.2%，排全球第四。2018年，英格兰的麦角酸二乙基酰胺使用者寻求医疗救助的比例为1.6%，远高于全球平均值（1%）。④

最后，自2012年以来，英格兰和威尔士每年毒品使用引起的死亡人数逐年增加。根据欧洲毒品与毒品依赖监测中心发布的《2018年统计公

---

① Harm Reduction International, *Global State of Harm Reduction 2018*, p.64.

② Global Drug Survey, *2018 Global Drug Survey Shows English Drinkers Do Not Believe Alcohol Warnings on Packaging*, https：//www.globaldrugsurvey.com/wp-content/themes/globaldrugsurvey/results/GDS2018-Core-Press-Release.pdf.

③ European Monitoring Centre for Drugs and Drug Addiction and Europol, *Drugs and the Darknet: Perspectives for Enforcement, Research and Policy*, Joint Publications Series, Luxembourg：Publications Office of the European Union, 2017, p.15.

④ Global Drug Survey, *2018 Global Drug Survey Shows English Drinkers Do Not Believe Alcohol Warnings on Packaging*, https：//www.globaldrugsurvey.com/wp-content/themes/globaldrugsurvey/results/GDS2018-Core-Press-Release.pdf.

报》（Statistical Bulletin 2018），2016 年，西欧国家的吸毒过量致死人数不断增长，其中84%的吸毒过量致死与阿片类毒品的使用相关，2/3 的吸毒过量致死案例发生在德国、土耳其和英国。① 英国国民医疗保障于 2018 年 2 月 7 日发布的《2018 年毒品滥用数据》（Statistics on Drug Misuse, England, 2018）显示，英格兰和威尔士 2016 年与毒品使用相关的死亡人数为 2593 人，占所有死亡人数的 0.5%，比 2015 年毒品使用致死人数增加了 5%，相较于十年前（2006 年）涨幅高达 58%。其中，80%的死亡（2062 人）源自毒品、药剂或生物物质的意外中毒，4 起死亡事件是由吸毒者在使用毒品、药剂或生物物质后，实施恶性暴力犯罪所致。② 据英国国民医疗保障于 2019 年 11 月 28 日发布的《2019 年毒品滥用数据》（Statistics on Drug Misuse, England, 2019）显示，英格兰和威尔士 2018 年与毒品使用相关的死亡人数为 2917 人，其中 81%的死亡（2353 人）由毒品、药剂或生物物质的意外中毒所致，约 14%的死亡（419 人）由以使用毒品方式自杀所致。③

毒品的轻易获得是其衍生问题的主要原因之一，而毒品使用者轻视毒品的危害，毒品使用过程中缺少照看者，以至于得不到即时医疗救助，是毒品使用过量致死的极为重要的原因。在毒品销售暗网发达，毒品快递业务迅速、便捷的情形下，毒品似乎已成为触手可得的物品，而人们对于毒品危害性认识的缺乏或在强烈好奇心的驱使之下，往往使自己陷入极为危险的境地。

（二）毒品需求市场的控制成效

英国内政部在对历年发布的《英格兰和威尔士犯罪调查》（Crime Survey for England and Wales）数据进行分析的基础上，对于 1996 年

---

① European Monitoring Centre for Drugs and Drug Addiction, *Statistical Bulletin 2018*, Lisbon: European Monitoring Centre for Drugs and Drug Addiction, July 2019, p. 5; European Monitoring Centre for Drugs and Drug Addiction, *European Drug Report 2018: Trends and Developments*, Lisbon: European Monitoring Centre for Drugs and Drug Addiction, 2018, p. 15.

② NHS Digital, *Statistics on Drugs Misuse, England, 2018*, February 7, 2018, p. 17.

③ NHS Digital, Statistics on Drugs Misuse, England, 2019, https：//digital. nhs. uk/data-and-information/publications/statistical/statistics-on-drug-misuse/2019/part-2-deaths-related-to-poisoning-by-drug-misuse.

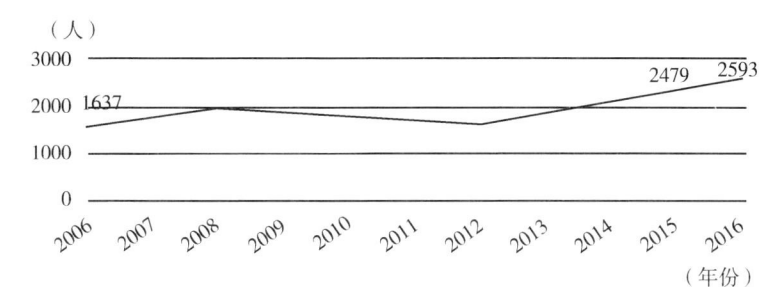

**图 3-1　2006—2016 年英格兰和威尔士使用毒品致死人数**

数据来源：NHS Digital, *Statistics on Drugs Misuse*, *England*, *2018*, February 7, 2018, p. 17。

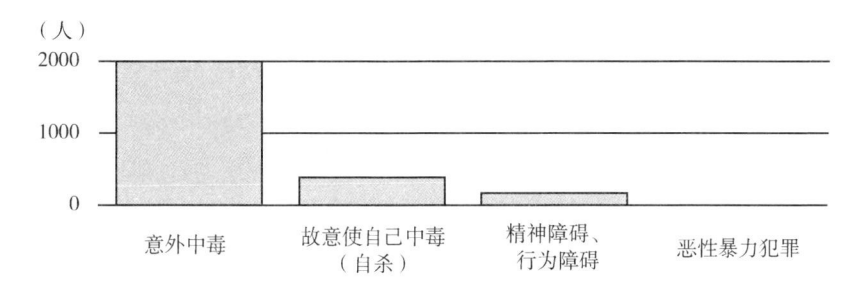

**图 3-2　2016 年英格兰和威尔士使用毒品致死情况统计**

数据来源：NHS Digital, *Statistics on Drugs Misuse*, *England*, *2018*, February 7, 2018, p. 17。

《英格兰和威尔士犯罪调查》发布以来的 16—59 岁、16—24 岁人群①在调查前的 12 个月内、1 个月内以及终身的毒品使用情况做出统计。② 其中，调查前 12 个月内的毒品使用情况被认为是衡量近期毒品使用趋势的

---

①　自 2017/2018 年度起，英国内政部增加了对于 60—74 岁人群的毒品使用情况的统计与分析。之所以没有将这类数据涵盖在图表之中，是因为尚不存在充足的、可供分析的历史数据。

②　例如，2018/2019 年度的统计数据来源于 2018 年 4 月至 2019 年 3 月的调查问卷，被调查者对于"被询问、采访前 12 个月的毒品使用情况"做出回答。因此，2018/2019 年度的统计数据显示了 2017 年 4 月至 2018 年 3 月的毒品使用情况。Home Office, *User Guide to Drug Misuse Statistics*, September 2019, pp. 1, 3.

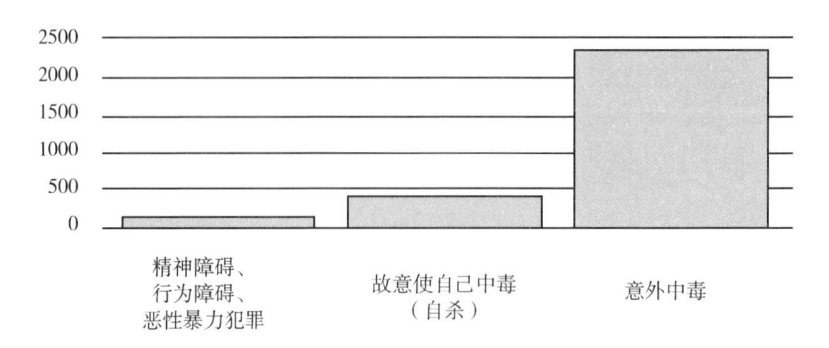

图 3-3　2018 年英格兰和威尔士使用毒品致死情况

数据来源：NHS Digital, *Statistics on Drugs Misuse*, *England*, *2019*, https：//digital.nhs.uk/data-and-information/publications/statistical/statistics-on-drug-misuse/2019/part-2-deaths-related-to-poisoning-by-drug-misuse。

最佳指标。[1]

图 3-4 的统计数据显示，在上述控制毒品需求市场各项举措的共同作用之下，1996—2018/2019 年度英格兰和威尔士 16—59 岁、16—24 岁毒品使用者占总人口的比例整体下降，毒品在 16—59 岁、16—24 岁人群中的流行程度整体减弱。具体来说，1996—2003/2004 年度，过去 12 个月内使用过毒品的 16—59 岁人群所占比例相对平稳，随后逐年下降，直至 2007/2008 年度。2008/2009—2018/2019 年度，该比例一直相对持平，大约保持在 8.2%—9.4%之间，较 2007/2008 年度明显减少。自 1996 年统计数据以来，16—24 岁人群使用毒品的比例整体大幅下降，由 1996 年占比 29.7%下降至 2018/2019 的 20.3%。其中 1996—2013/2014 年度呈现出明显的下降趋势，之后几年出现了反弹，但整体而言，毒品在 16—24 岁人群中的流行趋势总体大幅减少。[2]

近年来有关新精神活性物质在英格兰和威尔士的 16—59 岁、16—24 岁人群中流行状况的调查显示，自 2014/2015 年度进行数据统计以来，新精神活性物质的流行状况总体减弱。2018/2019 年度的统计数据显示，英

---

[1] Home Office, *User Guide to Drug Misuse Statistics*, September 2019, p. 2.

[2] Home Office, *Drugs Misuse：Findings from the 2018/2019 Crime Survey for England and Wales*, September 2019, pp. 3-5.

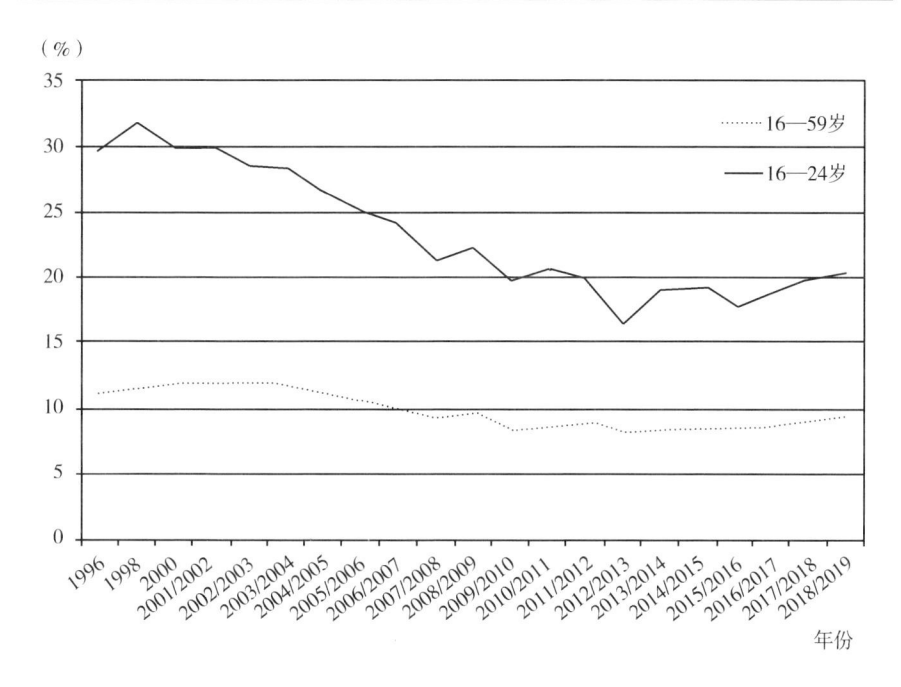

**图 3-4　1996—2018/2019 年度毒品在英格兰和威士**
**16—59 岁、16—24 岁人群中的流行百分比**

数据来源：Home Office, *Drugs Misuse: Findings from the 2018/2019 Crime Survey for England and Wales*, September 2019, p.3。

格兰和威尔士的 16—59 岁人群中，约 0.5%（约 15.2 万人）在过去的 12 个月中使用过新精神活性物质，几乎与 2017/2018 年度、2016/2017 年度发布的统计数据（约 0.4%）持平，但显著少于 2014/2015 年度发布的统计数据（约 0.9%）。[1] 其中，英格兰和威尔士 16—24 岁人群在 2017/2018 年度使用过新精神活性物质的比例为 1.4%（约为 8.6 万人），该比例与 2016/2017 年度发布的统计数据（约为 1.2%）几乎持平，同样显著少于 2014/2015 年度发布的统计数据（约 2.8%）。[2]

另外，据《2018 年全球减害状况》（*Global State of Harm Reduction 2018*）统计，英国现有注射吸毒者约 12.29 万人，他们的艾滋病病毒感染

---

[1] Home Office, *Drugs Misuse: Findings from the 2018/2019 Crime Survey for England and Wales*, September 2019, p.26.

[2] Ibid.

率仅为0.9%，乙型肝炎患病率仅为0.4%。① 可以看出，在"危害最小化"的思想指导下，英国有关减少毒品使用危害的目标可谓取得了较好效果。毒品在英格兰和威尔士16—59岁、16—24岁人群中的流行程度整体减弱，常常伴随着毒品注射行为发生的艾滋病感染率、乙型肝炎患病率均得到了较好的控制与减少。

## 二 英国对毒品供应市场控制的实践

在毒品供应市场的控制方面，恰当、严密的刑事规制起着不可替代的作用。实际上，在英国脱欧之前的整个欧盟范围内，英国对毒品犯罪的法律规制是最为严厉和严密的。② 具体而言，英国毒品犯罪的法律规制主要通过1971年《毒品滥用法案》、2011年《临时毒品类别令》、2016年《精神物质法案》来实现。

### （一）1971年《毒品滥用法案》

英国1971年《毒品滥用法案》（Misuse of Drugs Act 1971）以每一种毒品可能对人类造成的危害程度为标准，将其分为A类毒品、B类毒品、C类毒品。针对不同种类的毒品实施的毒品犯罪，其初始刑罚和刑罚调整范围都存在差异。毒品对人类可能造成的危害越大，行为人可能被判处的刑罚就越重，反之亦然。可以说英国的毒品分类制度是在坚持英美法系刑法正当性依据的危害原则③的基础上，以毒品分类指导毒品犯罪量刑，确保犯罪分子受到与其罪行相当的刑罚的重要举措。

表3-1　　　　　　　英国毒品种类和毒品犯罪刑罚规定④

| 毒品类别 | 毒品种类 | 持有 | 提供和制造 |
| --- | --- | --- | --- |
| A类毒品 | 霹雳可卡因、可卡因、摇头丸（MDMA）、海洛因、麦角酸二乙基酰胺（LSD）、迷幻蘑菇、美沙酮和甲基苯丙胺 | 7年以下监禁刑或不设上限的罚金，或者并罚 | 最高可判处终身监禁或不设上限的罚金，或者并罚 |

---

① Harm Reduction International, *Global State of Harm Reduction 2018*, p. 62.
② 包涵：《英国毒品政策："伤害最小化"之下的困惑》，《中国禁毒报》2017年6月9日。
③ Dennis J. Baker, *The Right Not to be Criminalized: Demarcating Criminal Law's Authority*, Aldershot: Ashgate Publishing Limited, 2011, p. 8.
④ Drugs Penalties, https://www.gov.uk/penalties-drug-possession-dealing.

续表

| 毒品类别 | 毒品种类 | 持有 | 提供和制造 |
| --- | --- | --- | --- |
| B 类毒品 | 安非他命、巴比妥类毒品、大麻、可待因、氯胺酮、哌甲酯（利他林）、合成大麻素、合成卡西酮类（例如，甲氧麻黄酮） | 5年以下监禁刑或不设上限的罚金，或者并罚 | 14年以下监禁刑或不设上限的罚金，或者并罚 |
| C 类毒品 | 合成类固醇、苯二氮平类毒品（安定）、γ-羟基丁酸（GHB）、丁内酯（GBL）、哌嗪（BZP）、咖特 | 2年以下监禁刑或不设上限的罚金，或者并罚（持有供自己使用的合成类代谢固醇除外） | 14年以下监禁刑或不设上限的罚金，或者并罚 |
| 临时类别毒品 | 哌甲酯物质［混旋哌乙酯碱3, 4-二氯甲基哌啶（3, 4-DCMP）］、甲基萘甲酸盐（HDMP-28）、哌甲酯（IPP 或 IPPD、4-Methylmethyl-phenidate、4-甲基哌甲酯、萘基乙基酯、哌醋丙酯）以及它们的衍生物 | 不予以刑事处罚，但是警察可以没收疑似临时类别物品的物质 | 14年以下监禁刑或不设上限的罚金，或者并罚 |

依据英国 1971 年《毒品滥用法案》的规定，典型的 A 类毒品包括霹雳可卡因、可卡因、摇头丸（MDMA）、海洛因、麦角酸二乙基酰胺（LSD）、迷幻蘑菇、美沙酮和甲基苯丙胺等。生产和提供 A 类毒品的最高刑期为终身监禁或罚金，或者并罚，罚金金额不设上限；持有 A 类毒品的最高刑期为 7 年以下监禁刑或不设上限的罚金，或者并罚。值得注意的是，英国刑法规定的终身监禁并不是将犯罪人关押在监狱中直至其死亡，而是由法官确定犯罪人必须服刑的最短刑期（Tariff Period），作为威慑和报应的体现。［只有极少数的谋杀案件会被判处完整的终身监禁（Whole Life Order），即判处行为人在狱中关押直至死亡］。最短刑期期满后由假释委员会决定是将其在监狱中关押直至其死亡，还是允许其假释出狱。如果行为人被假释出狱，他的余生都将处在假释期间，必须遵守假释期间的各项要求，一旦被证明对社会构成威胁就会立刻被收监，并在狱中关押直至其死亡。[①]

典型的 B 类毒品包括安非他命、巴比妥类毒品、大麻、可待因、氯

---

[①] Dirk van Zyl Smit, Catherine Appleton, *Life Imprisonment and Human Rights*, London: Bloomsbury Publishing PLC, 2016, pp. 217-218.

胺酮、哌甲酯（利他林）、合成大麻素①、合成卡西酮类（例如，甲氧麻黄酮）等。对于生产和提供 B 类毒品的行为，最高可以判处 14 年以下监禁刑，或不设上限的罚金，或者并处监禁刑和罚金；持有 B 类毒品的行为，最高可以判处 5 年以下监禁刑，或不设上限的罚金，或者并处监禁刑和罚金。

典型的 C 类毒品包括合成类固醇、苯二氮平类毒品（安定）、γ-羟基丁酸（GHB）、丁内酯（GBL）、哌嗪（BZP）、咖特等。生产和提供 C 类毒品的最高刑期为 14 年以下监禁刑，或不设上限的罚金，或者并处监禁刑和罚金；持有 C 类毒品的最高刑期为 2 年以下监禁刑，或不设上限的罚金，或者并处监禁刑和罚金，持有供自己使用的合成类代谢固醇除外。

除此之外，生产和提供精神活性物质的最高刑期为 7 年监禁刑，或不设上限的罚金，或者并处监禁刑和罚金。持有精神活性物质一般不作为犯罪处理，但在监狱中持有则是例外。精神活性物质指的是会引起幻觉，使人犯困，影响人们的警觉性、时间和空间感知能力、心情和同理心的物质，例如"笑气"。但是，食物、酒精、尼古丁、咖啡因、医疗用药以及上述列举的 A 类毒品、B 类毒品、C 类毒品除外。②

（二）2011 年《临时毒品类别令》

自 2011 年 11 月 15 日起，英国内政大臣能够通过《临时毒品类别令》（Temporary Class Drug Order）宣布某一物质或产品属于临时类别毒品（Temporary Class Drug）。这项《临时毒品类别令》作为对 1971 年《毒品滥用法案》的修订，其设置目的在于对存有潜在危害的物质或产品进行临时管控。根据这项规定，如果出现了一种不属于 1971 年《毒品滥用法案》规定的 A、B、C 类毒品的物质或产品，经过毒品滥用咨询委员会（Advisory Council on the Misuse of Drugs）的查询，该物质或产品正在被人们使用或存在被人们使用的可能性，并且其使用导致了或能够导致危害后果，委员会应当自行做出或建议内政大臣做出这一物质或产品属于"临

---

① 2016 年 5 月，英国《精神物质法案》（Psychoactive Substances Act 2016）生效，自 2016 年 12 月起，"第三代"合成大麻素被列为 B 类毒品予以管制。The Misuse of Drugs (Amendment) (England, Wales and Scotland) Regulations 2016, p.1, http://www.legislation.gov.uk/uksi/2016/1125/pdfs/uksiem_20161125_en.pdf.

② Drugs Penalties, https://www.gov.uk/penalties-drug-possession-dealing.

时类别毒品"的决定。在决定做出后的 40 天内，英国议会同意这项决定的同时，该决定生效，其有效期为 12 个月。这意味着，从议会同意的这一天起，该物质或产品就被称为"临时类别毒品"，属于 1971 年《毒品滥用法案》规制范围内的"列管毒品"，可以成立 1971 年《毒品滥用法案》规定的除持有型犯罪之外的各类犯罪，同时也受制于 2002 年英国《刑事诉讼法》等相关法律规定。①

根据《临时毒品类别令》的规定，对于被宣布为"临时类别毒品"的物质或产品，英国政府除了可以向公众发出清晰明确的公共健康信息之外，还可以迅速采取措施禁止非法进口、生产和提供该物质或产品的行为，该禁止令可以长达 12 个月之久，以保护公众，使公众免受其害。同时，这也保障了毒品滥用咨询委员会有充足的时间进行充分研究，进而对该物质或产品做出完整的、独立的专家意见。在得到专家们的全部意见之后，在确有必要的情况下，政府可以做出对该物质或产品进行长久控制或其他必要措施的决定，并酌情请求议会批准这个决定：对该物质或产品进行永久控制，并在《临时毒品类别令》规定的 12 个月期满前生效。除此之外，《临时毒品类别令》也使得刑事司法系统能够对针对此类物质的违法犯罪者采取有效措施。②

目前已经出现在量刑指导手册中的"临时类别毒品"包括哌甲酯物质［混旋哌乙酯碱 3，4-二氯甲基哌啶（3，4-DCMP）］、甲基萘甲酸盐（HDMP-28）、哌甲酯（IPP 或 IPPD、4-Methylmethylphenidate、4-甲基哌甲酯，萘基乙基酯，哌醋丙酯）以及它们的衍生物。根据 2011 年《临时毒品类别令》的规定，其刑罚参照 B 类毒品的刑罚规定，对于生产和提供"临时类别毒品"的行为人最高可以判处 14 年以下监禁刑，或不设上限的罚金，或者并处监禁刑和罚金。但不以刑法处罚持有该类物质或产品的行为，而是由警察没收"临时类别毒品"即可。③《临时毒品类别令》为毒品犯罪的预防提供了一层重要的、灵活的保护屏障，使许多游走在刑法边缘的，以替换某一个或某一些毒品成分的方式，生产、提供与原物质

---

① Home Office, *Temporary Class Drugs*, https：//assets.publishing.service.gov.uk/government/uploads/system/uploads/attachment_data/file/98006/temporary-class-drug-factsheet.pdf.

② Ibid.

③ Drugs Penalties, https：//www.gov.uk/penalties-drug-possession-dealing.

具有类似效用的物质的行为无处遁形。

(三) 2016 年《精神物质法案》

《精神物质法案》(*Psychoactive Substances Act 2016*) 于 2016 年 5 月 26 日生效,作为对 1971 年《毒品滥用法案》的补充。① 根据该法案第 2 条的规定,精神活性物质是指"任何能在人们使用后对其精神产生影响的物质",该法案仅规制以供人类使用的、为了对其精神产生影响的精神活性物质为对象实施的特定行为,生产和分发供动物或非人类系统使用的精神活性物质不属于该法案的规制范围。2016 年《精神物质法案》将 1971 年《毒品滥用法案》规制之外的、能对人类的神经系统产生刺激或抑制作用的、对人类大脑运作或情绪产生影响的物质纳入了规制范围。同时,将食物、酒精、尼古丁、咖啡因、医疗用药以及上述列举的 A 类毒品、B 类毒品、C 类毒品排除在外。②

2016 年《精神物质法案》主要将以下几类行为规定为刑事犯罪:(1) 生产供人类使用的精神活性物质;(2) 提供或试图提供供人类使用的精神活性物质;(3) 以提供的目的持有供人类使用的精神活性物质;(4) 进出口供人类使用的精神活性物质。从事医疗行为以及得到批准的科学研究行为的人由于工作需要,具有使用精神活性物质的必要性,因此他们的行为得到豁免。

此外,这项法案还涉及民事制裁方面的规定,主要包括禁止通知、房屋通知、禁止令和房屋令。违反禁止令和房屋令的行为将构成刑事犯罪,这使得警察和地方当局能够酌情对提供精神活性物质的行为采取分级回应。同时,当局有权搜查涉案人员、车辆和船只,有权按照搜查令的要求进入和搜查房屋,没收和销毁精神活性物质。③

(四) 英国毒品犯罪的主要类型

英国毒品犯罪的主要罪名是基于毒品分类管控制度而设定的。英国

---

① Home Office, *Psychoactive Substances Act 2016: Guidance for Researchers*, May 20, 2016, https://www.gov.uk/government/publications/psychoactive-substances-act-2016-guidance-for-researchers/psychoactive-substances-act-2016-guidance-for-researchers.

② Psychoactive Substances Act 2016, Section 2, Meaning of "Psychoactive Substance".

③ Home Office, *Psychoactive Substances Act 2016*, November 19, 2018, https://www.gov.uk/government/collections/psychoactive-substances-bill-2015.

1971年《毒品滥用法案》主要规制下列行为：非法进出口列管毒品，提供或试图提供列管毒品，以向他人提供为目的而持有列管毒品，提供或试图提供使用毒品所需物品，生产列管毒品，种植大麻植物，持有列管毒品，房屋占有者允许房屋被用作生产、提供、吸食列管毒品。英国有关毒品犯罪的法律规制中，禁止性规定与我国大致相似，但是也存在其独特之处。

第一，提供或试图提供列管毒品罪存在加重情形。具体而言，本罪的加重情形包括：犯罪在相关时段实施于学校周边区域，且行为人为了实施犯罪，使用18岁以下的人作为列管毒品的传递者。这里所说的"相关时段"指的是学校区域供18岁以下的人使用的时段，以及这个时段开始前和结束后的一小时。另外，与他人分享毒品也作为提供毒品来处理。

第二，房屋占有者需承担责任的情形更为广泛。根据英国1971年《毒品滥用法案》第8条的规定，房屋占有者或参与房屋管理者，明知并允许或容忍在其房屋内发生的下列行为的属于刑事犯罪：（1）生产或试图生产列管毒品的；（2）向他人提供或试图提供列管毒品的；（3）为吸食而准备阿片的；（4）吸食大麻、大麻脂或熟阿片。而我国刑法设置的容留他人吸毒罪，仅规制容留他人吸食、注射毒品的情形。

第三，该法存在关于阿片的专门规定，对以下三类行为做出了犯罪化规定：（1）吸食或以其他方式使用熟阿片；（2）经常出入于供吸食阿片所用的场所；（3）持有（i）供吸食阿片使用的烟斗或其他器皿，无论该涉案烟斗或其他器皿是其本人吸食阿片而使用的，还是行为人明知并允许他人使用的，抑或是行为人打算自己使用或允许他人使用的，或者（ii）为吸食阿片做准备的任何器皿，无论该涉案器皿是其本人使用的，或是行为人明知并允许他人使用的。

第四，提供或试图提供使用毒品所用物品也被纳入刑法规制范围。出于预防艾滋病病毒和肝病病毒传播的考虑，此处"提供或试图提供使用毒品所用物品"不包括提供皮下注射器的行为。而我国对提供吸食或注射毒品所用工具的行为并未规定为犯罪。

（五）漏斗型量刑模式

1.《毒品犯罪权威指南》的量刑模式

1971年《毒品滥用法案》规定了毒品犯罪的刑罚调整范围之后，量刑委员会（Sentencing Council）针对不同类型的毒品犯罪发布了量刑规则的明确指南，即《毒品犯罪权威指南》（Drug Offences Definitive Guideline）。《毒品犯罪权威指南》对于非法进出口列管毒品罪，提供或试图提供、以提供的目的持有列管毒品罪，生产列管毒品罪，种植大麻植物罪，允许房屋被用作生产、提供、吸食列管毒品罪，非法持有列管毒品罪的量刑步骤、初始刑罚、加重减轻情节等内容做出了明确规定。

《毒品犯罪权威指南》[①] 对每一个罪名的量刑指导都分为八个步骤：

（1）以犯罪行为造成的危害程度以及被告人在犯罪中所起的作用为依据，确定犯罪类别（Offence Category），其中犯罪行为造成的危害程度主要以毒品类别和数量为标准，被告人在犯罪中所起作用主要包括领导作用、重要作用和较轻作用；

（2）按照特定毒品犯罪的刑罚调整范围表的具体规定，确定特定毒品犯罪的初始刑罚（对于各类毒品犯罪均统一适用，无论被告人是否认罪，也无论其是否有前科）与刑罚调整范围，结合《毒品犯罪权威指南》列明的加重和减轻情节，在其刑罚调整范围之内，确定拟判处的刑期；

（3）考察被告人是否具有 2005 年《严重有组织犯罪和警察法》（Serious Organised Crime and Police Act 2005）第 73—74 条以及其他有关减少被告人刑罚之规定的情形，例如向检察官或调查员提供帮助，或者协助检察官或调查员办案等情形；

（4）若被告人认罪，法庭还应依据 2003 年《刑事司法法案》（Criminal Justice Act 2003）第 144 条的和《认罪指南》（Guilty Plea Guideline）的规定，适当折减其刑期；

（5）若被告人被判处两个及以上罪名，或者被告人正在服刑，法庭应考虑该案拟判处的刑罚总量是否正当，是否属于对该被告人所犯罪行的合比例回应；

（6）在刑事法院（Crown Court）已经启动了犯罪收益没收程序的情况下，或者审理本案件的法庭认为有必要适用犯罪收益没收程序的情况下，法庭均应考虑适用违法所得没收的程序以及发布辅助命令；

---

① Sentencing Council, *Drug Offences Definitive Guideline*, https://www.sentencingcouncil.org.uk/wp-content/uploads/Drug_Offences_Definitive_Guideline_final_web1.pdf.

(7) 根据 2003 年《刑事司法法案》第 174 条的要求，法庭应提供刑事判决的合理依据，并对其拟判处的刑罚后果做出解释；

(8) 根据 2003 年《刑事司法法案》第 240 条、第 240A 条的要求，法庭应考虑是否将被告人在押候审的时间或处于保释的时间计算在拟对其判处的刑期之中，并最终确定对被告人判处的刑罚。

《毒品犯罪权威指南》规定的内容极为细致、完善，按照罪行和不同的量刑参考要点而言，大致可以将其分为三个部分。

第一部分包括最为重要的罪名，具体而言，包括非法进出口列管毒品罪、提供列管毒品罪、以提供的目的持有列管毒品罪，以及生产列管毒品罪。这类犯罪的最高刑期都是终身监禁，由法官认定其最短刑期，期满后由假释委员会裁决是否允许犯罪人出狱，并终身处于假释期间直至其死亡。只有在极少数的情况下法官才会判处被告人终身都在监狱中直至死亡。

对于这一部分最为重要的罪名，其定罪量刑在两种情形下可以超出《毒品犯罪权威指南》明确列出的刑罚范围。第一种例外情形是，如果非法进出口、提供或试图提供、以提供的目的持有、生产列管毒品的行为极为严重、商业规模巨大、涉案毒品数量远超过第一类危害类型列明的数量（即 5 千克海洛因、可卡因，1 万片摇头丸，25 万方麦角酸二乙基酰胺，20 千克安非他命，200 千克大麻，5 千克氯胺酮），依据被告人在犯罪中所起作用的大小，被告人也可能被判处 20 年以上的监禁刑。[1] 第二种例外情形是，根据 2000 年《刑事法院（判决）法案》[Powers of Criminal Courts (Sentencing) Act 2000] 第 110 条的规定，对于涉嫌"第三个贩运 A 类毒品罪"（A Third Class A Trafficking Offence）的被告人，在满足以下三个条件的情况下，应判处 7 年以上监禁刑：(1) 被告人在 1997 年 9 月 30 日之后实施了贩运 A 类毒品的行为，且被定罪；(2) 被告人在实施上述犯罪行为时，已满 18 岁，并且曾因毒品犯罪行为而被定罪；(3) 被告人曾被判定的多个毒品犯罪中，存在先后顺序。但是，法庭认为存在与犯罪行为或被告人相关的特殊情形，以至于无法公正地判处 7 年以上监禁刑

---

[1] Sentencing Council, *Drug Offences Definitive Guideline*, p.4, https://www.sentencingcouncil.org.uk/wp-content/uploads/Drug_Offences_Definitive_Guideline_final_web1.pdf.

的情形除外。①

另外，提供列管毒品罪、以提供的目的持有列管毒品罪在量刑步骤一对毒品犯罪的危害程度的考察，原则上以毒品的数量为依据，只在步骤二将毒品的纯度作为刑罚的加重或减轻因素纳入考虑范围的规定，也存在两个例外情形。在街头交易的情况下，以及监狱工作人员在监狱中提供毒品的情况下，由于毒品数量无法清晰反映该行为造成的危害程度，因此这两种提供毒品行为的初始刑罚不以毒品的数量为依据。②

第二部分包括种植大麻植物罪，允许房屋被用作生产、提供、吸食列管毒品罪。这两个罪名的最高刑期均为 14 年监禁刑。其中，对于种植大麻植物的行为，其产量大小属于量刑步骤二的刑罚加重或减轻情节；而对于允许房屋被用作生产、提供、吸食毒品的行为，房屋的地址（例如，是否属于学校周边）属于该罪的量刑情节。

第三部分为非法持有列管毒品罪。持有型毒品犯罪的最高刑期为 7 年监禁刑。持有型毒品犯罪的特殊之处在于，在量刑步骤二，决定持有型犯罪的刑罚时，在监狱中持有列管毒品的行为很有可能导致行为人的刑期加重，并在合适的情形下，可以超出量刑指南中刑罚范围表的范围进行判决。③ 这主要是因为新精神活性物质的非法需求不断上升，尤其是无家可归者和狱中服刑者的购买量显著增加；④ 而监狱中非法使用毒品又导致了狱中暴力、自杀和自伤比例的上升。⑤ 除此之外，该罪的加重情形还有：在他人面前持有列管毒品，尤其是在儿童和非毒品使用者面前；以及在学校区域或特许烟酒商店持有列管毒品。值得一提的是，持有型犯罪的罚金刑设置标准以被告人的周薪为依据，持有 A 类毒品的初始刑罚为 C 级罚金，C 级罚金的起点为被告人周薪的 150%，再依据加重或减轻情节于被

---

① *Powers of Criminal Courts（Sentencing）Act 2000*, Section 110.

② Sentencing Council, *Drug Offences Definitive Guideline*, p.10, https://www.sentencingcouncil.org.uk/wp-content/uploads/Drug_ Offences_ Definitive_ Guideline_ final_ web1.pdf.

③ Sentencing Council, *Drug Offences Definitive Guideline*, p.31, https://www.sentencingcouncil.org.uk/wp-content/uploads/Drug_ Offences_ Definitive_ Guideline_ final_ web1.pdf.

④ Home Office, *2017 Drug Strategy*, July 2017, pp.4-5.

⑤ Ministry of Justice, *Prison Safety and Reform*, London: Ministry of Justice, November 2016, p.7, https://assets.publishing.service.gov.uk/government/uploads/system/uploads/attachment_ data/file/565012/cm-9350-prison-safety-and-reform-_ print_ .pdf.

告人周薪的125%—175%之间变动。

这三个部分所涵盖犯罪量刑的共同特点在于，在被告人存在毒品依赖或者有使用列管毒品的倾向，且戒除毒瘾的前景十分乐观的情况下，根据2003年英国《刑事司法法案》第209条的规定，可以以一个附带戒毒康复治疗要求的社区服务令来替代短期监禁刑（或适当监禁刑）。[①] 此外，根据2003年英国《刑事司法法案》第144条的规定，以及《有罪辩护指南》的规则，在被告人认罪的情况下，法庭应当考虑适当折减刑期。对于实施贩运 A 类毒品的行为人，在根据2000年英国《刑事法院（判决）法案》第110条的规定，必须对其判处7年以上监禁刑的情况下，该被告人认罪所折减的刑期比例不得超过20%。[②]

2. 非法进出口列管毒品罪的量刑模式

在上述八个步骤之中，最能体现英国对于毒品犯罪的漏斗型量刑模式的，是第一个步骤与第二个步骤。本书拟以非法进出口列管毒品罪为例，对这一漏斗型量刑模式的步骤一和步骤二进行细致解读。

表3-2　　　　　　非法进出口列管毒品罪的危害类型[③]

| 危害类型（以下数值表示初始刑罚所需的毒品种类和数量） ||
| --- | --- |
| 危害类型一：海洛因、可卡因——5千克；摇头丸——1万片；麦角酸二乙基酰胺——25万方；安非他命——20千克；大麻——200千克；氯胺酮——5千克 | 危害类型三：海洛因、可卡因——150克；摇头丸——300片；麦角酸二乙基酰胺——2500方；安非他命——750克；大麻 6千克；氯胺酮——150克 |

---

① Sentencing Council, *Drug Offences Definitive Guideline*, p.5, https://www.sentencingcouncil.org.uk/wp-content/uploads/Drug_ Offences_ Definitive_ Guideline_ final_ web1.pdf.

② Sentencing Council, *Drug Offences Definitive Guideline*, pp.8, 15, 22, 27, 32, https://www.sentencingcouncil.org.uk/wp-content/uploads/Drug_ Offences_ Definitive_ Guideline_ final_ web1.pdf.

③ Sentencing Council, *Drug Offences Definitive Guideline*, p.4, https://www.sentencingcouncil.org.uk/wp-content/uploads/Drug_ Offences_ Definitive_ Guideline_ final_ web1.pdf.

续表

| 危害类型（以下数值表示初始刑罚所需的毒品种类和数量） | | | |
|---|---|---|---|
| 危害类型二 | 海洛因、可卡因——1千克<br>摇头丸——2000片<br>麦角酸二乙基酰胺——2.5万方<br>安非他命——4千克<br>大麻——40千克<br>氯胺酮——1千克 | 危害类型四 | 海洛因、可卡因——5克<br>摇头丸——20片<br>麦角酸二乙基酰胺——170方<br>安非他命——20克<br>大麻——100克<br>氯胺酮——5克 |

第一步，按照《毒品犯罪权威指南》的要求，对于非法进出口列管毒品行为，应首先依据被告人实施的毒品犯罪具体涉及哪一类毒品，以及所涉毒品数量来确定其犯罪行为的危害程度，依据被告人在具体犯罪中所起作用确定其责任大小，并以这两个方面为依据，主客观相结合地确定特定毒品犯罪行为的类别。

结合表3-1和表3-2可以看出，《毒品犯罪权威指南》列明的毒品种类主要为A类毒品（海洛因、可卡因、摇头丸、麦角酸二乙基酰胺）和B类毒品（安非他命、氯胺酮、大麻）。非法进出口5千克以上海洛因、可卡因，1万片以上摇头丸，25万方以上麦角酸二乙基酰胺，20千克以上安非他命，200千克以上大麻，或者5千克以上氯胺酮的行为的危害性极为严重，属于第一类危害类型（Category 1, Category of Harm）。非法进出口1千克以上海洛因、可卡因，2000片以上摇头丸，2.5万方以上麦角酸二乙基酰胺，4千克以上安非他命，40千克以上大麻，或者1千克以上氯胺酮的危害性次之，属于第二类危害类型（Category 2, Category of Harm）。非法进出口150克以上海洛因、可卡因，300片以上摇头丸，2500方以上麦角酸二乙基酰胺，750克以上安非他命，6千克以上大麻，或者150克以上氯胺酮的行为属于第三类危害类型（Category 3, Category of Harm）。非法进出口5克以上海洛因、可卡因，20片以上摇头丸，170方以上麦角酸二乙基酰胺，20克以上安非他命，100克以上大麻，或者5克以上氯胺酮的危害性相对最弱，属于第四类危害类型（Category 4, Category of Harm）。需要注意的是，在步骤一，对于犯罪行为造成的危害程度的判断主要以毒品的种类和数量为标准，而不包括毒品的纯度。毒品纯度高低属于步骤二之中，除了持有型犯罪以外的其余各类毒品犯罪的量刑过程中，都必须考虑的加重或减轻因素。

表 3-3　　　　　　　　非法进出口列管毒品罪的责任类别①

| 责任类型 | （以下并未详尽列举的特征能够彰显被告人在毒品犯罪中起到的作用） |
|---|---|
| 领导作用 | 指导或组织以商业规模买卖毒品 |
| | 在连锁犯罪中，与其他犯罪人之间具有实质联系，并影响其他犯罪人的犯罪行为 |
| | 接近该毒品犯罪的源头 |
| | 获得巨额犯罪收益 |
| | 以合法业务为掩护 |
| | 利用其受信任的地位或职权实施犯罪 |
| 重要作用 | 在连锁犯罪中，实际实施犯罪或起管理作用 |
| | 通过施加压力、恐吓、支付犯罪报酬或者利用影响力的方式，使他人参与犯罪 |
| | 出于获取财物或者其他好处的动机而实施犯罪（无论是否单独实施犯罪） |
| | 对该毒品犯罪的规模具有一定认识和了解 |
| 较轻作用 | 在其他犯罪人的指示下实施了有限的犯罪行为 |
| | 因受到压力、胁迫或恐吓而参与犯罪因天真或被剥削而参与犯罪 |
| | 在连锁犯罪中，没有对其他人产生影响 |
| | 对该毒品犯罪的规模几乎不了解或者完全不了解 |
| | 仅为供其本人使用而独立实施犯罪（此种情形需综合各方面因素来考察和判断） |

从表 3-3 可以看出，以行为人在毒品犯罪中所起作用大小为依据来划分责任类型，具体包括领导作用、重要作用和较轻作用。其中，认定被告人在犯罪中起领导作用（Leading Role）的情形包括：指导或组织以商业规模买卖毒品；在连锁犯罪中，与其他犯罪人之间具有实质联系，并影响其他犯罪人的犯罪行为，接近该毒品犯罪的源头；获得巨额犯罪收益；以合法业务为掩护；利用其受信任的地位或职权实施犯罪。认定被告人在犯罪中起重要作用（Significant Role）的情形包括：在连锁犯罪中，实际实施犯罪或起管理作用；通过施加压力、恐吓、支付犯罪报酬或者利用影响力的方式，使他人参与犯罪；出于获取财物或者其他好处的动机而实施犯罪（无论是否单独实施犯罪）；以及对该毒品犯

---

① Sentencing Council, *Drug Offences Definitive Guideline*, p.4, https://www.sentencingcouncil.org.uk/wp-content/uploads/Drug_Offences_Definitive_Guideline_final_web1.pdf.

罪的规模具有一定认识和了解。而在以下几种情形下，被告人将被认定为在犯罪中起较轻作用（Lesser Role）：在其他犯罪人的指示下实施了有限的犯罪行为；因受到压力、胁迫或恐吓而参与犯罪因天真或被剥削而参与犯罪；在连锁犯罪中，没有对其他人产生影响；对该毒品犯罪的规模几乎不了解或者完全不了解；以及仅为供其本人使用而独立实施犯罪，需注意此种情形需综合各方面因素来考察和判断。

实际上，对于某一特定非法进出口列管毒品案件，量刑第一步即是：在观念上将该案件分为主客观两个部分，分别对照表 3-2、表 3-3 一一对应其所属类别。这一步骤类似"分类—填充"。量刑第二步则是在此基础上，根据《毒品犯罪权威指南》确定涉案被告人的初始刑罚与刑罚调整范围。这一步骤类似"连线—填充"。

表 3-4　　非法进出口 A 类列管毒品的刑罚调整范围[1]

| A 类毒品 | 领导作用 | 重要作用 | 较轻作用 |
| --- | --- | --- | --- |
| 危害类型一 | 初始刑罚（监禁刑） |||
| | 14 年 | 10 年 | 8 年 |
| | 刑罚范围（监禁刑） |||
| | 12—16 年 | 9—12 年 | 6—9 年 |
| 危害类型二 | 初始刑罚（监禁刑） |||
| | 11 年 | 8 年 | 6 年 |
| | 刑罚范围（监禁刑） |||
| | 9—13 年 | 6 年 6 个月—10 年 | 5—7 年 |
| 危害类型三 | 初始刑罚（监禁刑） |||
| | 8 年 6 个月 | 6 年 | 4 年 6 个月 |
| | 刑罚范围（监禁刑） |||
| | 6 年 6 个月—10 年 | 5—7 年 | 3 年 6 个月—5 年 |
| 危害类型四 | 在涉案毒品数量少于表 3-2 列明的第四类危害类型所述毒品数量时，应首先判断被告人在犯罪中所起作用大小，再依据被告人的犯罪意图，按照持有毒品罪或者提供毒品罪的初始刑罚和刑罚调整范围的规定处理。在涉案毒品数量明显高于表 3-2 列明的第四类危害类型所述毒品数量，但少于第三类危害类型所述毒品数量时，则参照本罪关于第三类危害类型与被告人的作用大小的规定，来确定初始刑罚和刑罚调整范围 |||

[1] Sentencing Council, *Drug Offences Definitive Guideline*, p.5, https://www.sentencingcouncil.org.uk/wp-content/uploads/Drug_ Offences_ Definitive_ Guideline_ final_ web1.pdf.

第三章 "危害最小化"治毒政策的尝试与成效　　113

以表3-4非法进出口A类列管毒品的刑罚调整范围的具体规定为例，特定非法进出口A类列管毒品的行为属于第一类危害类型，且被告人在犯罪中起领导作用的，初始刑罚为14年监禁刑，但可以在综合考量加重或减轻情节后，在12—16年监禁刑之间判处刑罚；被告人在犯罪中起重要作用的，初始刑罚为10年监禁刑，可在9—12年监禁刑的刑罚调整范围之间，综合考虑加重或减轻情节并确定拟判处的刑罚；被告人在犯罪中起较轻作用的，初始刑罚为8年监禁刑，刑罚调整范围为6—9年监禁刑。需要注意的是，在涉案毒品数量少于表3-2列明的第四类危害类型所述毒品数量时，应首先判断被告人在犯罪中所起作用大小，再依据被告人的犯罪意图，按照持有毒品罪或者提供毒品罪的初始刑罚和刑罚调整范围的规定处理。在涉案毒品数量明显高于表3-2列明的第四类危害类型所述毒品数量，但少于第三类危害类型所述毒品数量时，则参照本罪关于第三类危害类型与被告人的作用大小的规定，来确定初始刑罚和刑罚调整范围。此外，在被告人处于毒品犯罪中最高领导地位的情形下，法庭也可以正当地超出《毒品犯罪权威指南》列明的量刑范围予以定罪处罚。[①]

在量刑的第二步，《毒品犯罪权威指南》列举了一部分加重情节和减轻情节，同时也明确指出并未详尽列举，从而给法庭留有一定自由裁量权。以非法进出口A类毒品为例，《毒品犯罪权威指南》列明的加重情节分为两类：法律明文规定的加重情节与其他加重情节。其中，法定加重情节包括：（1）有前科，此时需考察被告人之前所犯罪行的性质及其与本案所涉罪行的关联，在涉及2000年《刑事法院（判决）法案》第110条规定的"第三个贩运A类毒品罪"[②]时，还需考察前罪与后罪之间的时间间隔；（2）利用或者允许不满18岁的人将列管毒品传递给第三人；（3）在保释期间犯罪。除此之外，《毒品犯罪权威指南》列明的其他加重情节包括：隐藏的复杂性和/或试图躲避侦察；试图隐瞒或者毁灭证据（不另外起诉的情况下）；使他人暴露在比平常更大的危险之中，例如以有害物质切割毒品等；配有武器（不另外起诉的情况下）；毒品纯度高；违反当前法庭命令；以及拥有许可证而在许可经营的范围之外实施毒品

---

① Sentencing Council, *Drug Offences Definitive Guideline*, p.5, https://www.sentencingcouncil.org.uk/wp-content/uploads/Drug_Offences_Definitive_Guideline_final_web1.pdf.

② *Powers of Criminal Courts (Sentencing) Act 2000*, Section 110.

犯罪。

非法进出口 A 类毒品罪的减轻情形则包括：隐藏不具有复杂性；因受到压力、胁迫、恐吓而参与到毒品犯罪中（若在量刑第一步已考虑了这一因素，此处就不再考虑）；被告人对于涉案毒品的种类认识错误（需综合考虑被告人认识错误的合理性）；毒品纯度低；被告人没有前科，或者没有相关定罪或近期定罪；被告人悔恨；被告人具有良好品格和/或模范行为；被告人处于严重的医疗状况之中，需要紧急的、高强度的或者长期的治疗；（影响被告人刑事责任能力的）年龄和成熟程度；被告人存在精神障碍或者学习障碍；被告人是其扶养的家属的唯一或者主要扶养人；等等。[1]

在量刑的前两个步骤进行完毕之后，对于特定被告人所犯罪行应当适用的刑罚雏形就大致形成了。之后的六个步骤则是依据普遍适用于各类毒品犯罪的几项规则，对于拟对被告人判处的刑罚进行微调，并说明判决理由和依据。从排列组合的可能性看来，对于实施了特定非法进出口 A 类毒品、B 类毒品和 C 类毒品的被告人，《毒品犯罪权威指南》针对其行为的危害性程度与行为人的责任大小，都分别设置了至少 9 档初始刑罚和刑罚调整范围。也就是说，对于所有非法进出口列管毒品的行为，《毒品犯罪权威指南》至少设置了 27 档初始刑罚和刑罚调整范围，可谓"天网恢恢，疏而不失"[2]。

（六）毒品供应市场的控制成效

从图 3-5 的统计数据看来，A 类毒品、B 类毒品、C 类毒品案件数量均呈现出下降趋势，英格兰与威尔士警察和边防部队破获涉毒案件总量整体呈减少趋势。英国内政部 2018 年 11 月发布的《英格兰和威尔士的毒品缴获》（Seizures of Drugs in England and Wales, Financial Year Ending 2018）的数据显示，2017/2018 年度，警察和边防部队破获 A 类毒品犯罪案件数量为 29441 件，较 2016/2017 年度（29807 件）下降了 1%；B 类毒品犯罪案件数量为 102721 件，较 2016/2017 年度（104300 件）减少了

---

[1] Sentencing Council, *Drug Offences Definitive Guideline*, p.7, https：//www.sentencingcouncil.org.uk/wp-content/uploads/Drug_ Offences_ Definitive_ Guideline_ final_ web1.pdf.

[2] 老子：《道德经》第七十三章。

(件)
275000
250000
225000
200000
175000
150000
125000
100000
75000
50000
25000
0

2006/2007 2007/2008 2008/2009 2009/2010 2010/2011 2011/2012 2012/2013 2013/2014 2014/2015 2015/2016 2016/2017 2017/2018 (年份)

—— 英格兰与威尔士警察和边防部队破获毒品案件总数
—— 英格兰与威尔士警察和边防部队破获B类毒品案件数量
······ 英格兰与威尔士警察和边防部队破获A类毒品案件数量
······ 英格兰与威尔士警察和边防部队破获C类毒品案件数量

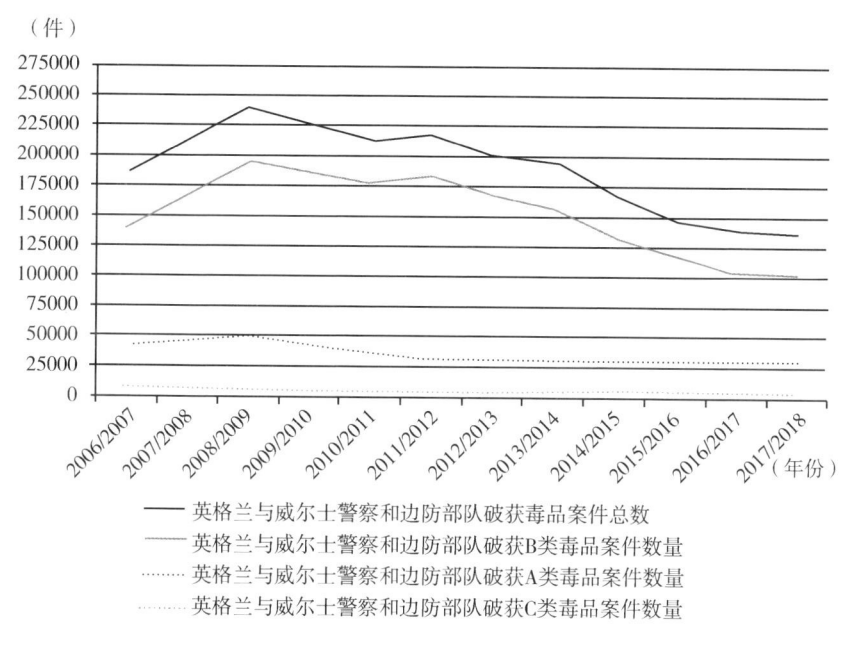

**图 3-5　英格兰与威尔士 2006/2007—2017/2018 年度警察和边防部队破获涉毒案件数量**

数据来源：Home Office，*Seizures of Drugs in England and Wales*，*Financial Year Ending 2018*，November 2018，p.10。

2%；C 类毒品犯罪案件数量为 5016 件，较 2016/2017 年度（5088 件）减少了 1%。另外，2017/2018 年度警察和边防部队破获的涉未知物质案件数量也从 2016/2017 年度的 8715 件减少至 2017/2018 年度的 8387 件，降幅达到 4%。①

从图 3-5 的走势可以看出，2008/2009 年度，A 类毒品、B 类毒品犯罪案件数量均达到最高值，此后呈现出持续下降趋势。在所有毒品犯罪案件中，B 类毒品犯罪案件数量最多，A 类毒品犯罪案件数量其次，C 类毒品犯罪案件最少。从警察和边防部队破获的三类毒品案件所涉具体毒品种类看来，2017/2018 年度破获的 A 类毒品犯罪案件中，半数以上涉可卡因，其数量由 2016/2017 年度的 14892 件增加至 15257 件，涨幅为 2%。

---

① Home Office，*Seizures of Drugs in England and Wales*，*Financial Year Ending* 2018，November 2018，pp.11-13。

近几年的 B 类毒品犯罪案件所涉具体毒品种类则以大麻类物质为主，2017/2018 年度破获的 B 类毒品犯罪案件中，97914 件涉及至少一种大麻，占比高达95%。[1] 由于警察和边防破获的涉毒案件数量不仅涉及不同种类的毒品流行程度，还关涉警力分配、记录方式的变化等因素，从而无法准确反映不同年度的毒品使用状况。因此，图 3-5 只具有毒品供应市场数据观察的属性，而不具备反映毒品需求市场变化的作用。

图 3-6 显示，每年警方破获的涉毒案件数量与警方记录在案的毒品犯罪案件数量保持高度一致。2017/2018 年度，警方记录在案的毒品犯罪案件数量[2]为 136355 件，较 2016/2017 年度（136945 件）减少了 1%。与此同时，除边防之外，警察破获的涉毒案件数量下降了 2%。自 2008/2009 年度（243536 件）警方记录在案的毒品犯罪案件数量的峰值以来，减少至 136355 件，降幅达 4%。而警方破获的涉毒案件数量自 2008/2009 年度的 233793 件，减少到 2017/2018 年度的 129183 件，降幅高达 45%。[3]

此外，为了应对 1971 年《毒品滥用法案》列管毒品范围有限，而新发现的新类型毒品应接不暇的困境，《精神物质法案》于 2016 年 5 月生效，当年 12 月起，"第三代"合成大麻素已被作为 B 类毒品予以管制。[4] 2018 年《英格兰和威尔士的毒品缴获》首次对破获的新精神活性物质案件数量进行统计，缉获的新型精神活性物质分为四类：一氧化二氮、新型精神活性物质粉末、合成大麻素和其他新型精神活性物质（包括药丸）。2017/2018 年度，警察和边防部队共破获 1523 件新精神活性物质案件，其中，合成大麻素案件最多（858 件，占半数以上），其他新的精神活性物质次之（448 件），新型精神活性物质粉末较少（135 件），一

---

[1] Home Office, *Seizures of Drugs in England and Wales*, *Financial Year Ending* 2018, November 2018, pp. 11-13.

[2] 包括持有列管毒品、贩运列管毒品，以及其他各类毒品犯罪。

[3] Home Office, *Seizures of Drugs in England and Wales*, *Financial Year Ending* 2018, November 2018, pp. 10-11.

[4] 需要注意的是，这也意味着，部分合成大麻素案件可能被统计为 B 类毒品案件，也可能被统计为新精神活性物质案件。The Misuse of Drugs (Amendment) (England, Wales and Scotland) Regulations 2016, p. 1, http://www.legislation.gov.uk/uksi/2016/1125/pdfs/uksiem_20161125_en.pdf.

图 3-6 英格兰与威尔士 2006/2007—2017/2018 年度警方破获
涉毒案件总量和记录在案的毒品犯罪案件数量指数

数据来源：Home Office, *Seizures of Drugs in England and Wales*, *Financial Year Ending 2018*, November 2018, p. 11。

氧化二氮案件最少（96 件）。[①] 新精神活性物质案件数量首次在官方文件中出现，不仅有助于监测新精神活性物质的使用态势，还有利于监控新精神活性物质供应市场的管控状况，意义重大。

英国有关毒品需求市场与供应市场的控制举措对我国毒品问题治理具有极为重要的意义，其原因不仅在于英格兰和威尔士毒品犯罪数量整体呈现出逐年减少趋势、毒品在英格兰和威尔士 16—59 岁人群中的流行程度逐步减弱，还在于英国的毒品使用者人数众多，英国对于毒品犯罪的打击也十分严厉，与我国有一定相似之处，英国的治理模式具有在我国转化与实践的可能性。根据英国内政部 2019 年 9 月发布的 2018/2019 年度《英格兰和威尔士犯罪调查》的数据显示，约 9.4% 的 16—59 岁人群（约 320

---

[①] 需要注意的是，此类统计数据中，由于合成大麻素案件既可能被统计为 B 类毒品案件，也可能被统计为新精神活性物质案件，因此，2018 年《英格兰和威尔士的毒品缴获》有关新精神活性物质案件数据被定义为"实验数据"（Experimental Statistics），需谨慎对待。Home Office, *Seizures of Drugs in England and Wales*, *Financial Year Ending 2018*, November 2018, p. 24.

```
(件)
900
800
700
600
500
400
300
200
100
  0
     一氧化二氮   新型精神活性   合成大麻素   其他新精神
                物质粉末                  活性物质

      □ 警察破获新精神活性物质案件情况
      □ 边防部队破获新精神活性物质案件情况
```

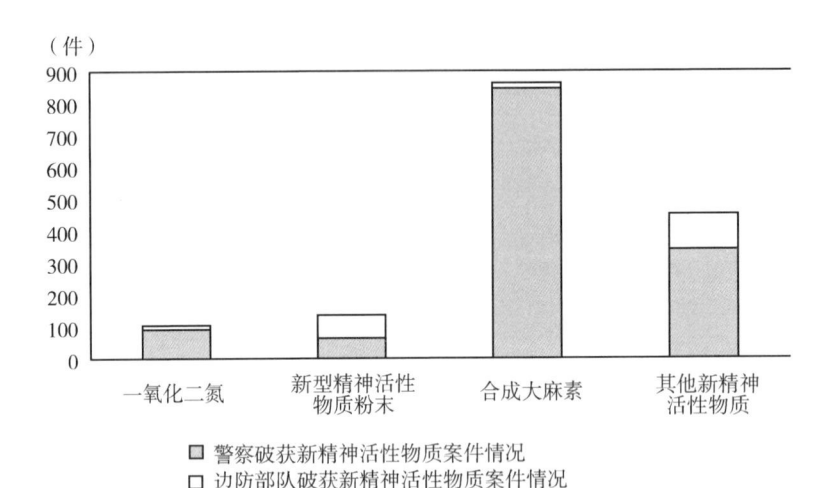

**图 3-7　英格兰与威尔士 2017/2018 年度警察和边防部队破获新精神活性物质案件情况**

数据来源：Home Office, *Seizures of Drugs in England and Wales, Financial Year Ending 2018*, November 2018, p. 24。

万人）在 2017/2018 年度使用过毒品。[①] 尽管毒品使用者人数众多，在区分人群统计数据、区分群体差别对待、广泛适用替代措施等举措的有机结合之下，英国切实做到了有针对性地预防、治疗毒品相关的健康问题，取得了减少毒品使用相关危害的实际效果。截至 2016 年，英国共有注射吸毒者约 122894 人，他们的艾滋病感染率约为 0.9%，乙型肝炎患病率大致为 0.4%。很大程度上可以将英国注射吸毒者的低艾滋病感染率归功于针具替换措施、阿片类毒品的替代治疗措施等早期干预措施。[②] 在毒品供应市场的控制方面，英国主要通过 1971 年《毒品滥用法案》、2011 年《临时毒品类别令》以及 2016 年《精神物质法案》三个重要法律文件，设立了严厉、严密而不失灵活性的刑事法律规制体系，以应对变幻多端的毒品种类，竭尽全力使新出现的"毒品"正当地受到刑法规制。在此基础上，以漏斗型的量刑方法恰到好处地配合，切实取得了毒品犯罪数量逐年下降

---

[①] Home Office, *Drugs Misuse: Findings from the 2018/2019 Crime Survey for England and Wales*, September 2019, p. 3.

[②] Harm Reduction International, *Global State of Harm Reduction 2018*, p. 72.

的良好成果。可见，即使毒品使用者人数总体处于高位，仍存在有效治理毒品问题的可能性。

目前我国吸毒者人数众多，吸毒引起的恶性暴力事件和获取型犯罪数量也较多，毒品犯罪数量近年来出现回落但整体仍呈增长态势。中国与英国的毒品需求市场规模大小相近，毒品需求治理的具体手段也几乎相同，差别在于国民对毒品使用者的观念、严密的毒品刑事规制体系、个性化的宣传教育制度、替代措施的覆盖范围、全面的数据统计和分析等方面。作为"危害最小化"治毒政策的个案实践样本，英国有关机构逐年发布的官方统计数据印证了"危害最小化"治毒政策指导下，控制毒品供应与需求市场策略的有效性。"危害最小化"治毒政策直接作用于毒品需求市场与毒品供应市场，将相关危害的减少、相关市场的管控作为消除毒品犯罪、毒品使用危害的必要环节，将减少毒品使用的各项替代措施与减少毒品犯罪的严密刑事规制相结合，其合理性和优越性值得借鉴。

# 第四章 "危害最小化"治毒政策引入的障碍

在对"危害最小化"治毒政策进行全面梳理与提炼，以及对我国当前毒品治理刑事政策进行反思的基础上，将"危害最小化"治毒思路引入我国毒品犯罪治理领域，以控制毒品需求与供应市场，控制并逐步减少毒品使用、毒品犯罪危害为必要路径，将面临观念、制度和实践三个方面的障碍。正确面对这些障碍，积极探寻解决途径，是引入"危害最小化"治毒政策的前提。

## 第一节 "危害最小化"治毒政策引入的观念障碍

### 一 国民对毒品及其危害的"妖魔化"认识

毒品在我国近代史中占有特殊地位，这一特殊地位导致了我国长期以来对毒品、毒品依赖、吸毒者、毒品犯罪存在一种特殊的历史情结。国民常把毒品视为"让人恐惧的幽灵"[1]。"一旦被缠上，就等于把灵魂交给了它，它使你丧心病狂……直到榨干你最后一滴血，吸尽你最后一点骨髓为止。"[2] 对于毒品危害的图片、视频表现方式也多以恐怖为主，让人望而生畏。最为常见的禁毒宣传片就是一个死气沉沉的骷髅头，配上一个尖锐的注射器，有的图片中还会搭配一些白色粉末并配上"毒品"字样，十分直观地向世人宣告毒品与死亡之间的某种必然关联。吸毒被视为

---

[1] 莫文球、莫少军等编著：《毒品犯罪定罪量刑与办案精要》，中国法制出版社2018年版，第1页。

[2] 成荫编著：《白色幽灵——中国毒品内幕》，光明日报出版社1993年版，"绪篇"第1页。

"比战争、地震、水灾、瘟疫等灾难更可怕、更残酷、更具毁灭性","选择毒品,意味着选择通往地狱之路"。① 毒品使用者因此被视为"可怕的人",受到社会排挤与谴责,难以获取其急需的戒毒救助。客观而言,使用毒品确实会对人类身体健康造成严重的危害,吸食过量的情形确实有可能造成死亡后果,不安全的注射行为也容易使人感染艾滋病病毒或肝病病毒。毒品的使用行为也的确可能导致吸毒者在毒品作用下实施恶性暴力行为,或者为了满足毒瘾,铤而走险地实施获取型犯罪行为。需要注意的是,不能将毒品使用简单等同于死亡。国民往往更多地关注了毒品使用的危害,而较少地关注毒品使用、毒品依赖的可预防性,以及毒品依赖的可治疗性。

## 二 禁毒宣传教育的局限

毒品使用的预防可谓毒品问题治理的重中之重。我国毒品问题治理工作方针首先强调"预防为主",原因在于人们一旦接触毒品,开始吸食毒品,就有可能形成毒品依赖,一旦形成毒品依赖就难以戒除,因此应采取"一级预防",或称"病因学预防",从防止人们接触毒品、使用毒品出发。毒品依赖的形成过程包括尝试使用、习惯使用、强迫性使用三个阶段,每一阶段的毒品依赖程度都比上一个阶段要高。② 我国自20世纪90年代起,持续开展毒品预防教育,但是经过近30年的禁毒宣传教育,仍旧存在禁毒宣传教育持续开展与吸毒人员持续增长并行的怪象。③ 1991年我国登记在册的毒品使用者人数仅为14.8万人,而2019年增加至214.80万人。④

---

① 马力骥、余洪:《强制隔离戒毒模式创新与思考》,武汉大学出版社2016年版,第109—110页。
② 《刘志民:绝大多数新精神活性物质都应列入联合国公约》,http://www.nncc626.com/2018-06/11/c_129891905.htm,2019年1月26日。
③ 张晓春:《毒品预防教育:从观念到执行力的全面变革》,《广西警察学院学报》2017年第4期。
④ 《1998年中国禁毒年度报告》,http://www.china.com.cn/zhuanti2005/txt/2005-06/07/content_5883308.htm,2020年10月4日;《2019年中国毒品形势报告》,http://www.cadapt.com.cn/index.php?m=newscon&id=386&aid=789,2020年10月4日。

最高人民法院以《人民法院禁毒工作白皮书（2012—2017年）》的形式，强调禁毒宣传教育对于打击毒品市场需求的重要性，并指出应继续以国际禁毒日期间的新闻发布会、毒品犯罪庭审直播、媒体宣传介绍禁毒工作、典型案例的公布、旁听庭审、禁毒法制讲座等方式，广泛、深入地开展禁毒法制宣传，以提高民众尤其是青少年群体的识毒、防毒、拒毒意识。[1]遗憾的是，根据历年《中国禁毒报告》和《中国毒品形势报告》显示，2000—2018年，我国登记在册的青少年毒品使用者人数整体增长，青少年毒品使用者人数占登记在册的毒品使用者人数比重下降，但始终保持在50%以上。

根据目前较为有限的统计数据来看，2000—2019年，我国登记在册的青少年毒品使用者[2]人数整体增加。青少年毒品使用者人数由2000年的59.25万人，增加至2018年的125.97万人。其中2000—2004年我国登记在册的青少年毒品使用者人数持续上涨，在经过2004—2005年的短暂下降后，2005—2014年毒品使用者人数整体仍处于增加态势，2014年之后，直至2018青少年毒品使用者人数趋于下降。但是相较于数据统计之初（2000年），2019年青少年毒品使用者人数整体增加了近一倍，总数十分庞大，值得我们思考。

2000—2019年，我国登记在册的青少年毒品使用者所占比例整体下降，由2000年占比79.00%下降至2019年的49.00%。仅在2014—2015年，登记在册的青少年毒品使用者所占比例出现一定的反弹，由2014年的57.10%增长到2015年的62.40%。自2015年之后，青少年毒品使用者所占比例持续下降。

需要注意的是，尽管我国登记在册的青少年毒品使用者所占比例整体下降，但始终保持在50%以上，尚不足以说明我国禁毒教育已取得长足进步。结合图4-1，可以看出，即使登记在册的青少年毒品使用者所占比例整体减少，但是实际登记在册的青少年毒品使用者人数仍十分庞大。另外，根据十分有限的统计数据来看，2014年、2015年全国抓获的毒品犯

---

[1] 《人民法院禁毒工作白皮书》（2012—2017年），https://www.chinacourt.org/article/detail/2017/06/id/2899458.shtml，2019年3月20日访问。

[2] 本节"青少年毒品使用者"指的是35岁以下的毒品使用者。

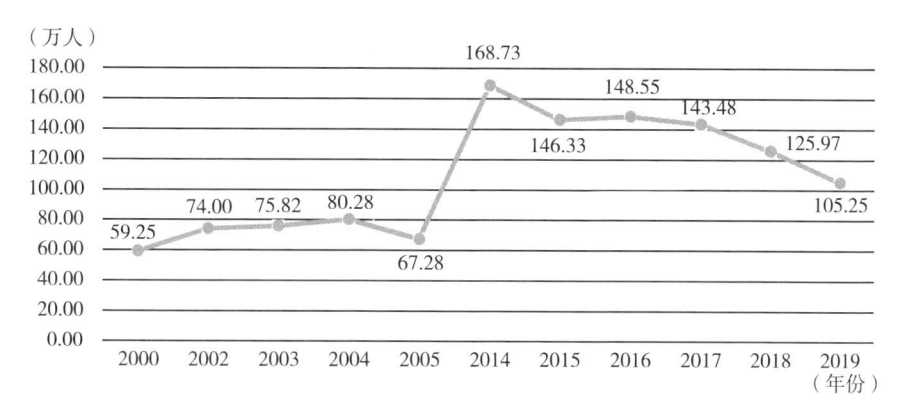

**图 4-1　2000—2019 年登记在册的青少年毒品使用者人数**①

数据来源：中国药物滥用防治协会：2002—2015 年《中国禁毒报告》，2016—2019 年《中国毒品形势报告》，http：//www.cadapt.com.cn/index.php?m=news&id=387，2020 年 6 月 26 日。

罪嫌疑人以 35 岁以下的青少年居多，所占比例均超过 60%。② 可见，青少年使用毒品的问题与青少年实施毒品犯罪的问题都十分严重。

有学者指出，我国禁毒教育的说教意味过于浓厚，且形式单一、输出方式简单、内容重复，有可能引起青少年尝试毒品的好奇心的负面效应。③ 具体而言，我国毒品预防教育存在以下几个方面的不足。

第一，禁毒宣传教育时间集中，缺乏常态化宣传。我国目前禁毒宣传教育一般集中于每年的 6 月 1 日《禁毒法》实施纪念日、6 月 3 日虎门销烟纪念日以及 6 月 26 日国际禁毒日展开，并未构建同等规模的常态性禁

---

① 图 4-1 的数据是根据 2000—2015 年《中国禁毒报告》、2016—2019 年《中国毒品形势报告》公布的登记在册的毒品使用者人数与青少年毒品使用者所占比例计算得出。其中，2001 年、2006—2013 年登记在册的青少年毒品使用者人数的数据缺失。

② 据 2014 年《中国毒品形势报告》数据显示，2014 年，中国执法部门抓获毒品犯罪嫌疑人员 16.9 万名，其中，年龄在 35 岁以下人员占六成，文化程度在初中以下人员占近九成，涉及工人、农民、在校学生、个体工商业者、无业人员、公司职员等不同社会群体，其中无业人员占近七成。参见《2014 年中国毒品形势报告（全文）》，http：//www.nncc626.com/2015-06/24/c_127945747.htm，2020 年 4 月 19 日。2015 年《中国毒品形势报告》数据显示，2015 年，全国抓获毒品犯罪嫌疑人员 19.4 万名，其中，18 岁以下未成年人 3588 名、18—35 岁以下人员 11.5 万名，35 岁以下人员数量占被抓获毒品犯罪嫌疑人员总数的 61.3%。参见《2015 年中国毒品形势报告（全文）》，http：//www.nncc626.com/2016-02/18/c_128731173_3.htm，2020 年 5 月 12 日。

③ 夏磊：《禁毒工作电视报道存在问题及对策》，《电视研究》2016 年第 7 期。

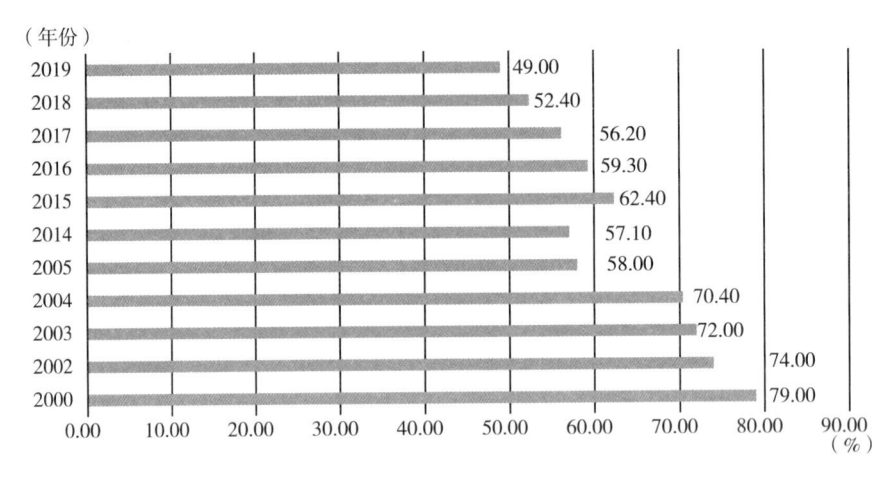

| 年份 | 比例(%) |
|---|---|
| 2019 | 49.00 |
| 2018 | 52.40 |
| 2017 | 56.20 |
| 2016 | 59.30 |
| 2015 | 62.40 |
| 2014 | 57.10 |
| 2005 | 58.00 |
| 2004 | 70.40 |
| 2003 | 72.00 |
| 2002 | 74.00 |
| 2000 | 79.00 |

**图 4-2　2000—2019 年登记在册的青少年毒品使用者所占比例**

数据来源：中国药物滥用防治协会：2002—2015 年《中国禁毒报告》，2016—2019 年《中国毒品形势报告》，http://www.cadapt.com.cn/index.php?m=news&id=387，2020 年 6 月 26 日。

毒宣传。有的地区把禁毒宣传教育简单等同于上述特定时间前后的集中活动，往往形式大于内容，更大于效果。① 尽管我国在禁毒宣传内容上多以传播毒品基础知识为主，方式选择上包括专题教育、禁毒知识竞赛、禁毒公益慈善特别节目、禁毒慰问演出、全国禁毒科普教育展览等形式，② 具有普适性与趣味性，也容易实施和推广，但是其专业性方面却十分欠缺。

第二，禁毒宣传教育单一强调毒品的危害，缺乏对于积极生活方式的引导。对青年、儿童正确、恰当的禁毒教育应为重中之重，10 岁以下的儿童，尤其是 6—8 岁儿童对于毒品几乎完全不了解。对此，我国采取分年龄段的禁毒教育，对于 12—18 岁人群和 12 岁以下人群采取不同的禁毒教育方式，这一举措具有积极意义。但是对于 12 岁以下的儿童，在新媒体的禁毒宣传中，直接以"妖魔鬼怪"代表毒品的做法③却产生了极大的负面效果。

---

① 刘建宏主编：《新禁毒全书（第二卷）：中国毒品犯罪及反制》，人民出版社 2014 年版，第 612 页。

② 《国家禁毒委员会办公室发布〈2017 中国禁毒报告〉》，2017 年 3 月 23 日，http://www.nncc626.com/2017-03/23/c_129516472_2.htm，2019 年 1 月 27 日。

③ 《周进谈如何开展更贴近青少年的禁毒宣传教育》，2018 年 6 月 21 日，http://www.nncc626.com/2018-06/21/c_129898021.htm，2019 年 1 月 27 日。

实践中，也存在中小学教师对毒品预防教育视频资料处理不够严谨的情形。例如，将下载后未经处理的吸毒后肇事或车祸现场的视频直接播放给中小学生，结果导致中小学生受到惊吓，严重影响其学习和生活。[1]

第三，关于抵制新型毒品、新精神活性物质的宣传缺乏个性化宣传方式。尽管我国禁毒宣传中对新型毒品、新精神活性物质表现出了极大重视，但是在宣传手段上仍模仿传统毒品危害的宣传手段，仍采取简单说教方式。新型毒品、新精神活性物质与传统毒品在成瘾性与危害性方面的表现并不完全一致，新型毒品、新精神活性物质最主要的危害在于其造成的精神依赖，或者说心理依赖。但对这一重要差异，现有的禁毒教育却呈现出知识结构老化和信息失实的问题。[2] 对于大多数处于青春叛逆期的青少年而言，简单说教方式容易激起逆反心理，很难起到正面、积极的效果。[3] 有些叛逆期的青少年认为自己可以对毒品做出判断，而不需要媒体的教育；有些可能在强烈的好奇心驱使下尝试毒品，甚至自负地认为自己不会因单次毒品使用行为就形成毒品依赖。[4]

## 第二节 "危害最小化"治毒政策引入的制度障碍

### 一 毒品分级制度的缺失

（一）国际禁毒体系下的毒品分级制度

经修正的《1961年麻醉品单一公约》以附表形式对受管制的麻醉品进行分类，并规定了每类麻醉品对应的管制要求。大约78种物质（混合物）及其酯、醚、盐、同分异构物被列入公约表Ⅰ，包括吗啡、海洛因、

---

[1] 张晓春：《毒品预防教育：从观念到执行力的全面变革》，《广西警察学院学报》2017年第4期。

[2] 夏国美、杨秀石等：《社会学视野下的新型毒品》，上海社会科学院出版社2017年版，第174页。

[3] 包涵：《当前对青少年禁毒宣传教育的模式与缺陷——以北京市禁毒宣传教育为视角》，《北京警察学院学报》2014年第5期。

[4] 夏国美、杨秀石等：《社会学视野下的新型毒品》，上海社会科学院出版社2017年版，第172页。

可卡因、大麻等，适用该公约对于麻醉品的一切管制措施。7种物质与其酯、醚、盐、同分异构物被列入公约表Ⅱ，包括可待因、乙基吗啡等，这些物质的贸易、分配和销售方面要求可以部分放宽。表Ⅱ中7种物质的制剂均被列入表Ⅲ，其管制规定更为宽松。表Ⅳ则包括5种物质（海洛因、二氢去氧吗啡、酚哌丙酮、大麻和大麻脂），这5种物质也同时出现在表Ⅰ之中，之所以另外列明，是为了表达缔约国应将其视为具有"特殊危险性质"而可以在必要情况下采取特别管制措施之需要。[1]

《1971年精神药物公约》分四个附表列出了受管制的精神物质，附表一列有28种物质与其盐，包括麦角酸二乙基酰胺（LSD）、摇头丸（MDMA）等，公约对这类物质的管制最为严格，禁止一切医疗用途外的使用，其制造、贸易、分配和持有必须凭借特别执照或事先领有许可证，且使用此类物质进行医学研究或科学业务者应记录此类物质的使用详情，记录自所载最后一次使用日期起需至少保存两年等严密的管制、监督举措。附表二包括安非他命、去痒麻黄碱、哌甲酯等18种物质与其盐，附表三包括戊巴比妥、异戊巴比妥、丁丙诺菲等9种物质与其盐，附表四列入60种物质与其盐，包括巴比妥、安定等精神药物。对于附表中的物质的管制程度，从附表一至附表四依次递减。[2]

《1988年联合国禁毒公约》指出，该公约中"麻醉药品"系指《1961年麻醉品单一公约》和经《1972年议定书》修正的该公约附表一和附表二所列的任何天然或合成物质；该公约中的"精神药物"系指《1971年精神药物公约》附表一、二、三或四所列的任何天然或合成物质或任何天然材料。《1988年联合国禁毒公约》延续和重申了之前的国际禁毒公约依照麻醉药品和精神药物危害性大小不同进行分类，予以不同程度管制的做法。

（二）我国的毒品规制模式："列表+概括"

我国《禁毒法》对毒品的定义为："鸦片、海洛因、甲基苯丙胺（冰毒）、吗啡、大麻、可卡因以及国家规定管制的其他能够使人形成

---

[1] 刘建宏主编：《新禁毒全书（第六卷）：外国禁毒法律概览》，人民出版社2014年版，第81页。

[2] 同上书，第92—93页。

瘾癖的麻醉药品和精神药品。"作为治理对象,毒品类型的明确是明确毒品犯罪定罪与量刑标准的基本前提。我国对于毒品并没有施行专门的分级制度,而是由《刑法》、2016年《最高人民法院关于审理毒品犯罪案件适用法律若干问题的解释》对不同类型的毒品犯罪的入罪标准进行"列举+概括"式规定。

对于走私、贩卖、运输、制造毒品行为而言,我国《刑法》第347条[1]以涉案毒品种类与数量为标准,规定了不同的法定刑。刑法条文中对于毒品种类和数量的规定仅列举了鸦片、海洛因和甲基苯丙胺三个种类的毒品及其成立犯罪的数额标准,并以"其他毒品数量大""其他毒品数量较大的""其他少量毒品"作为概括。我国《刑法》第348条[2]对于非法持有毒品的刑法条文也是以鸦片、海洛因和甲基苯丙胺作为列举,以"其他毒品数量大""其他毒品数量较大"为概括,也采取典型的"列举+概括"模式。2016年《最高人民法院关于审理毒品犯罪案件适用法律若干问题的解释》对上述刑法条文中规定的"其他毒品数量大""其他毒品数量较大"进行列举解释,仅列明了部分毒品[3]的数量标准,并以"上述毒品以外的其他毒品数量大的""上述毒品以外的其他毒品数量较大的"作为概括。尽管"列举+概括"的模式能够在一定程度上反映毒品的危害性,但它所反映的毒品危害性的范围仅限于明文形式列明的毒品种

---

[1] 《刑法》第347条规定:"走私、贩卖、运输、制造鸦片一千克以上、海洛因或者甲基苯丙胺五十克以上或者其他毒品数量大的,处十五年有期徒刑、无期徒刑或者死刑,并处没收财产;走私、贩卖、运输、制造鸦片二百克以上不满一千克、海洛因或者甲基苯丙胺十克以上不满五十克或者其他毒品数量较大的,处七年以上有期徒刑,并处罚金;走私、贩卖、运输、制造鸦片不满二百克、海洛因或者甲基苯丙胺不满十克或者其他少量毒品的,处三年以下有期徒刑、拘役或者管制,并处罚金。"

[2] 《刑法》第348条规定:"非法持有鸦片一千克以上、海洛因或者甲基苯丙胺五十克以上或者其他毒品数量大的,处七年以上有期徒刑或者无期徒刑,并处罚金;非法持有鸦片二百克以上不满一千克、海洛因或者甲基苯丙胺十克以上不满五十克或者其他毒品数量较大的,处三年以下有期徒刑、拘役或者管制,并处罚金。"

[3] 具体而言,列明了以下毒品的数量标准:可卡因、3,4-亚甲二氧基甲基苯丙胺(摇头丸)等苯丙胺类毒品、芬太尼、甲卡西酮、二氢埃托啡、哌替啶(度冷丁)、氯胺酮、美沙酮、曲马多、γ-羟丁酸、大麻油、大麻脂、大麻叶、大麻烟、可待因、丁丙诺啡、三唑仑、安眠酮、阿普唑仑、恰特草、咖啡因、罂粟壳、巴比妥、苯巴比妥、安钠咖、尼美西泮、氯氮卓、艾司唑仑、地西泮、溴西泮。

类，而对于立法和司法解释中尚未列明的"其他"毒品，尤其是新型毒品的危害性却似乎无法体现。

毒品种类不同，其药用价值、使用情况、成瘾性、针对该类毒品的犯罪形势均呈现出不同程度的差异，而这四项指标内容的差异则综合反映了某一特定种类毒品的危害性程度。不同类别的毒品，其危害性必然存在差异，然而我国单纯以列表形式的管制方式，并未将危害性程度相类似的毒品归为一类予以管制，是以预防毒品危害为核心思考并应对毒品问题的一项重大阻碍。

## 二 新精神活性物质规制的局限

目前存在三代毒品。第一代毒品指的是被列入联合国《1961年麻醉品单一公约》管制的物质，包括阿片类毒品、可卡因和大麻，也被称为"传统毒品"。第二代毒品主要是列入《1971年精神药品公约》管制的物质，包括苯丙胺类中枢兴奋剂、镇静催眠药和致幻剂。第三类毒品也被称为"新精神活性物质"，是在麻醉品和精神药品的化学结构上进行加工修饰而成的产品，或在药品制造过程中产生的中间产物。新精神活性物质除了以化学合成方式产生之外，也包括一些植物来源的、具有成瘾潜力的物质。由于新精神活性物质具有成瘾性，且已经在一些国家或地区出现了严重的滥用现象，引发了严重的公共卫生问题和社会问题，但尚未被列入联合国公约予以管制，因此成为国际社会非常关注的问题。[1]

在《2013年世界毒品报告》中，"新精神活性物质"首次以书面方式呈现，用以指代具有滥用可能性，并且能够对公众健康造成一定程度危害，但目前尚未受到国际禁毒公约管制的单一物质或混合物质。[2] 2009—2017年，全球共报告了800余种新精神活性物质，[3] 截至2018年年底，

---

[1] 《刘志民：绝大多数新精神活性物质都应列入联合国公约》，http://www.nncc626.com/2018-06/11/c_129891905.htm，2019年1月26日。

[2] 游彦、邓毅、赵敏：《第三代毒品——新精神活性物质（NPS）发展趋势评估、管制瓶颈与应对策略》，《四川警察学院学报》2017年第1期。

[3] 王锐园：《探析新精神活性物质管控模式》，《民主与法制时报》2018年9月13日第6版。

全球119个国家和地区累计发现了891种新精神活性物质。① 其中种类最多、增速最快的莫过于合成大麻素，由于新精神活性物质尚未被列管，很大程度上这类物质披着合法的外衣公开销售。此外，一些国家或地区实行的"大麻合法化"，不断增多的合成大麻种类，以及互联网、快递行业在毒品流通中起的作用为这些物质的传播提供了便利，为这类物质的使用创造了条件。② 新精神活性物质的及时、恰当规制成为世界许多国家或地区共同面临的难题。

（一）当前我国新精神活性物质的法律规制

国家禁毒办于2018年发布了关于新精神活性物质的基础知识，以图文结合的方式详细阐述了常见的新精神活性物质的名称、物理性质、滥用方式、毒性和成瘾症状。我国官方发布的新精神活性物质主要包括氯胺酮、合成大麻类物质、卡西酮类物质、芬太尼类物质、苯乙胺类物质、哌嗪类物质、色胺类物质，以及植物类新精神活性物质，例如恰特草、卡痛叶、鼠尾草。

新精神活性物质具有强烈的兴奋和致幻作用，使用后会引起偏执、焦虑、惊慌、被害妄想等认识和情绪，由此诱发的恶性暴力事件接连发生。绝大多数情形下，新精神活性物质的使用者并不清楚自己购买的新精神活性物质的种类，无法把握其安全用量，因使用新精神活性物质过量致死的情况屡见不鲜。新精神活性物质的使用者在不清楚自己购买的物质的种类的情形下，对此类物质使用后可能对人类造成的影响更不得而知，从而造成了包括严重暴力犯罪、自杀自伤等行为在内的极为严重的恶性后果。例如，2012年美国迈阿密州"啃脸"事件即是一位卡西酮类物质使用者所为。日本研究发现，卡西酮类物质滥用引起的暴力犯罪案件是管制毒品引起暴力犯罪案件数量的7倍。③

我国于2001年将氯胺酮列入管制，2010—2013年，我国又将国际社会反映突出的4-甲基甲卡西酮等13种新精神活性物质列入管制。国家禁

---

① 杨丽君：《我国新精神活性物质的立法管制》，《中国禁毒报》2020年5月15日第6版。
② 《刘志民：绝大多数新精神活性物质都应列入联合国公约》，http：//www.nncc626.com/2018-06/11/c_129891905.htm，2019年1月26日。
③ 《国家禁毒办权威发布毒品基础知识（三）：新精神活性物质》，http：//www.nncc626.com/2018-07/05/c_129907533_6.htm，2019年1月30日。

毒办发布的《2013年中国禁毒报告》中，首次出现了"新精神活性物质"，并会同国家食品药品监督管理局等部门修订《麻醉药品和精神药品目录》（2007年版）、《易制毒化学品管理条例》，加强对新精神活性物质的列管。① 2015年10月1日起实施的《非药品类麻醉药品和精神药品管理办法》增加规定116种列管药物。2017年3月1日，卡芬太尼等4种物质被列入管制。2017年，据国家毒品实验室检测，全年新发现新精神活性物质34种，国内已累计发现230余种。② 2017年，我国分两批次将芬太尼、U-47700等8种物质列入管制。到2018年，我国列管的新精神活性物质已达170种。③ 尽管历年来我国基于新精神活性物质成分不清晰、危害性巨大的事实而采取的列管实践值得肯定，但是，我国列管的新精神活性物质数量为170种，目前已存在的新精神活性物质却接近900种，还有相当数量的新精神活性物质尚未被我国列管，这意味着还有许多新精神活性物质虽然与管制毒品具有相似性，甚至超过管制毒品的成瘾性、危害性，但是由于法律并未列管，仍不能被视为毒品，制造、贩卖未被列管的物质仍是合法行为，而不会被判处制造、贩卖毒品罪。也就是说，犯罪分子仍有"打擦边球"躲避刑法规制的机会。实际上，据国家毒品实验室检测，仅2018年一年，我国新发现的新精神活性物质就达31种，新精神活性物质具有极强的迷惑性、伪装性和时尚性，其使用者以青少年为主，多用于娱乐场所，监管执法难度大。④ 新精神活性物质的管控已成为全球面临的突出问题。

（二）新精神活性物质法律规制的困境

我国目前毒品规制体系仍以第一代、第二代毒品为基础，针对第三代毒品的规制体系仍十分薄弱与滞后。这一特点集中体现为新精神活性物质

---

① 中国药物滥用防治协会：《2013年中国禁毒报告》，http://www.cadapt.com.cn/index.php?m=newscon&id=387&aid=367，2020年4月7日。

② 《2017年中国毒品形势报告》，http://www.cadapt.com.cn/index.php?m=newscon&id=387&aid=723，2020年4月7日。

③ 《国家禁毒办：又有32中新精神活性物质列入管制！》，http://www.nncc626.com/2018-08/29/c_129942438.htm，2019年2月13日。

④ 《2018年中国毒品形势报告》，https://www.mps.gov.cn/n6557558/c6535096/content.html，2020年4月4日。

的滥用人群不断扩大,在此类物质影响下的毒品犯罪、恶性暴力犯罪数量也不断增加,而被列入管制的新精神活性物质的数量十分有限。尤其是在传统毒品、新型毒品的严格管控之下,毒品犯罪分子为规避法律制裁,努力寻找、研究、制造尚未被列管但具有与列管毒品化学结构相似,致幻性或镇静性相似或更甚的新精神活性物质。从而导致新精神活性物质更新换代迅速,国家列管工作跟不上新精神活性物质更迭速度的艰难局面。①

此外,公众对新精神活性物质的准确认识尚在普及阶段,甚至连公安禁毒民警对于新精神活性物质也所知甚少,由此导致司法实践中无法及时识别新精神活性物质,减损了某些物质的规制效率。例如,2010年山西长治警方集中打击"长治筋"毒品时,一度将"筋"作为简单的咖啡因处理,后经国家毒品实验室鉴定后才知道"筋"是俗称为"浴盐""丧尸药"的甲卡西酮。② 普通群众更是将新精神活性物质视作新奇事物,易染毒重点群体亦形成了这样一种错误认识:较之传统毒品而言,新精神活性物质的危害性更小,也不容易上瘾。因此,这类人群也更愿意使用新精神活性物质来获取"合法快感"或"适度兴奋",③ 却不料仍旧落入吸毒成瘾的宿命。

新精神活性物质对我国禁毒工作提出了严峻挑战。不法分子通过修改化学分子等方式,不断制造出新的尚未被列管的新精神活性物质,逃避刑事规制,谋取巨额利润,在损害此类物质使用者身心健康的同时,也对社会整体环境构成较为严重的威胁。尽管我国采取"列举+概括"的立法模式对毒品犯罪中的毒品类别、数量予以规定增强了刑法规范的弹性,一定程度上缓解了刑法的安定性与实效性之间的矛盾,④ 但是唯有新精神活性物质被列管之后,制造、贩卖、使用新精神活性物质的行为才会受到禁止性规定的制约,针对被列管的新精神活性物质实施制造、贩卖等行为的,才有可能成立相应毒品犯罪。⑤ 新精神活性物质的变换性与刑法的滞后性

---

① 秦睿、张莉:《卡西同类精神活性物质的防控对策》,《广东化工》2018年第10期。
② 曹芳琦、李茂:《4-甲基乙卡西酮的鉴定研究》,《中国司法鉴定》2015年第3期。
③ 游彦、邓毅、赵敏:《第三代毒品——新精神活性物质(NPS)发展趋势评估、管制瓶颈与应对策略》,《四川警察学院学报》2017年第1期。
④ 于改之、吕小红:《比例原则的刑法适用及其展开》,《现代法学》2018年第4期。
⑤ 王锐园:《探析新精神活性物质管控模式》,《民主与法制时报》2018年9月13日第6版。

之间的矛盾不断凸显，如何在罪刑法定原则下恰当、及时地对新精神活性物质予以规制，合理地禁止此类物质的制造、贩卖等行为的理论探讨十分重要。

## 三　毒品犯罪违法所得没收制度的局限

### (一) 国际公约关于毒品犯罪收益没收制度的规定

1. 禁毒公约中的没收程序

尽管经修正的《1961年麻醉品单一公约》在第37条规定了"缉获和没收"，但是其没收对象仅限于"用于或拟用于实施第36条所称各项犯罪行为的麻醉品、物质和器具"，而不包括毒品犯罪收益。《1971年精神药物公约》的规定与之类似，在第22条"罚则"的第3款规定"凡拟用于实施第一项和第二项所称犯罪行为之任何精神药物或其他物质和器具悉应缉获并没收之"，没收对象仍限于用于或准备用于实施毒品犯罪的麻醉药品、精神药物或其他物质和器具，而不包括毒品犯罪收益。

在国际公约层面，首次对毒品犯罪收益给予足够重视的公约当属《1988年联合国禁毒公约》。该公约认识到毒品非法贩运中获得的巨额利润是毒品犯罪的重要动力，巨大的经济利益是犯罪组织在各个层面渗透、污染和腐化政府的法律、金融和社会结构的支撑力量。在此基础上，该公约首次表明"剥夺从事非法贩运者从其犯罪活动中得到的收益，从而消除其从事此类贩运活动的主要刺激因素"的决心，并将"收益"定义为"直接或间接按第3条第2款确定的犯罪而获得或取得的任何财产"[①]。《1988年联合国禁毒公约》第5条详细规定了毒品犯罪收益的没收制度，其中最为重要的两个方面为扩大毒品犯罪的没收对象，[②] 以及关于犯罪收

---

[①]《1988年国际禁毒公约》"序言"。

[②]《1988年国际禁毒公约》第5条第1款规定的没收范围包括：毒品犯罪中得来的收益或价值相当于此种收益的财产；已经或意图以任何方式用于实施毒品犯罪的麻醉药品和精神药物、材料和设备或其他工具。第5条第6款针对实践中犯罪收益常常通过多种手段改变存在方式或混同于其他财产以规避没收的情况，明确了对犯罪收益、由收益转化或变换成的财产、已与收益相混合的财产和这三类收入的再收益均以犯罪收益同等对待，但对于犯罪收益与合法来源的财产相混合的情形，应没收此混合财产，但以不超过所混合的该项收益的估计价值为限。

益或应予没收的其他财产的合法来源的举证责任倒置的主张①。

此外,《1988年联合国禁毒公约》首次在国际合作层面将毒品犯罪收益纳入没收范围,具有极为重要的历史意义。出于在世界范围内更加全面彻底地打击毒品犯罪的目的,该公约提出了资产分享的概念。《1988年联合国禁毒公约》以全球化的视角,主张在缔约国以及专门从事打击非法贩运和滥用麻醉药品和精神药物的政府间机构之中,共享没收的犯罪收益和财产,在一定程度上起到了为跨国打击毒品犯罪提供必要的资金支持的作用。

2. 打击跨国有组织犯罪公约中的没收程序

《联合国打击跨国有组织犯罪公约》是国际社会层面第一个针对跨国有组织犯罪进行预防和打击的全球性公约。该公约主要针对参加有组织犯罪集团、洗钱、腐败和妨碍司法等行为展开,其中第12、13、14条专门规定了没收与扣押、没收事宜的国际合作以及没收的犯罪收益或财产的处置。当前许多毒品犯罪已然具备跨国有组织犯罪性质,在符合公约规定的条件下理应属于公约所述范围,公约规定的没收制度也因此可以适用于跨国有组织毒品犯罪收益的没收。《联合国打击跨国有组织犯罪公约》的没收对象与《1988年国际禁毒公约》一致,关于应予没收的涉嫌犯罪收益或其他财产的合法来源的举证责任分配也采取了《1988年国际禁毒公约》的立场。关于没收的犯罪收益或财产的处置方面,《联合国打击跨国有组织犯罪公约》提供了一个"交还请求缔约国"的选项,② 该选项在一定程度上起到了减少请求国损失的作用。《联合国打击跨国有组织犯罪公约》作为国际社会联手打击跨国有组织犯罪的第一个综合性公约,该公约将有组织犯罪集团、洗钱、腐败和妨碍司法等行为的犯罪收益纳入没收对象范

---

① 《1988年国际禁毒公约》第5条第7款主张,在符合缔约国国内法的原则与司法和其他程序的性质的前提下,缔约国可以考虑将证明收益或应予没收的其他财产的合法来源的举证责任倒置,由被告人承担举证责任。

② 《联合国打击跨国有组织犯罪公约》第14条第2款规定:"根据公约规定受到另一缔约国请求而采取行动的缔约国,应在本国法律许可的范围内,根据请求优先考虑将没收的犯罪所得或财产交还请求缔约国,以便其对犯罪被害人进行赔偿,或者将这类犯罪所得或财产归还合法所有人。"此外,该条第3款也规定了将没收的犯罪资产的全部或一部捐给公约指定账户和专门从事打击有组织犯罪工作的政府间机构;或者经常地或逐案地与其他缔约国分享此类款项的处理方式。

围，而不局限于毒品犯罪收益，在犯罪收益没收制度上可谓具有"里程碑"式的重大意义。①

3. 反腐败公约中的没收程序

《1988年联合国禁毒公约》的"序言"中指出，毒品的非法贩运使毒品犯罪分子获得巨额财富，跨国犯罪集团也因此得以"渗透、污染和腐蚀各级政府机构、合法的商业和金融企业，以及社会各阶层"，从而使得毒品犯罪与贪污贿赂犯罪之间形成千丝万缕的联系。我国违法所得没收程序也只明文规定了可以适用于恐怖主义犯罪、贪污贿赂犯罪，因此，了解《联合国反腐败公约》规定的犯罪收益没收制度，尤其是"未定罪没收"程序，对于加深对我国禁毒领域违法所得没收制度的认识、加强违法所得没收程序在毒品犯罪领域的适用至关重要。针对腐败犯罪对社会稳定与安全造成的问题和构成的威胁，以及腐败犯罪与其他形式的犯罪，尤其是同有组织犯罪和包括洗钱在内的经济犯罪的联系，2003年第58届联合国大会通过了《联合国反腐败公约》。我国于2003年12月签署了该公约，2005年10月，第十届全国人大常委会批准了该公约。

《联合国反腐败公约》关于没收对象、举证责任分配的规定与《联合国打击跨国有组织犯罪公约》的规定完全一致。《联合国反腐败公约》建立了比较完整且成熟的"犯罪资产跨国追回机制"，在没收方面更是确定了"未定罪没收"程序。犯罪资产追回的前提是对犯罪收益实现有效的、彻底的没收，而"未定罪没收"程序使犯罪嫌疑人或被告人死亡、潜逃或因制度原因而不在案的情况下，不经过刑事定罪而直接做出犯罪收益等资产判决并独立执行成为可能，从而实现了在无法追究"人"的责任的情况下，也可以单独追究"物"的责任的特别效果。②

关于资产的追回，《联合国反腐败公约》设专章予以规定。其中，第51条规定"返还资产是本公约的一项基本原则"。第53条规定了向请求国法院直接提起民事诉讼的犯罪资产直接追回机制。而第54条则规定了通过没收事宜的国际合作追回资产的机制，又称为犯罪资产的间接追回机

---

① 刘文峰：《犯罪收益独立没收程序研究》，中国政法大学出版社2016年版，第71页。
② 同上书，第73页。

制。根据《联合国反腐败公约》第 54 条的规定，缔约国应采取必要措施确立以下三种没收途径：（1）使被请求国主管机关能够执行另一缔约国法院发出的没收令，即执行外国没收令；（2）使拥有管辖权的主管机关能够通过对洗钱犯罪或者对可能发生在其管辖范围内的其他犯罪作出判决，或者通过本国法律授权的其他程序，下令没收这类外国来源的财产，即定罪后的没收；（3）犯罪人死亡、潜逃或者缺席而无法对其起诉的情形或者其他有关情形下，能够不经过刑事定罪而没收这类财产，即"未定罪没收"程序。

另外，公约第 57 条关于资产的返还和处分不同于以往《1988 年联合国禁毒公约》《联合国打击跨国有组织犯罪公约》主张的资产分享制度，而是规定了资产返还原则，即"优先考虑将没收的财产返还请求缔约国、返还其原合法所有人或者赔偿犯罪被害人"，但也允许被请求缔约国在适当情形下"返还或者处分没收的财产之前，扣除为此进行侦查、起诉或者审判程序而发生的合理费用"，也可以根据其他双边或多边协定进行安排。可以说，《联合国反腐败公约》吸收了英美法系国家民事没收制度的合理成分，构建了"未定罪没收"程序，对于有效打击犯罪具有十分重大的意义。许多国家在签署了《联合国反腐败公约》之后，都相继建立了类似的犯罪收益独立没收制度。[1]

### （二）我国现行违法所得没收制度对毒品犯罪的适用困境

在毒品犯罪的场合，根据行为是否已被定罪，可以将所适用的没收程序分为"定罪没收"程序与"未定罪没收"程序。其中，"定罪没收"程序规定于我国《刑法》第 64 条，也被称为"特别没收"程序，与《刑法》第 59 条规定的"没收财产刑"（也被称为"一般没收"）相区别。[2] 在适用对象方面，前者针对的是涉案的违法财物，后者针对的是被告人的合法财产；在适用罪名方面前者并无限制，而后者仅可适用于《刑法》分则规定了没收财产刑的各项罪名；在适用方式上，前者不具有选择性，为"应当没收"，而后者具有并科与选科之分。"未定罪没收"

---

[1] 刘文峰：《犯罪收益独立没收程序研究》，中国政法大学出版社 2016 年版，第 73 页。

[2] 刘鹏玮：《"特别没收"的司法失衡与规范重塑——以"供犯罪所用的本人财物"之没收为视角》，《苏州大学学报》（法学版）2017 年第 3 期。

程序规定于《刑事诉讼法》第 298—301 条。"定罪没收"程序与"未定罪没收"程序均以消除犯罪产生的不法状态为目的,将财产秩序复原到不法行为实施之前。① 只不过前者必须附着于刑事诉讼程序,以刑事定罪为前提;而后者只处理犯罪嫌疑人、被告人的违法所得,既不能也不可能就犯罪嫌疑人、被告人的刑事责任做出评价。

最高人民法院、最高人民检察院于 2017 年 1 月 4 日发布的《关于适用犯罪嫌疑人、被告人逃匿、死亡案件违法所得没收程序若干问题的规定》(以下简称为《2017 年两高规定》),最高人民法院于 2017 年发布的《关于犯罪嫌疑人、被告人逃匿、死亡案件适用违法所得没收程序若干问题的规定》的理解与适用(以下简称为《2017 年最高法规定》),对"未定罪没收"程序作出了细化规定。"未定罪没收"程序的目的是多方面的。首先,该没收程序只针对违法财产,而不针对合法财产,不具备传统意义上的"制裁"性质的没收财产刑罚,而更多地具有"恢复"属性。其次,该没收程序以削弱犯罪嫌疑人、被告人实施犯罪的资金支持的方式,以期更好地打击犯罪、预防犯罪。最后,该没收程序的设置也体现了保障犯罪嫌疑人、被告人、利害关系人的合法利益与人权的目的。② 这些目的的实现有赖于"未定罪没收"程序立法上的合理设置、司法上的恰当审理以及执法上的严格执行,其中立法上的合理设置又是另外两项的前提和基础。

毒品犯罪违法所得的没收是打击和预防毒品犯罪的重要举措之一。然而,我国当前有关毒品犯罪违法所得没收的规定仍存在诸多问题,导致没收困难。相较于我国批准的《1988 年联合国禁毒公约》《联合国打击跨国有组织犯罪公约》以及《联合国反腐败公约》而言,我国当前关于违法所得没收的规定与国际条约中关于打击毒品犯罪、实现毒品犯罪违法所得没收的主张仍存在以下几个方面的差距。

第一,"违法所得"的内涵与外延并不清晰。《2017 年两高规定》第 6 条明确了"违法所得"的范畴为"通过实施犯罪直接或者间接产生、

---

① [挪] Jon Petter Rui、[德] Ulrich Sieber、陈尔彦:《欧洲的无定罪没收:一个总览》(上),《现代法治研究》2017 年第 1 期。

② 刘文峰:《犯罪收益独立没收程序研究》,中国政法大学出版社 2016 年版,第 14、141 页。

获得的任何财产"。① 此规定与《1988年联合国禁毒公约》规定的没收范围一致。但是，何谓"违法所得"？"违法所得"的范围具体包括哪些？并不清晰。"违法所得"在我国刑法典中出现过14次，不同的司法解释对这一术语的界定也不尽相同。有的司法解释文件将"违法所得"界定为获利数额，② 有的司法解释文件直接吸纳了国际公约的精神，将"违法所得"界定为通过实施犯罪直接、间接产生或者获得的任何财产。③ 自2012年《刑事诉讼法》修订，设专章规定犯罪嫌疑人、被告人逃匿、死亡的违法所得没收程序后，"违法所得"不再是刑法独有的概念，但在刑法、刑事诉讼法具体条文中，这一概念的含义并非完全重合。司法实践中，法院对于"违法所得"没收的态度大致可以分为以下三类：④ 第一类，慎重审查被申请没收的财产是否属于本案中的违法所得；⑤ 第二类，忽略审查被申请没收的财产是否属于本案的违法所得，而直接裁定予以没收；⑥ 第三类，倾向于将退缴的款项认定为违法所得。⑦ 对于"违法所得"范围界定的不同，无疑是导致司法实践难以准确把握没收"违法所

---

① 依据最高人民法院、最高人民检察院于2017年1月4日发布的《关于适用犯罪嫌疑人、被告人逃匿、死亡案件违法所得没收程序若干问题的规定》第3条的规定，"违法所得"包括：(1) 通过实施犯罪直接或者间接产生、获得的任何财产，即原始形态的违法所得；(2) 违法所得已经部分或者全部转变、转化为其他财产的，转变、转化后的财产，即转变、转化形态的违法所得；(3) 来自违法所得转变、转化后的财产收益，或者来自已经与违法所得相混合财产中违法所得相应部分的收益，即单纯收益和添附收益形态的违法所得。

② 例如，最高人民法院1998年出台的《关于审理非法出版物刑事案件具体应用法律若干问题的解释》第17条，最高人民法院、最高人民检察院2012年出台的《关于办理内幕交易、泄露内幕信息刑事案件具体应用法律若干问题的解释》第10条。刘晓虎、赵靓：《"违法所得"概念的界定和司法认定》，《人民法院报》2018年7月4日第6版。

③ 例如，最高人民法院、最高人民检察院、公安部于2014年联合印发的《关于办理非法集资刑事案件适用法律若干问题的意见》第5条，最高人民法院、最高人民检察院2017年出台的《关于适用犯罪嫌疑人、被告人逃匿、死亡案件违法所得没收程序若干问题的规定》第6条。刘晓虎、赵靓：《"违法所得"概念的界定和司法认定》，《人民法院报》2018年7月4日第6版。

④ 张吉喜：《违法所得没收程序适用中的相关问题研究》，《现代法学》2019年第1期。

⑤ 扬州市中级人民法院（2016）苏10刑没初1号刑事裁定书。

⑥ 海北藏族自治州中级人民法院（2015）北刑初字第1号刑事裁定书。

⑦ 南京市中级人民法院（2014）宁刑没初字第1号刑事裁定书。

得"的对象和客体范畴的重要原因之一。①

第二，举证责任分配严格，缺乏灵活性。《2017年两高规定》第17条第1款②在借鉴了优势证据证明标准的表述基础上，对申请没收的财产与犯罪的关联性的证明标准做出规定，指出采取高度盖然性的证明标准。③ 只要检察机关提出的证据证明申请没收的财产具有高度可能属于违法所得与其他涉案财产，除返还被害人之外，应予以没收。只要利害关系人提供证据证明申请没收的财产具有高度可能不属于毒品犯罪违法所得或其他涉案财产的，就应当支持其诉讼请求。在依据"谁主张，谁举证"的举证原则的基础上，有效体现了"未定罪没收"程序的刑事特征与民事特征，与世界范围内相关立法规定保持一致，具有积极意义。证明标准方面的改进体现了违法所得没收程序既非完全等同于普通刑事诉讼程序，又非完全等同于民事诉讼程序，而是兼具一部分普通刑事诉讼程序的特点与一部分民事诉讼程序的特点的本质属性。"未定罪没收"程序只针对因犯罪行为而获得的财产做出处理，本质上属于财产所有权的确认之诉。由于该程序不涉及犯罪嫌疑人、被告人的人身自由或名誉权的剥夺，因此其证明标准理应比普通刑事诉讼程序有所降低。实际上，国际社会中，将违法所得没收制度作为民事诉讼程序的不在少数，美国、英国、加拿大、澳大利亚和新西兰等国家或地区对于申请没收的财产与犯罪事实的关联性均采用优势证据的证明标准。我国对于拟没收财产的证明标准的规定，具有进步意义。但是在举证责任分配方面，却与国际禁毒公约存在较大差距。

---

① 刘晓虎、赵靓：《"违法所得"概念的界定和司法认定》，《人民法院报》2018年7月4日第6版。

② 2017年最高人民法院、最高人民检察院发布的《关于适用犯罪嫌疑人、被告人逃匿、死亡案件违法所得没收程序若干问题的规定》第17条第1款规定："申请没收的财产具有高度可能属于违法所得和其他涉案财产的，应当认定为属于违法所得和其他涉案财产。"

③ 一般认为，"高度盖然性标准"是一种低于"排除合理怀疑标准"，高于"优势证据标准"的证明标准，相当于一种"明显的优势证据标准"。阎巍：《对我国民事诉讼证明标准的再审视》，《人民司法》（应用）2016年第31期。

《1988年国际禁毒公约》《联合国打击跨国有组织犯罪公约》《联合国反腐败公约》均主张"缔约国可以考虑将证明收益或应予没收的其他财产的合法来源的举证责任倒置,由被告人承担举证责任"。我国也存在举证责任倒置的方式,但是仅限于巨额财产来源不明罪。涉嫌巨额财产来源不明罪的案件中,检察院向法院提出申请没收财产时,无须收集证据证明不能说明来源的财产属于违法所得和其他涉案财产,而是由犯罪嫌疑人、被告人说明来源。没有利害关系人对违法所得和其他涉案财产主张权利,或者利害关系人对违法所得和其他涉案财产虽然主张权利但提供的相关证据没有达到相应证明标准的,则应当视为"申请没收的财产属于违法所得和其他涉案财产"①。不可否认,举证责任倒置在巨额财产来源不明罪中的适用具有进步意义。然而,我国作为上述三个国际公约的缔约国,目前并无将此种举证责任分配规则适用于毒品犯罪的余地,与国际禁毒条约的规定和精神存在较大差距。

实际上,国外立法例中不乏关于传闻证据、类推解释的适用。例如,英国《2002年犯罪收益追缴法案》规定,符合一定条件时,法官可以认定被告人具有"犯罪生活方式"(Criminal Lifestyle),②并依此做出四项推定,其中包括"自相关日期后的任何时间转移至被告人的一切财产,自被告人持有时起均构成一般犯罪行为的收益"③,"自相关日期后的任何时间的任何开销均被视为被告人从其一般犯罪行为的获利中支付的"④,其中"相关日期"⑤指的是"被告人受到定罪的刑事诉讼启动之日起向前追诉6年期间的第一天"。此时对于违法所得的没收并不限定于法院正在审判的"特定犯罪行为"(Particular Criminal Conduct),而是被告人先前曾经实施的所有犯罪行为,即"一般犯罪行为"(General Criminal Conduct)。⑥而关于被告人是否具有"犯罪生活方式"的责任分配问题,检

---

① 2017年最高人民法院、最高人民检察院《关于犯罪嫌疑人、被告人逃匿、死亡案件适用违法所得没收程序若干问题的规定》第17条第2款规定。
② 英国《2002年犯罪收益追缴法案》第75条。
③ 英国《2002年犯罪收益追缴法案》第10条第(8)款。
④ 英国《2002年犯罪收益追缴法案》第10条第(4)款。
⑤ 英国《2002年犯罪收益追缴法案》第10条第(8)款。
⑥ 英国《2002年犯罪收益追缴法案》第76条。

察官或资产追缴局局长提出没收令的申请时，应向刑事法院提交信息陈述（Statement of Information），就被告人是否具有犯罪生活方式、是否从一般犯罪行为或特定犯罪行为中获益、有关犯罪收益的数额等问题发表自己的意见和主张。法院可以要求被告人说明对上述陈述的承认范围和不承认部分的依据。对于被告人未作出任何说明的部分，则推定被告人接受和认同信息陈述中的主张。

值得注意的是，有关"犯罪生活方式"的主张只出现在刑事没收程序中，而刑事没收程序以针对财产持有人的刑事诉讼为必要条件。只有当财产持有人已经被刑事法院定罪或者已经在基层的治安法院被定罪，为签发刑事没收令的目的而被移送至刑事法院的情形中才能够适用。此外，法官只是"可以"要求被告人说明对信息陈述的承认范围和不承认部分的依据，并非每一个案件都必须如此处理，从而给法官留下自由裁量的余地。由法官本着公平正义原则自行判断是否将举证责任倒置，由被告承担证明其财产来源于合法收入。可以看出，英国《2002年犯罪收益追缴法案》的规定较为灵活。对于毒品犯罪违法所得没收的对象、举证责任分配、证明标准的设定都更有利于违法所得的有效没收，防止犯罪人从犯罪中获益，进而起到更好的预防和控制犯罪的成效。而这种依据案件事实不同而灵活分配举证责任的特质，正是我国违法所得没收制度的待改进之处。

第三，"未定罪没收"程序的适用范围过窄。《刑事诉讼法》第298条第1款规定，"未定罪没收"程序适用于"贪污贿赂犯罪、恐怖活动犯罪等重大犯罪案件，犯罪嫌疑人、被告人逃匿，在通缉一年后不能到案，或者犯罪嫌疑人、被告人死亡"的案件。对于"重大犯罪案件"的认定，《2017年两高规定》第1条第4款表明"犯罪案件"包括"毒品犯罪案件"，第2条表明"重大"是指"在省、自治区、直辖市或者全国范围内具有较大影响，或者犯罪嫌疑人、被告人逃匿境外的"。这一限制极大地缩小了"未定罪没收"程序在毒品犯罪领域的适用。对于"逃匿境外"的认定并非难题，但是对于"省、自治区、直辖市或者全国范围内具有较大影响"的认定则不可避免地具有一定主观性与模糊性，在实践中难以判断。这也是"未定罪没收"程序极少在毒品犯罪领域适用的重要原因之一。

2018年发布的《最高人民法院工作报告》以任润厚案为例,指出应"完善犯罪嫌疑人、被告人逃匿、死亡案件违法所得没收程序"①,但未能提供依照违法所得没收程序没收或追缴的具体情况。据中央纪委国家监委发布的官方数据显示,截至2018年11月30日,我国采取"天网行动"追回赃款105.14亿元人民币,②但并未指出其中多少款项是通过"未定罪没收"程序追回或没收的。另外,我国目前检察机关受理的"未定罪没收"案件十分有限,检察机关向法院提出"未定罪没收"申请的案件更是少之又少。③"未定罪没收"程序的适用率处在较低水平,导致这一程序的设立目的难以有效实现。我国目前关于"未定罪没收"程序的适用似乎主要局限于贪污贿赂犯罪领域,在毒品犯罪领域虽也有"未定罪没收"程序的适用案例,但局限在犯罪嫌疑人、被告人死亡的情形,④而在其逃逸、通缉一年不到案的情形下尚未适用该没收程序。毒品犯罪具有逐利性,犯罪收益是行为人实施毒品犯罪的原动力之一,但我国目前对于毒品犯罪适用"未定罪没收"程序的要求过于严苛,以至于该没收程序之于毒品犯罪几乎无用武之地,十分遗憾。

第四,"未定罪没收"程序设置过于严苛。首先,我国"未定罪没收"程序的启动方式较为单一。该程序的启动方式有两类:其一,由公安机关写出没收违法所得意见书,移送检察院,再由检察院向法院提出没收违法所得的申请;其二,对于检察院直接审理立案侦查的案件,由检察院的侦查部门启动违法所得没收程序进行调查,写出没收违法所得意见书,连同案卷材料一并移送有管辖权的检察院侦查部门,再由该侦查部门

---

① 《第十三届全国人民代表大会第一次会议:关于最高人民法院工作报告的决议》,http://gongbao.court.gov.cn/Details/69d3772d9e94aae3ea2af3165322a1.html,2019年1月13日。

② "天网行动"已先后从120多个国家或地区追回外逃人员4997人,包括1015名党员和国家工作人员,追回赃款105.14亿元人民币。《反腐败斗争压倒性胜利是如何形成的?——全面从严治党启新局之"反腐篇"》,http://www.ccdi.gov.cn/yaowen/201901/t20190106_186369.html,2019年1月13日。

③ 裴显鼎、王晓东、刘晓虎:《〈关于犯罪嫌疑人、被告人逃匿、死亡案件适用违法所得没收程序若干问题的规定〉的理解与适用》,《人民司法》(应用)2017年第16期。

④ 山西省高级人民法院:《法院裁定没收死亡犯罪嫌疑人违法所得》,http://shanxify.chinacourt.org/article/detail/2018/12/id/3613186.shtml,2019年1月17日。

移送该院公诉部门,公诉部门向法院提出没收违法所得的申请。① 但实际上只能由检察院向法院提出申请,法院收到申请后发出公告,并在公告期满后对没收申请进行审理。如此单一的启动方式只是简单增加了公安机关、检察院的职能,增加二者的办案压力。如果"未定罪没收"案件无法恰当地适时启动,对于违法所得的及时没收就无从谈起。加之该没收程序的审查、审理期限、二审、再审程序完全参照普通刑事程序的规定进行设置,在基本环节上与普通刑事案件等同,无法反映"未定罪没收"程序自身的规律。

其次,对于已经进入"未定罪没收"程序的案件,无论在审前阶段还是在审理过程中,只要犯罪嫌疑人、被告人到案,该没收程序即终结,并应转为普通程序,甚至倒流到侦查阶段。此项规定也是"未定罪没收"程序适用率低、适用难度大的重要原因之一。② 据统计,"2013—2016年年底,全国检察机关公诉部门共受理违法所得没收程序案件62件,向法院提出没收违法所得申请案件38件。大多数案件还处在公告、延长审理期限状态,难以向前推进"③。可见,"未定罪没收"程序的适用率处在较低水平,这一程序的设立目的也难以有效实现。有学者指出:"这种只将程序定位为特别程序,却不根据程序特殊性确立特别诉讼规则的制度设计,是该违法所得没收程序实践中'不好用'的重要原因。"④

---

① 《刑事诉讼法》(2018年修正) 第298条第1、2款规定:"对于贪污贿赂犯罪、恐怖活动犯罪等重大犯罪案件,犯罪嫌疑人、被告人逃匿,在通缉一年后不能到案,或者犯罪嫌疑人、被告人死亡,依照刑法规定应当追缴其违法所得及其他涉案财产的,人民检察院可以向人民法院提出没收违法所得的申请。公安机关认为有前款规定情形的,应当写出没收违法所得意见书,移送人民检察院。"《人民检察院刑诉规则(试行)》(2012年修订) 第533条第1款规定:"人民检察院直接受理立案侦查的案件,犯罪嫌疑人逃匿或者犯罪嫌疑人死亡而撤销案件,符合刑事诉讼法第280条第1款规定条件的,侦查部门应当启动违法所得没收程序进行调查。"《人民检察院刑诉规则(试行)》(2012年修订) 第533条第3、4款规定:"侦查部门认为符合刑事诉讼法第280条第1款规定条件的,应当写出没收违法所得意见书,连同案卷材料一并移送有管辖权的人民检察院侦查部门,并由有管辖权的人民检察院侦查部门移送本院公诉部门。公诉部门对没收违法所得意见书进行审查,作出是否提出没收违法所得申请的决定,具体程序按照本规则第528条、第529条的规定办理。"

② 《刑事诉讼法》(2018年修正) 第301条第1款规定:"在审理过程中,在逃的犯罪嫌疑人、被告人自动投案或者被抓获的,人民法院应当终止审理。"

③ 裴显鼎、王晓东、刘晓虎:《〈关于犯罪嫌疑人、被告人逃匿、死亡案件适用违法所得没收程序若干问题的规定〉的理解与适用》,《人民司法》(应用) 2017年第16期。

④ 刘文峰:《犯罪收益独立没收程序研究》,中国政法大学出版社2016年版,第299页。

最后，对于犯罪已过追诉期限的情形，既有学者主张在过了诉讼期限而无法追究行为人刑事责任的情形下，不应当没收其违法所得和涉案财产。也有观点认为财产的所有权与行为人是否应当承担刑事责任不同，国家、被害人的财产所有权不会因为追诉期限已过而丧失，出于不让犯罪人通过犯罪受益的目的，即使犯罪行为已过追诉期限，对于违法所得和涉案财产仍应予以没收。① 诚然，违法所得没收的意义在于"任何人不得从犯罪中获益"，而不是为了惩罚犯罪人。我国在制定《2017年两高规定》时，就已经注意到犯罪已过追诉时效的情况下，会面临是否继续没收行为人的违法所得的难题，但尚未针对此难题做出解答。②

## 第三节 "危害最小化"治毒政策引入的实践障碍

### 一 毒品犯罪死刑设置的局限

（一）废除死刑的国际立场

1966年联合国《公民权利和政治权利国际公约》第6条第2款规定，"死刑只能适用于最严重的罪行"。联合国经济与社会理事会1984年第50号决议《保护死刑者权利的保障措施》第1条规定："死刑只适用于最严重的罪行，而且，死刑的适用不应超出造成生命或其他极其严重后果的故意犯罪范畴。"③ 1989年《公民权利和政治权利国际公约》表明了废除死刑的立场，该公约第二项任择议定书目前已获得81个国家的批准，另有79个国家已经废除或停止使用死刑。④ 2007年联合国大会呼吁在全球范围内暂停执行死刑，2012年，联合国193个成员国中，有174个成员国

---

① 裴显鼎、王晓东、刘晓虎：《〈关于犯罪嫌疑人、被告人逃匿、死亡案件适用违法所得没收程序若干问题的规定〉的理解与适用》，《人民司法》（应用）2017年第16期。

② 同上。

③ ［加］威廉·沙巴斯：《死刑与国际法律标准》，载莫洪宪、叶小琴编《中国当代死刑制度改革的探索与展望》，中国人民公安大学出版社2012年版，第10—11页。

④ 《〈公民权利和政治权利国际公约〉第二项任择议定书的25周年纪念》，https：//www.ohchr.org/CH/NewsEvents/Pages/DisplayNews.aspx？NewsID＝15232&LangID＝C，2020年6月11日。

没有执行死刑。[1] 1975年,联合国成员国中,有97%执行了死刑。而40年后,这一比例下降到27%,[2] 足以展现,世界各国对于死刑设立和适用的严格限制甚至废止立场。[3]

死刑具有歧视性,贫困者、少数族裔或精神残疾者面临死刑的危险较高已是普遍存在的社会现实。[4] 死刑对犯罪的威慑作用尚不十分明显的情形下,却要付出比监禁刑更高的代价。自2012年以来,联合国人权高专办举办了一系列有关人权与死刑的讨论活动,并于2015年出版了《摒弃死刑》(*Moving Away from the Death Penalty*) 一书,不断强调死刑的不可恢复性和异常严酷性,以及死刑不对称地影响了一些边缘人群和脆弱人群。[5] 把死刑适用限制在"最严重的罪行"的做法,实际上表明了死刑应被视作极其例外的措施,一般不予以适用,只有在犯罪嫌疑人、被告人所犯罪行极其严重的情形下,才能适用。

1999年,联合国经济与社会理事会秘书长关于死刑的第六个五年报告中,列举了不属于"最严重的犯罪"的情形,即立法上不应当配置死刑的情形。包括毒品犯罪、绑架罪、强奸罪、经济犯罪、职务上的犯罪、宗教犯罪等。[6] 联合国人权委员会先后分别对韩国、喀麦隆、斯里兰卡、伊拉克、苏丹和伊朗等国提交的人权报告做出评论,并指出最严重的罪行是指故意杀人或者故意造成严重身体伤害的行为,只有这类行为才符合这一限制标准,与毒品犯罪相关的行为不应被视作最严重的罪行。[7] 依据各国(或地区)毒品犯罪死刑适用的不同情况,国际减害协会(Harm Re-

---

[1] 《联合国秘书长潘基文关注死刑"秘密执行"问题》,https://news.un.org/zh/story/2013/06/196492,2019年3月27日。

[2] 《人权高专办正式发布〈摒弃死刑〉一书 潘基文秘书长呼吁各国结束死刑》,https://news.un.org/zh/story/2015/11/246122,2019年3月27日。

[3] Amnesty International, *The Death Penalty in 2016: Facts and Figures*, https://www.amnesty.org/en/latest/news/2017/04/death-penalty-2016-facts-and-figures/.

[4] 《人权高专办正式发布〈摒弃死刑〉一书 潘基文秘书长呼吁各国结束死刑》,https://news.un.org/zh/story/2015/11/246122,2019年3月27日。

[5] 同上。

[6] 赵秉志:《论全球化时代的中国死刑制度改革——面临的挑战与对策》,《吉林大学社会科学学报》2010年第2期。

[7] 韩大元、林维、时延安:《死刑制度的当代命运:宪法学与刑法学对话》,《中国法律评论》2017年第4期。

duction International）将2019年对毒品犯罪保留死刑的国家或地区分为三类：象征性规定死刑的国家（或地区）、低适用率的国家（或地区）以及高适用率的国家（或地区）。中国、印度尼西亚、伊朗、马来西亚、沙特阿拉伯、新加坡、越南和泰国被认定为毒品犯罪死刑的高适用率国家。[1]

### （二）保留毒品犯罪死刑设置的国际态度

在全球死刑设置和适用不断减少的同时，尽管联合国人权委员会、联合国人权监督机构多次强调"毒品犯罪并不符合最严重罪行的门槛"[2]，毒品犯罪死刑的设置和适用却呈现出与之相反的增长态势。从国际特赦组织（Amnesty International）和国际减害协会的统计数据看来。1985年，世界范围内对毒品犯罪设置死刑的国家或地区有22个，1995年增加至26个。[3] 2007年，保留死刑的国家或地区有67个，其中约半数对毒品犯罪设置了死刑。[4] 2010年，在保留死刑的58个国家或地区中，有32个国家或地区对毒品犯罪设置了死刑。[5] 而到了2019年，全球有35个国家或地区仍保留着毒品犯罪的死刑设置，从有限的数据看来，只有中国、沙特阿拉伯、伊朗和新加坡四个国家在2019年对毒品犯罪执行过死刑。[6] 世界范围内，对于毒品犯罪配置死刑的国家或地区数量近年来不断增加，毒品犯罪的死刑已成为许多国家或地区死刑制度的重要组成部分。可以看出，包括我国在内的世界许多国家或地区在限制或废除死刑的同时，依旧保留着毒品犯罪的死刑设置，有的国家或地区甚至为毒品犯罪新设了死刑。

### （三）我国关于毒品犯罪死刑设置和适用的坚决态度

自2007年最高人民法院、最高人民检察院、公安部、司法部联合颁

---

[1] Harm Reduction International, *The Death Penalty for Drug Offences: Global Overview 2019*, March 2020, p.7.

[2] Patrick Gallahue and Rick Lines, *The Death Penalty for Drug Offences: Global Overview 2010*, London: The International Harm Reduction Association, 2010.

[3] Rick Lines, *The Death Penalty for Drug Offences: A Violation of International Human Rights Law*, London: The International Harm Reduction Association, 2007, p.8.

[4] Ibid., p.1.

[5] See Patrick Gallahue, Rick Lines, *The Death Penalty for Drug Offences: Global Overview 2010*, London: The International Harm Reduction Association, 2010, p.7.

[6] Harm Reduction International, *The Death Penalty for Drug Offences: Global Overview 2019*, March 2020, p.11.

布《关于进一步严格依法办案确保办理死刑案件质量的意见》之后,"保留死刑,严格控制死刑"就成为我国的基本死刑政策。该意见提出应逐步减少死刑的适用,做到"少杀、慎杀"。随后的《刑法修正案(八)》取消了13个非暴力犯罪的死刑,①《刑法修正案(九)》取消了6个非暴力犯罪的死刑与3个涉及暴力手段的犯罪的死刑。② 在《刑法修正案(八)》和《刑法修正案(九)》不断取消刑法分则第六章妨害社会管理秩序罪的死刑设置的同时,作为妨害社会管理秩序罪之一的走私、贩卖、运输、制造毒品罪的死刑设置却从未被动摇。尽管2008年《大连会议纪要》、2015年《武汉会议纪要》都对毒品犯罪死刑适用情形做出了明确、细致的限制,但是依据目前的毒品犯罪死刑适用标准,可以被核准死刑的毒品犯罪数量仍在不断增长。与此同时,故意杀人罪等涉及人身死亡案件的死刑适用却得到一定程度的有效控制,此类犯罪数量未见明显增加,甚至出现小幅减少。③ 毒品犯罪本身并不涉及人身死亡,却配置了与导致人身伤亡的罪名同等严厉的死刑,表明了我国对于毒品问题严厉打击的态度。然而,如此严重的罪刑设置不仅难以与毒品犯罪本身的犯罪生成机制以及毒品犯罪行为的危害性相适应,也难以实现预防与遏制毒品犯罪的效果。

(四) 毒品犯罪的死刑设置难以起到犯罪预防效果

以配置死刑为最显著特征的当前治毒政策难以实现对毒品供应市场的有效控制,难以起到预防毒品犯罪的效果。从刑事立法看来,现行刑法严厉打击的重点在于走私、贩卖、运输、制造毒品罪,在毒品犯罪一节的12个罪名中,刑法为这一罪名配备了最高的法定刑。

---

① 《刑法修正案(八)》取消了以下13个非暴力犯罪的死刑:走私文物罪,走私贵重金属罪,走私珍贵动物、珍贵动物制品罪,走私普通货物、物品罪,票据诈骗罪,金融凭证诈骗罪,信用证诈骗罪,虚开增值税专用发票、用于骗取出口退税、抵扣税款发票罪,伪造、出售伪造的增值税专用发票罪,盗窃罪,传授犯罪方法罪,盗掘古文化遗址、古墓葬罪,盗掘古人类化石、古脊椎动物化石罪。

② 《刑法修正案(九)》取消了以下9个犯罪的死刑:走私武器、弹药罪,走私核材料罪,走私假币罪,伪造货币罪,集资诈骗罪,组织卖淫罪,强迫卖淫罪,阻碍执行军事职务罪,战时造谣惑众罪。

③ 韩大元、林维、时延安:《死刑制度的当代命运:宪法学与刑法学对话》,《中国法律评论》2017年第4期。

从毒品犯罪组织的发展规律看来，随着毒品犯罪刑罚成本的增加，毒品犯罪逐渐呈现出有组织犯罪的形态，形成了内紧外松的组织模式。对于走私、贩卖、运输、制造毒品等高风险行为，一般由该犯罪组织的下层人员直接实施，下层人员听命于上层人员的指示，可替代性极强。上层人员为了规避刑罚风险而与下层人员保持单线联系，雇用下层人员直接实施毒品犯罪行为。在这个犯罪组织中，下层人员多为文化素质不高、生活较为贫困的社会底层人员。即使他们被抓获，对于整个毒品犯罪组织而言，也只是损失了少量毒品，他们在毒品犯罪组织中的地位与作用，很快就会被其他人替代。而对于被抓获的下层毒品犯罪人员而言，等待他们的很可能是极刑。从毒品犯罪的组织形态看来，真正应被视为源头犯罪者的，是毒品犯罪中的组织者、领导者、骨干成员、核心成员。[①] 我国相关司法解释也表达了这个立场。依据2008年《大连会议纪要》的规定，毒品犯罪治理的重点打击对象应是毒品犯罪集团的首要分子，武装掩护毒品犯罪的毒品犯罪分子，暴力抗拒检查、拘留或者逮捕的毒品犯罪分子，参与有组织的国际贩毒活动的毒品犯罪分子。2015年《武汉会议纪要》也主张依法严惩对象应为"走私、制造毒品和大宗贩卖毒品等源头性犯罪"和"毒枭、职业毒犯、累犯、毒品再犯等主观恶性深、人身危险性大的毒品犯罪分子"。而不是将实施走私、贩卖、运输、制造毒品的行为人一概而论，更不应把重刑更多地落在了"马仔"身上。

实际上，死刑对于毒品犯罪的威慑力十分有限。[②] 通过本书对于我国当前治毒政策在立法上与司法上的确立与效果的梳理可以看出，自20世纪80年代以来，我国逐步确立了对毒品犯罪"严打"和"零容忍"态度。直到今日，这个态度也未发生根本动摇。在以往近40年的毒品战争中，尽管近几年毒品犯罪案件数量、登记在册的毒品使用者人数、每年抓获的毒品犯罪嫌疑人人数呈下降态势，但是整体来看仍大幅上涨，长期处于较高水平。2013—2017年，每年毒品犯罪数量超过14万件，每年登记在册的毒品使用者人数保持在230万人以上，每年抓获的毒品犯罪嫌疑人

---

① 齐文远、魏汉涛：《毒品犯罪治理的困境与出路》，《河南大学学报》（社会科学版）2018年第1期。

② 彭之宇：《毒品犯罪死刑适用问题研究》，博士学位论文，吉林大学，2014年，第二章第三节。

人数超过16万人。尽管2018年、2019年，毒品犯罪案件数量、抓获的毒品犯罪嫌疑人人数出现一定回落，但毒品市场需求依旧十分庞大，登记在册的毒品使用者人数众多。无论是在20世纪80年代，充分运用死刑威慑毒品犯罪，还是在2007年之后，坚持"少杀、慎杀"，实证数据都难以证明毒品犯罪的死刑政策之于毒品治理的有效性。

## 二 替代措施覆盖率较低

我国尚未在国家政策文件中明确支持"危害最小化"，但是已经连续多年采取针具替换措施、阿片类毒品的替代治疗措施。就目前我国已经采取的减少毒品使用危害的具体措施而言，仍存在两个问题。其一，我国的针具替代措施、阿片类毒品替代治疗措施覆盖率仍处于国际较低水平；其二，我国大陆地区的监狱中尚未采取任何一种减少毒品使用危害的举措。[①]

在毒品问题的应对方面，毒品注射行为及其可能带来的毒品使用过量直接致死后果，以及不安全注射行为可能造成的直接致病、间接致死后果，处于极为重要的地位。毒品使用带来的致命性后果中，约有2/3为不安全的注射方式所致，另外1/3由毒品使用过量所致，而这两类致命性因素都并非完全不可避免、不可改善的，而是可以通过当前国际流行的几类替代措施或治疗措施予以改进和规避的。具体而言，预防或阻止艾滋病病毒在毒品注射者之间的传染的核心科学干预举措包括（按照优先顺序）：（1）针具替换措施，以使毒品注射者获得清洁的注射设备；（2）阿片类毒品的替代治疗，以减轻毒品注射者对于阿片类毒品的依赖；（3）艾滋病病毒检测和咨询，以提供治疗和关怀；（4）抗逆转录病毒疗法，以减少艾滋病病毒的载量和传播。[②] 而对于丙型肝炎的预防，最有效的干预措施即是针具替换措施和阿片类毒品替代治疗措施。[③]

---

① Harm Reduction International, *Global State of Harm Reduction 2018*, p. 14.

② WHO, UNODC, UNAIDS, *Technical Guide for Countries to Set Targets for Universal Access to HIV Prevention, Treatment and Care for Injecting Drug Users: 2012 Revision*, 2012.

③ Katy M. E. Turner et al., "The Impact of Needle and Syringe Provision and Opiate Substitution Therapy on the Incidence of Hepatitis C Virus in Injecting Drug Users: Pooling of UK Evidence", *Addiction*, Vol. 106, No. 11, 2011; Peter Vickerman et al., "Can Needle and Syringe Programmes and Opiate Substitution Therapy Achieve Substantial Reductions in Hepatitis C Virus Prevalence? Model Projections for Different Epidemic Settings", *Addiction*, Vol. 107, No. 11, 2012.

在中国、阿富汗、印度、泰国、马来西亚等许多中低收入国家或地区，针具替换措施在注射型毒品使用者中的覆盖率自2014年起逐年下降。[1] 尽管我国云南省美沙酮替代治疗措施的覆盖率稍有改善，但尚未达到联合国计划的中等覆盖水平。[2] 目前，我国替代措施的适用情况并不乐观，长期存在覆盖率较低的问题。

针具替换措施和阿片类毒品替代治疗措施是主要针对注射吸毒者的减害措施，这两项措施被世界卫生组织和联合国艾滋病规划署确定为核心干预措施中的最高优先措施。[3] 发布在《柳叶刀全球健康》（Lancet Glob Health）的一篇调查研究报告[4]对于部分国家注射吸毒者人数做出统计，以每百位注射吸毒者接受阿片类毒品替代治疗的人数、每位注射吸毒者每年获得的针具数量为标准，对于各国减少毒品使用危害的两项具体措施的覆盖情况做出评估。特定国家中，每百位注射吸毒者接受阿片类毒品替代治疗的人数不满20人次的，为低覆盖率；超过20人次但不满50人次的，为中等覆盖率；超过50人次的，是高覆盖率。特定国家中，每位注射吸毒者每年获得的针具数量不足100个的，为低覆盖率；超过100个但不足200个的，为中等覆盖率；超过200个的，属于高覆盖率。

该报告显示，我国的注射吸毒者规模约为250万人；每100位注射吸毒者中，仅5—10人次接受了阿片类毒品替代治疗措施，处于低覆盖水平；每位注射吸毒者每年仅可获取2—5个针具，同样处于低覆盖水平。在针具替换措施覆盖率和阿片类毒品替代治疗措施的覆盖率方面均低于我国的，只有两个国家：坦桑尼亚和印度尼西亚。我国针具替换措施的覆盖率可谓全球倒数，仅以极为微弱的优势高于坦桑尼亚和印度尼西亚的覆盖率。在阿片类毒品替代治疗措施方面，我国每百位注射吸毒者接受阿片类毒品替代治疗的人数超过了塔吉克斯坦、摩尔多瓦、哈萨克斯坦等约18

---

[1] Harm Reduction International, *Global State of Harm Reduction 2016*, p. 16.

[2] WHO, UNODC, UNAIDS, *Technical Guide for Countries to Set Targets for Universal Access to HIV Prevention, Treatment and Care for Injecting Drug Users*, 2009.

[3] World Health Organization, *Consolidated Guidelines on HIV Prevention, Diagnosis, Treatment and Care for Key Populations*, 2016 Update, pp. 29, 45.

[4] Sarah Larney, Amy Peacock, Janni Leung, et al., "Global, Regional, and Country-Level Coverage of Interventions to Prevent and Manage HIV and Hepatitis C Among People Who Inject Drugs: A Systematic Review", *Lancet Glob Health*, Vol. 5, 2017.

个国家，与吉尔吉斯斯坦、捷克、泰国阿片类毒品替代治疗的覆盖率几乎相当。

需要注意的是，尽管我国阿片类毒品替代治疗措施的覆盖率超过了塔吉克斯坦、摩尔多瓦、哈萨克斯坦，但是我国针具替换措施的覆盖率仍较低，而塔吉克斯坦、摩尔多瓦、哈萨克斯坦的针具替换措施的覆盖率均处于中等或者较高水平。这3个国家的注射吸毒者人数与我国相比，可谓少之又少。尽管吉尔吉斯斯坦、捷克、泰国与我国的阿片类毒品替代治疗覆盖率几乎相当，但是吉尔吉斯斯坦针具替换措施达到了高覆盖率，捷克针具替换措施达到了中等覆盖率，泰国的针具替换措施虽然也处于低覆盖水平，但是泰国的注射吸毒者人数不及我国的1/5，每位注射吸毒者每年获得的针具数量是我国的4倍。与世界其他国家相比，我国针具替换措施和阿片类毒品替代治疗措施的覆盖情况仍十分逊色，有待提高。

另外需要注意的是，我国设置了针头和注射器替换站点，并不意味着我国注射吸毒者都能够普遍地接受针头和注射器替换服务。毒品使用者、民间社会组织以及专家学者们常常提到，毒品使用者经常面临的歧视和污名化是他们拒绝接受此类服务的重要原因。尤其是吸毒的妇女、与男性发生性关系的男性吸毒者、无家可归的吸毒者等已经受到侮辱或者被边缘化对待的毒品使用者，更是如此。[①] 这也是亟待我们关注的重要问题。

---

[①] Harm Reduction International, *Global State of Harm Reduction 2018*, p. 20.

# 第五章 "危害最小化"治毒政策在我国的实施路径

## 第一节 治毒政策实施主体观念的转变

### 一 "源头治理"与"综合治理"的思想共识

1981年5月,《京、津、沪、穗、汉五大城市治安座谈会纪要》首次使用了"综合治理"的术语,确立了社会治安综合治理的基本思想。1991年2月19日,第七届全国人大常委会第十八次会议通过了《关于加强社会治安综合治理的决定》,明确将"打防并举,标本兼顾,重在治本"作为社会治安综合治理的方针,强调"综合治理"不仅是解决我国治安问题的根本途径,而且是旨在从根本上预防与减少违法犯罪的一项有力措施。该决定的通过标志着我国社会治安综合治理方针的法律化和制度化。"综合治理"在毒品问题治理领域首次出现于2004年国家禁毒委员会审议通过的《2004—2008年禁毒工作规划》之中,此后,"综合治理"思想在许多官方文件中都得到不断强调与细化。2013年《关于加强社区戒毒康复工作的意见》和2014年《关于加强戒毒康复人员就业扶持和救助服务工作的意见》均为多部门联合发布的重要文件,表达了我国多部门相互协作,着力落实毒品问题综合治理,努力促进戒毒治疗、康复指导、就业安置、救助服务措施的完善和落实,以期达到巩固禁毒成果、减少毒品危害的效果。

2014年中共中央、国务院印发的《关于加强禁毒工作的意见》中指出,应进一步完善毒品问题治理体系,按照"源头治理、以人为本、依法治理、严格管理、综合治理"的基本原则,坚持"预防为主,综合治理、禁种、禁制、禁贩、禁吸并举"的工作方针，立足当前，长期治理，突出重点，多管齐下。其中，"源头治理"的基本原则以及"预防为主"的工作方针，表明了重视治理毒品使用的基本态度，与"危害最小化"治毒政策以减少和预防毒品使用危害为着眼点的态度一致。而"以人为本"又体现在治理毒品使用过程中对毒品使用者的健康权、生命权的充分考量，以及死刑限制适用所体现出对毒品犯罪分子基本人权的考虑，这与国际禁毒公约以人类的健康与福祉为本的主张完全一致。"综合治理"的基本原则和工作方针，与"禁种、禁制、禁贩、禁吸并举"的工作方针则表达了我国毒品犯罪治理并非单独依赖于刑法，而必须充分采取各方面有益措施共同致力于毒品问题治理的态度。这与"危害最小化"治毒政策主张的以替代措施削减与控制毒品需求市场，以完善的刑法规制控制毒品供应市场的治毒思路一致。

在"源头治理"和"综合治理"思想共识的指导下，我国治毒政策实施主体需转变对于毒品、毒品依赖和毒品使用者的固有观念。

表 5-1　"源头治理"与"综合治理"在我国官方文件的规定

| 发布时间 | 发布机构 | 文件名称 | 主要内容 |
| --- | --- | --- | --- |
| 2004 年 | 国家禁毒委员会 | 《国家禁毒委员会 2004—2008 年禁毒工作规划》 | 1. 提出了禁吸、禁贩、禁种、禁制"四禁"并举，预防为本，严格执法，综合治理的工作方针；2. 把禁毒宣传教育作为禁毒工作的治本之策，并就全面推动禁毒教育工作作出了具体、翔实的规定 |
| 2007 年 | 全国人大常委会 | 《禁毒法》 | 1. 明确禁毒是全社会的共同责任；2. 禁毒工作实施预防为主，综合治理，禁种、禁止、禁贩、禁吸并举的方针；3. 禁毒工作实行政府统一领导，有关部门各负其责，社会广泛参与的工作机制 |
| 2010 年 | 最高人民法院 | 《关于认真做好人民法院 2010 年禁毒综合治理工作的通知》 | 1. 强调毒品犯罪需要标本兼治，重在治本；2. 主张在毒品案件多发地区的人民法院，应当把禁毒综合治理作为法院的一项经常性工作，组织、安排、加强与公安、检察等相关部门的协调配合，建立常态化禁毒综合治理工作机制 |

续表

| 发布时间 | 发布机构 | 文件名称 | 主要内容 |
| --- | --- | --- | --- |
| 2013年 | 国家禁毒委、中央综治办、公安部、卫生部、民政部、司法部、人力资源和社会保障部、全国总工会、共青团中央、全国妇女联合会 | 《关于加强社区戒毒康复工作的意见》 | 全面考察了社区戒毒康复工作之于综合治理的重要性，并从其管理机构、人员设置、保障政策、监督管理、戒毒治疗、就业安置、信息保护等方面做出指示 |
| 2014年 | 国家禁毒委员会办公室、中央社会管理综合治理委员会办公室、公安部、国家卫生和计划生育委员会、民政部、司法部、财政部、人力资源和社会保障部、农业部、国家工商行政管理总局、国家税务局 | 《关于加强戒毒康复人员就业扶持和救助服务工作的意见》 | 对戒毒康复人员的就业服务政策、职业技能培训、社会保障政策完善方面做出重要指示 |
| 2014年 | 中共中央、国务院 | 《关于加强禁毒工作的意见》 | 1. 提出"源头治理、以人为本、依法治理、严格管理、综合治理"的基本原则；2. 重申"预防为主，综合治理，禁种、禁制、禁贩、禁吸并举"的工作方针 |

## 二 对待毒品及毒品依赖观念的转变

从"毒品"的医学属性来看，它首先是一种药品，能够在一定程度上恢复和维护患者的生理机能，减缓病程恶化速度，在一定程度上延长生物体的寿命抑或实现安乐死、助产、节育等作用，从而具有治疗疾病、减缓疼痛、维护健康的功效。但是对这类物质的不正确使用或滥用，则会导致可以作为"药品"的物质丧失其医学价值，而逐步成为众所周知的"毒品"。许多国家的语言体系中并不采用"毒品"这一专有词汇，而是以"麻醉品和精神药物"来表述。国际禁毒公约和正式的规范性文件中，均称之为"列入国际管制清单的麻醉品和精神药物"，大多数国家也以此为基础直接采用这一表述方式。

早在20世纪50年代，世界卫生组织专家委员会就对药物成瘾做出如下定义：由于反复使用某种药物所引起的一种周期性或慢性中毒状态。并指出"成瘾"这一术语的用途过于广泛，因而建议用"依赖"来代替

"成瘾"。目前越来越多的研究者认为药物成瘾的本质是一种疾病，是一种慢性、复发性、患者不计后果而持续性用药的强迫行为，是一个由偶然性用药逐渐过渡到强迫性用药模式的过程。① 根据《国际疾病分类》（*International Classification of Diseases*）第 11 版对于"吸毒病症（Drug Use Disorder）"的定义，这一概念包括了两种主要的健康问题：以有害的方式使用毒品（Harmful Pattern of Drug Use）以及毒品依赖（Drug Dependence）。对此，世界卫生组织强调，上述两种健康问题的产生受到社会心理因素、环境因素以及生物决定性因素的影响，需要机构、组织之间全方位的以公共健康为导向的共同回应。②

毒品依赖并非"洪水猛兽"，也不是需要以刑法规制的行为。从吸毒病症中康复并非不切实际，而是切实可行的。并且，对大多数人而言，从吸毒病症中恢复只是一个过程，而不是一个结果。这是因为失效（在实现戒断后只要有一次吸毒）和复发（在实现戒断后遵循一种依赖模式吸毒）是康复过程中十分常见的阶段，绝大多数吸毒病症患者通常在一个治疗阶段之后重新吸毒。因此，包含预防复发战略在内的长期干预方案尤为重要。也就是说，现代医疗保健科学为吸毒病症提供了有效的治疗策略，而保持必要的长期治疗是获得良好治疗成效的最重要的单一预估指标。③

## 三 对待吸毒者观念的转变

吸毒行为是客观存在的社会现象。无论在《国际疾病分类》中，还是在《世界毒品报告》中，使用毒品成瘾、以不安全的方式使用毒品都被称为"吸毒病症"。将毒品成瘾现象视为一项病患可谓国际通用做法。

---

① 刘建宏主编：《新禁毒全书（第一卷）：全球化视角下的毒品问题》，人民出版社 2014 年版，第 63 页；周雨青、马兰：《精神活性物质成瘾记忆的机制研究》，《复旦学报》（医学版）2017 年第 6 期。

② World Health Organization, *Improving Prevention and Treatment for Drug Use Disorders*, https://www.who.int/activities/improving-prevention-and-treatment-for-drug-use-disorders.

③ 联合国：《2017 年国际麻醉品管制局报告》，http://www.incb.org/documents/Publications/AnnualReports/AR2017/Annual_ Report/C_ 2017_ AR_ ebook.pdf, 2019 年 1 月 8 日，第 4—5 页。

吸毒病症患者属于毒品使用者下的一个分类，他们亟须康复治疗和社会关怀。[1] 毒品使用者的吸毒行为、吸毒成瘾现象的生成原因与当今社会中存在的犯罪现象的生成原因类似，包括个人生理、心理原因以及纷繁复杂的社会原因。应将吸毒行为、毒品依赖行为视作一项客观存在的现象和事实。对待吸毒者观念的转变应建立在对待吸毒行为、毒品依赖观念转变的基础之上，唯有不带偏见地正视此类现象，才有可能公平客观地构建应对机制，公平、合理地对待毒品使用者，尤其是注射吸毒者。

生物医学模式将成瘾视作一种疾病，大脑皮质—中脑边缘多巴胺奖赏系统参与其中，形成病理性记忆，导致不计后果的强迫性觅药行为。心理学模型则通过成瘾性人格、感觉寻求、自我价值感等心理学观点来解释成瘾行为，主张心理因素是成瘾行为重要的易感因素和维持因素。[2] 首次吸毒行为的发生、毒品依赖的形成往往具有个人与社会两个层面的原因，毒品使用的原因可谓纷繁复杂，包括个人过早脱离学校、欠缺辨别是非善恶的能力，家庭的忽视，同辈群体或其他人的诱惑，非官方信息资源的诱导，负性生活事件等。[3] 基于种种原因而使用毒品甚至吸毒成瘾的人们并非"十分可怕"或"罪大恶极"，他们应被视作亟须帮助的病患，而不应成为被污名化的受害者。

在所有毒品使用者中，注射吸毒者被边缘化与污名化的情况最为严重，他们往往也生活在十分危险的环境之中，经受着消极的健康后果与社会后果。[4] 社会排挤、谴责与污名化等因素常常阻碍这些亟须帮助的人获得及时的、必要的帮助，从而形成恶性循环。吸毒成瘾的犯罪人，尤其是女性犯罪人，遭受的被边缘化、污名化尤为严重。[5] 以尽可能地减少毒品

---

[1] United Nations Office on Drugs and Crime, *World Drug Report 2018*, Booklet 2: *Global Overview of Drug Demand and Supply*, p. 29.

[2] 刘建宏主编：《新禁毒全书（第一卷）：全球化视角下的毒品问题》，人民出版社2014年版，第86页。

[3] 同上书，第88—89页。

[4] Louisa Degenhardt et al., Global Prevalence of Injecting Drug Use and Sociodemographic Characteristics and Prevalence of HIV, HBV, and HCV in People Who Inject Drugs: A Multistage Systematic Review", *The Lancet Global Health*, Vol. 5, No. 12, 2017.

[5] Juliana van Olphen et al., "Nowhere to go: How Stigma Limits the Options of Female Drug Users after Release from Jail", *Substance Abuse Treatment, Prevention, and Policy*, Vol. 4, No. 10, 2009.

对毒品使用者个人造成的危害为出发点,为需要治疗的人们提供其急需的治疗,给予他们充分的尊重,帮助他们控制甚至最终戒除毒瘾、回归社会,可谓"危害最小化"治毒政策在减少毒品使用者对自己造成的危害层面的应有之义。

### 四 禁毒教育的系统化与专业化

禁毒宣传教育是预防吸毒行为发生,是减少吸毒行为危害的重要途径,在毒品问题治理中承担着"治本"职能。我国现行治毒政策对于禁毒宣传教育的重视,不仅体现了控制毒品需求市场的"源头治理"思想,还体现了运用刑罚之外的教育手段的"综合治理"态度,为"危害最小化"治毒政策的引入奠定了坚实基础。毒品预防教育,表面上看是传授毒品相关知识,培养预防毒品和抗拒毒品的能力,而实质上是关于无毒、健康生活态度、行为方式的教育与提倡。[①] 毒品相关知识、抵抗毒品的能力固然重要,但健康、积极的生活方式的倡导应是禁毒教育的核心。

第一,禁毒教育应全面涵盖毒品相关知识,包括其医药性与成瘾性,而不是一味强调其成瘾性与危害性。例如,美国药物管理局(Drug Enforcement Administration)设立了"三思"网站(Just Think Twice)[②],主要面向6—12岁的学生。[③] 该网站以图文形式列明目前比较流行的包括新精神活性物质在内的毒品、使用毒品的器具,以及在使用毒品过量时,可以防止毒品使用过量者伤害自己的物品和使用方式。此外,该网站也以图文形式、真人讲述的方式来解释吸毒成瘾,以及毒品可能带来的暴力、金钱损失、奖学金损失、被解雇等后果。另外,美国还设立了生活技能培训项目(Life Skill Training Program)并推广推进课程(Booster Courses),将青少年的心理社会因素与其毒品使用因素相结合,传授抵抗毒品的技巧,增强青少年抵抗毒品的技能和方式。据统计,接受该项目课程的青少年

---

① 张晓春:《毒品预防教育:从观念到执行力的全面变革》,《广西警察学院学报》2017年第4期。

② https://www.justthinktwice.gov/.

③ 包涵:《当前对青少年禁毒宣传教育的模式与缺陷——以北京市禁毒宣传教育为视角》,《北京警察学院学报》2014年第5期。

中，毒品使用者人数下降了87%，多种毒品使用状况下降了66%。① 可见，禁毒宣传教育若采取了合适措施，可以取得显著成效。

第二，毒品预防教育应体现专业性，在这一方面，我国台湾地区的做法值得借鉴。以2013年台湾《反毒报告书》为例，其中除了列举以媒体的影视宣传、社交网络宣传毒品的危害之外，还专门针对台湾地区流行的毒品氯胺酮做了详细的禁毒宣传。值得注意的是，有关氯胺酮的禁毒宣传不仅包含氯胺酮的使用可能带来的严重危害，还包含了其药理知识，十分全面。

第三，针对不同人群的禁毒宣传教育侧重点应有所差异。对于尚未接触、使用过毒品的人而言，禁毒教育应当全方位无盲区地覆盖，使广大群众对当前存在的传统毒品、新型毒品、新精神活性物质的违法性、危害性、成瘾性形成全面、准确的认识。对于已经使用毒品或者形成毒品依赖的人而言，禁毒教育需包含针具替换措施、美沙酮替代治疗措施等减少毒品使用对吸毒者个人造成危害的方式，以及相关毒品依赖治疗服务的宣传。

只有在禁毒宣传教育实现系统化与专业化的基础上，关于毒品的正确、全面认识才有可能形成。也只有以全面、正确的毒品知识为前提，才能够实现对于毒品、毒品依赖、吸毒者社会观念的转变。唯有客观对待吸毒行为、毒品依赖，才有可能进一步完善戒毒治疗措施，进一步提高减少吸毒相关危害的替代措施的覆盖率，才有可能进一步提升这两类重要举措的成效。禁毒宣传教育可谓预防毒品使用的最直接、最有效的途径，其重要性不言而喻。

## 第二节 "危害最小化"治毒政策引入的制度进路

### 一 建立毒品分级制度

（一）建立毒品分级制度的必要性

罪责刑相适应是刑罚配置的基本原则，它要求刑事立法在对具体犯罪行为配置刑罚时，必须保持犯罪行为、刑事责任、刑罚三者之间合比例、

---

① 倪彤：《中美青少年禁毒教育模式浅探及比较思考》，《教育教学论坛》2012年第6期。

相均衡的关系。① 基于此，刑事立法应充分考虑犯罪行为的客观危害性，以及犯罪人的主观恶性。在毒品犯罪的语境下，犯罪行为的客观危害性不仅关涉犯罪行为的类型，还涉及犯罪行为对象的类型、数量和纯度。针对不同种类、数量和纯度的毒品实施的走私、贩卖、运输、制造、非法持有等行为所反映出的危害性不尽相同，其对应的刑法规制应当体现出个中差异。

我国《刑法》和有关毒品犯罪的司法解释对于走私、贩卖、运输、制造、非法持有毒品罪总共列举出16种毒品，并设置了相应不同的入罪数量标准，其背后的原理在于各类毒品的危害性程度不尽相同。我国目前对于走私、贩卖、运输、制造毒品的行为仅设置了3档刑罚，其中最高一档的刑罚包括15年以上有期徒刑、无期徒刑与死刑，刑罚跨度过大而有待进一步细化。

实际上，国际公约和许多国家或地区的毒品分级都以"不同种类的毒品具有不同程度的危害性"为逻辑前提，对于危害性程度相当的毒品归为一类，予以同等管制。对其中危害性程度较高的毒品给予较为严厉的管制，入罪标准也相对较低；而对危害性程度较低的毒品给予较为宽松的管制，入罪标准也相对较高。毒品分级制度是国际禁毒公约的重要组成部分。我国作为国际禁毒公约的缔约国，应遵循公约的指导思想，切实考察我国《麻醉药品品种目录》和《精神药品品种目录》列管的426种麻醉药品和精神药品，② 对其中已经存在一定规模滥用或存在较大滥用潜力的毒品的成瘾性、滥用情况进行考察，针对该类物质的犯罪形势、药用价值以及市场交易价格，以此为基础对毒品进行分级管制。

毒品分级制度对于我国毒品犯罪刑罚设置的细化、刑事法网的严密具备关键作用。在刑事立法不断扩大毒品犯罪的犯罪圈，司法解释不断扩大可以成立毒品犯罪的毒品种类的背景下，应警惕"刑罚积极主义"的倾向，避免"刑事立法成为刑事司法不能承受之重"③，对于《麻醉药品品种目录》和《精神药品品种目录》列管的药品中，不存在滥用情况或不

---

① 于改之、吕小红：《比例原则的刑法适用及其展开》，《现代法学》2018年第4期。
② 2013年《麻醉药品品种目录》和《精神药品品种目录》分别对121种和149种麻醉药品与精神药品列管，其后列管药品范围逐步扩大。
③ 姜涛：《比例原则与刑罚积极主义的克制》，《学术界》2016年第8期。

具有滥用可能性或滥用潜力的物质,则无须作为毒品犯罪的对象予以考量,只需予以恰当行政规制即可。

(二) 毒品分级制度的域外经验借鉴

世界许多国家或地区均采取了毒品分级制度。以英国为例,其毒品分级制度以特定毒品可能对毒品使用者造成危害的严重程度为标准而设定,其毒品分类不仅需要考量特定毒品对毒品使用者造成的消极健康影响的程度,包括致残可能性或致死可能性,还需要考量毒品使用者在该种毒品的影响下实施行为的危险性,包括受毒品影响对他人的攻击性等方面。特定毒品对毒品使用者危害程度的大小实际上也反映出毒品的"厉害"程度,效果越"厉害"的毒品对他人造成危害的可能性就越大,同时也越容易受到贩毒者的青睐。可见,某一特定毒品可能对毒品使用者造成的危害乃是其他各类危害之源,唯有以此为基础,才能恰当规制各类毒品使用和毒品犯罪行为。

以非法进出口列管毒品罪为例,其定罪量刑的逻辑[1]大致是:(1) 针对涉案毒品的种类和数量规定了程度递减的四个毒品危害类型;(2) 将行为人的责任分为在犯罪中起到领导作用、重要作用、较轻作用三类;(3) 将毒品犯罪行为的危害类别与行为人的责任轻重一一排列组合,确定初始刑罚与刑罚调整范围;(4) 考量加重或减轻情节,并在量刑范围内确定拟判处的处罚;(5) 综合考虑被告人是否认罪、刑罚整体而言是否适当等因素,确定最终判处的刑罚。由此而构成的针对走私毒品罪的法定刑和量刑范围的设置,是以毒品类别(A类毒品、B类毒品、C类毒品)、毒品数量(四个危害类型,但量刑规则对第四类毒品危害类型做出特别规定)、行为人责任(三个层次)进行排列组合,除第四类毒品危害类型对于毒品数量的特别规定之外,共有27档刑罚。英国毒品犯罪刑事法网可谓严密的网格状、漏斗型,对于确保行为人针对不同品种的毒品实施的不同数量的毒品犯罪,能最大限度地反映每个特定毒品犯罪行为的危害性程度,从而在最大程度上实现可视化的罪责刑相均衡,其细致程度可见一斑。如此精细的刑罚设置,不仅有利于司法机关在处理具体个案时实现罪责刑相适应、实现个案正义,还有利于司法效率的提高。

---

[1] 本书第三章第三节"危害最小化"治毒政策的个案实践样本。

新西兰基本借鉴了英国模式，于1975年颁布《毒品滥用法案》，按照毒品的实际危害程度对毒品进行分类，并按照毒品分类的等级制定相应的对毒品制造、销售、持有和使用的惩罚标准。可以说，该体系基本沿袭了英国的毒品分类体系，以毒品对其使用者和社会的危害为标准，分为循序渐进的 A（非常高）、B（高）、C（中等）三个等级。[①]

美国联邦政府第一部毒品控制法案《哈里森毒品法》（Harrison Narcotics Act）于1914年颁布，对美国社会开始萌生的毒品问题产生了重大影响。该法案堵截了许多毒品的流通渠道，终止了以往毒品可以随意买卖的局面，使毒品使用者人数在短时间内得到明显减少。这一法案也奠定了美国联邦以减少毒品供应为主的治毒策略。1970年尼克松总统签发的《全方位毒品滥用预防和控制法案》（Comprehensive Drug Abuse Prevention and Control Act of 1970）集1914年《哈里森毒品法》与其修正案为大成，首次在联邦立法中，以分类（Schedules）方式对不同种类的毒品予以规定、加以调控。按照该法规定，第一类毒品（Schedule Ⅰ）为具有高成瘾性的、无医疗价值的药物，包括海洛因、大麻和其他迷幻剂；第二类毒品（Schedule Ⅱ）为具有高成瘾性的、可以被用于医疗用途的药物（其药用途径需遵守严格的法律规定）。相对而言，处在后三个分类的毒品（Schedule Ⅲ、Schedule Ⅳ、Schedule Ⅴ），其吸食成瘾的可能性逐渐降低，并具有潜在的医疗方面价值，从而不必受限制性条款的约束。[②] 需要注意的是，尽管美国联邦立法对毒品进行了分类，但是美国每个州都有自己独立的毒品分类体系。一般而言，美国各州基本都将特别容易成瘾且没有医疗价值的毒品归为第一类，成瘾性相对较低的毒品依次被列入其他类别，从而与联邦禁毒立法保持一致性。[③]

加拿大于1996年颁布了《受限制的药品和化学品法》（Controlled Drugs and Substances Act 1996），该法案自从1997年实施以来几经修改，但始终处于加拿大毒品控制方面的基本法案的重要地位。该法案最显著的贡献即是重新对毒品做出全面且简明的八大分类（Schedule Ⅰ-Ⅷ），并

---

[①] 刘建宏主编：《新禁毒全书（第六卷）：外国禁毒法律概览》，人民出版社2014年版，第41页。

[②] 同上书，第3—4页。

[③] 同上书，第6页。

构建了与该国毒品分类相对应的量刑标准,这一分类模式与量刑规则目前仍为加拿大所采用。①

此外,荷兰现行《鸦片法》(the Opium Act)同样以毒品对人类可能造成的危害为标准,对毒品进行分类。荷兰将毒品分为两大类:"硬性毒品"(Hard Drugs)和"软性毒品"(Soft Drugs)。其中,"硬性毒品"具有不可接受的危害性,主要包括鸦片、可卡因、安非他命、麦角酸二乙基酰胺等。"软性毒品"具有较小的危害性和吸食成瘾可能性,主要包括大麻、镇静剂和巴比妥酸盐。② 类似的还有瑞典,瑞典将毒品分为五类,对人类健康危害最为严重,但没有医学价值的毒品被列为第一类,主要包括海洛因、摇头丸、麦角酸二乙基酰胺,以及大麻。③

### (三) 我国毒品分级制度的具体构建

我国《刑法》和2016年《最高人民法院关于审理毒品犯罪案件适用法律若干问题的解释》的表述实际上已将现有毒品种类按照一定标准进行了分组归类,合并排列。虽然只是简单的合并,但也在一定程度上体现了毒品分级的趋势,毒品分级制度在我国具有可行性。

毒品分级制度的设计并非易事,妥当设计的毒品分级制度不仅有助于构建严密的刑事法网,而且有助于针对不同种类的毒品治疗服务的设计。从而作用于毒品供应市场与毒品需求市场,严厉打击毒品犯罪与治理毒品使用行为并行。我国毒品分级的规则设计过程中,有赖于科学家、医药学家、法学家等相关专业领域专家的通力合作,充分考察毒品的危害性程度,以其危害性为标准,妥善设计。其中,至少应考虑四个方面的因素:特定毒品的成瘾性、特定毒品的使用情况、特定毒品的犯罪形势以及其药用价值。

首先,毒品成瘾性是毒品危害性的基础,也是其最显著的特征。毒品对人类身体健康的危害性源于其成瘾性,一旦使用某种毒品成瘾,行为人将在毒瘾的控制下做出行为,而无法依照自己的自由意志做出行为。因此,成瘾性高的毒品具有较高的危害性,不容易致瘾的毒品,其危害性也相对

---

① 刘建宏主编:《新禁毒全书(第六卷):外国禁毒法律概览》,人民出版社2014年版,第17页。

② 同上书,第32页。

③ 同上书,第31页。

较低。其次，毒品的使用情况反映了某一特定毒品的流行率。流行率高的毒品，危害性较大，流行率低的毒品，危害性也相对较小。毒品的使用程度涉及特定毒品的使用主体与人数、使用地域范围、使用场所、主要使用方式等方面。其中，主要以注射方式使用的毒品类别的危害性显著大于主要以吸食方式使用的毒品类别。再次，毒品的犯罪形势反映了某一特定毒品间接造成社会危害的严重程度。犯罪形势包括针对某一特定毒品的犯罪类型、犯罪数量、犯罪发展趋势、犯罪地域分布等方面。某一特定毒品的犯罪类型越丰富或行为模式越严重、犯罪数量越多，其危害性也相应更大。毒品犯罪的发展趋势也体现出其潜在危害性可能会随之增大或减小，从而影响该种毒品的危害性程度，因此应以变化的、发展的视角予以考察。最后，与上述反映毒品消极作用的三个方面不同，毒品的药用价值反映了某一特定毒品的正面价值。具有较高医疗价值的毒品，其危害性相较于完全没有医疗价值的毒品要小。这四类因素综合反映了某一特定毒品的危害性程度，以此为基础进行综合判断，才能得出有关毒品分级的恰当结论。

## 二　实行新精神活性物质的临时管制

从全球视角来看，关于新精神活性物质的法律规制的模式主要有列举制度、特别立法模式、类似管制模式、早期预警模式以及临时列管模式。多数国家仍采取列举制度。特别立法模式则是在毒品管制立法之外，以专门立法解决具有与毒品同等属性但不易列管的物质。这一模式的典型代表即是英国2016年颁布的《精神物质法案》，以特别立法的模式扩大了对于新精神活性物质的有效管制。此类管制模式以立法形式设置衡量一种新物质与已列管物质相似性的评价标准，如果某一物质符合类似物的标准，就以司法裁判的方式将其认定为毒品，针对该物质实施制造、贩运等行为的，将成立相应毒品犯罪，行为人将受到相应刑事处罚。早期预警模式则以联合国毒品与犯罪办公室开展的"SMART"项目为代表，这一模式并非严格意义上的管制措施，而是针对某种可能被滥用的物质进行滥用危害评估，并提前做出预警，作为是否对此种物质进行立法管制的参考。[①] 而临时列

---

[①] 王锐园：《探析新精神活性物质管控模式》，《民主与法制时报》2018年9月13日第6版。

管模式由具有权限的机构宣布对某种新精神活性物质进行列管，缩短了新出现的新精神活性物质受到禁止性规定的周期，简化了列管程序，在一定时间范围内能够起到有效限制相关物质的制造、贩卖行为发生。英国2011年颁布的《临时毒品类别令》即为临时列管模式的典型代表。

概括而言，上述对于新精神活性物质的法律规制大致可能分为"事前管控"与"事后管控"两种方式。"事前管控"需以科学分析和精准预测新精神活性物质的制造规律为前提，并综合考虑将要被列管的新精神活性物质的管制对于公民健康权益、个人自由之间的平衡关系，操作难度很大。"事后管控"则相对明确，但滞后性较为突出，往往呈现出新精神活性物质已大量产生，已在市场中活跃一段时间，已有一部分人出现滥用情况后才进行管制的局面。基于此，本书认为，我国针对新精神活性物质的法律规制应在"事后管控"模式的基础上，借鉴英国《临时毒品类别令》的模式，增强刑法规制的灵活性，尽量减少其滞后性带来的消极影响。[①]

（一）新精神活性物质"临时管制"的必要性

第一，新精神活性物质的"临时管制"是恰当、及时规制新精神活性物质的前提。新精神活性物质的衍生路径主要有两种：其一，沿用已有的毒品化学主体结构，仅对其结构进行细微修改，例如2C-I-NBOME（2-甲氧苄基碘苯基乙胺）与25I-NBOME（俗称"开心纸"）本质上是同一物质，但二者的化学结构并非完全相同，而是存在细微差异；其二，完全创造出的新结构物质，例如合成大麻素类毒品，这类毒品于2011年首次在中国境内出现，截至2015年已经制造出第八代产品。[②] 从新精神活性物质的产生途径看来，新出现的新精神活性物质实质上为与已知具有潜在依赖性化合物结构相似的新化合物，具有种类丰富、结构复杂多变、药理学特征迥异、致成瘾的发生机制异常复杂的特点，[③] 不可小觑。确有必要增强刑法对于新出现的与列管毒品化学结构存在轻微差异的新精神活

---

[①] 王锐园：《探析新精神活性物质管控模式》，《民主与法制时报》2018年9月13日第6版。

[②] 钱振华、乔宏伟、花镇东：《气相色谱——质谱连用法同时测定8种合成大麻素》，《法医杂志》2015年第1期。

[③] 徐鹏、王丹、王优美：《新精神活性物质的成瘾性评估间接》，《中国药物滥用防治杂志》2018年第3期。

性物质的规制的灵活性，为司法实践中临时管制此类新出现的新精神活性物质提供理论支撑与法律依据，确保"事后规制"模式及时发挥恰当作用，堵截犯罪分子可钻的"空子"。

第二，新精神活性物质"临时管制"能够弥补刑法的滞后性。我国对新精神活性物质的管制采取"事后管制"模式，这种管制往往发生在某种新精神活性物质于毒品市场活跃一段时间，已出现此种新精神活性物质滥用现象，甚至该滥用现象已造成了一定危害后果发生的情况下。"事后管制"模式在对已出现的新精神活性物质予以明确应对的同时，也不可避免地体现出相当程度的滞后性。新精神活性物质的问题，究其本质是毒品与现代科学技术相结合的产物，犯罪分子以该产物的巨额利润为导向，不断研制"毒品类似物"的工艺配方与生产方案，利用互联网进行交易，抢占新出现的新精神活性物质尚未被列管直到已被列管的时间差，规避法律制裁。[①] 因此，如何缩短新的新精神活性物质于毒品市场中出现、此种物质滥用现象甚至危害后果发生的时间点，与该类物质被列管、受到禁止性规定的制约的时间点之间的时间间隔，应为减少"事后管制"滞后性带来的消极后果的核心。

第三，新精神活性物质"临时管制"能够减少新精神活性物质滥用的危害。若新出现的与已被列管的新精神活性物质分子结构类似，危害性、成瘾性类似的新精神活性物质无法得到及时、恰当的管制，将会向社会传递这样一个错误的信息：该种物品是合法的，其制造、贩卖、使用都是合法行为。在这个信息的错误指引下，不法分子将大肆鼓吹此类物质"不是毒品""不会上瘾"，人民群众也将无法形成此类物质本质上属于毒品的正确认知。而在这个错误认知的作用下，人们在对于新精神活性物质的成分、成瘾机制一知半解甚至完全无法知晓的情况下就使用，更容易出现使用过量的情形，从而将人们的健康置于极其危险的境地。

相反，若新出现的新精神活性物质能够得到及时、恰当的规制，将会向潜在毒品犯罪分子与潜在使用者传递这样一个正确观念：该种物质本质上属于应受管制的毒品，其制造、贩卖等行为均为非法行为，实施此类行

---

① 王姝婷：《新型毒品种类与范围的司法认定》，《武警学院学报》2017年第1期。

为者应受到刑罚制裁，从而减少毒品犯罪对社会造成的危害；此种物质的使用亦受到法律禁止，对于以不安全方式使用此种物质者或使用过量者应采取"危害最小化"措施，以减少其毒品使用行为可能对使用者本人造成的危害。

（二）域外经验借鉴——以英国为例

针对市场上新出现的尚未列管但具有同列管毒品同样甚至更严重的危害性的物质，英国于 2011 年颁布了《临时毒品类别令》，于 2016 年颁布了《精神物质法案》予以应对。

在 2011 年《临时毒品类别令》颁布实施之后，同时满足以下五个条件的物质将被列为"临时类别毒品"，在性质上将被视为 1971 年《毒品滥用法案》规制的列管毒品，可以成立该法案规定的除持有型犯罪之外的各类毒品犯罪：（1）该物质正在被人们滥用的或存在被人们滥用的潜在可能性；（2）该物质一旦被滥用，将导致严重的危害后果；（3）该物质不属于 1971 年《毒品滥用法案》列管的 A 类毒品、B 类毒品或 C 类毒品；（4）毒品滥用咨询委员会自行做出或建议内政大臣做出这一物质或产品属于"临时类别毒品"的决定；（5）该项"临时类别毒品"的决定得到英国议会的同意。[①] 满足了上述条件的物质，将在 12 个月的时间内被认定为"临时类别毒品"，从而确保以替换某一个或某一些毒品成分而制成的，与原毒品具有类似成分、相似或更严重的危害性的物质能得到刑法及时的、有效的、恰当的规制。

针对新精神活性物质的涌现，英国于 2016 年颁布了《精神物质法案》，将 1971 年《毒品滥用法案》未列管的物质都纳入管制范围，但是食物、酒精、尼古丁、咖啡因、医疗用药以及已被列管的 A 类毒品、B 类毒品、C 类毒品除外。[②] 2016 年《精神物质法案》将生产、提供或试图提供、以提供的目的持有、进出口新精神活性物质的行为规定为刑事犯罪的同时，也规定了一系列民事制裁措施。研究表明，2016 年《精神物质法案》颁布实施之后，市面上可见的贩卖新精神活性物质的行为得到有效

---

[①] Home Office. *Psychoactive Substances Act 2016*, November 19, 2018, https：//www.gov.uk/government/collections/psychoactive-substances-bill-2015.

[②] Psychoactive Substances Act 2016, Section 2, Meaning of "Psychoactive Substance".

控制和减少，具体而言，332 家新精神活性物质零售商停止销售此类物质。在该法案颁布后，因使用新精神活性物质而接受治疗的人数也普遍下降，一定程度上反映了新精神活性物质使用者人数的减少。从这个意义上来看，2016 年《精神物质法案》的颁布实施对于新精神活性物质的使用起到了一定冲击和抑制作用。①

2016 年《精神物质法案》实施之后，"临时类别毒品"的使用逐渐减少，② 英国对于新型毒品、新精神活性物质的管制措施经历了逐步完善的过程，现已非常全面且十分灵活。无论对于传统毒品，或是以改变化学结构方式制造的新型毒品，还是国际公约尚未列管但具有成瘾性与危害性的新精神活性物质，都在英国的恢恢法网之下。

### （三）新精神活性物质"临时管制"的建议

我国新精神活性物质法律规制体系的完善有赖于两个方面的共同努力：一方面，应及时对《非药用类麻醉药品和精神药品列管办法》《精神药品品种目录》等规范性法律文件进行更新与完善；另一方面，应积极探索罪刑法定原则指导下，对于市场上新出现的新精神活性物质，以其主要化学成分、药效功能、生物有害性等内容为主要指标，及时、有效地认定其是否应受刑法规制，并对其主要化学成分、药效功能、生物有害性等内容与已列管毒品相类似或者更为严重的物质及时、有效地予以法律规制，禁止此类物质的走私、贩卖、运输、制造等以及《刑法》第四章第七节所述行为。其中，第一个方面的努力有赖于科学家、医学家、药学家、法学家的共同研讨。而第二个方面，对于探寻市场上新出现的新精神活性物质的及时、有效规制的具体路径，本书认为，不妨借鉴英国《临时毒品类别令》的规定，以及该规定中体现的堵塞潜在毒品犯罪分子违法犯罪之路的精神。对新出现的主要化学成分、药效功能、生物有害性与我国已列管的毒品相类似或更为严重的物质，不妨采取"临时管制"措施，为我国"事后管制"模式增加一定程度的灵活性，使游走在违法犯罪边缘的行为无处遁形。

对于新出现的新精神活性物质的"临时管制"意味着以下三个方面

---

① Home Office: *Review of the Psychoactive Substances Act 2016*, November 2018, pp.5-7.

② Ibid., p.4.

的内涵与规制：（1）涉案新精神活性物质将被认定为列管毒品；（2）针对涉案新精神活性物质实施的制造、贩卖等行为将被认定为刑事犯罪；（3）以非法目的使用涉案新精神活性物质的行为将受到禁止性规定的约束。换言之，"临时管制"使得涉案新精神活性物质具备非法性，针对此类物质实施的特定行为将面临法律上的否定性评价，引起极为严重的法律后果。因此，针对新精神活性物质的"临时管制"措施的启动条件应合理设置，并在满足其启动条件时，审慎执行。

本书认为，新精神活性物质的"临时管制"启动条件应至少包括以下几个方面的内容：（1）涉案新精神活性物质正在被人们滥用，或存在被人们滥用的风险；（2）涉案新精神活性物质的滥用导致或可能对使用者个人的健康甚至生命造成危害，或者对使用者之外的其他人的生活状况或生存环境产生消极影响，例如毒品使用者在使用新精神活性物质后，很大程度上或者必然会实施恶性暴力行为，从而严重危害了社会公共安全等情形；（3）涉案新精神活性物质尚未出现在列管毒品目录之中，但其分子结构与列管毒品的分子结构类似，危害性、成瘾性相似或更甚。在上述条件均得以满足的情形下，由国家禁毒委员会以全体会议的形式，或者必要时以紧急会议的形式，做出对涉案新精神活性物质实施"临时管制"的决定。

另外，若"临时管制"的时间过短，那么临时管制措施转向长期管制措施的立法压力会很大，若"临时管制"的时间过长，那么该措施的灵活性与临时性将无法得到有效凸显，甚至面临一定挑战。因此，本书建议针对新出现的新精神活性物质的"临时管制"期限为，不应超过12个月。在新精神活性物质被宣布应受临时管制时起的12个月内，应迅速针对涉案新精神活性物质分子结构、成瘾机制、危害性、戒断途径等各个方面进行检验与论证，并及时决定是否将该物质列入管制。

## 三 "扩大没收"程序对毒品犯罪的有限适用

### （一）国际社会"扩大没收"的立法模式

相对于没收本案违法所得的制度而言，"扩大没收"（Extended Confiscation）程序拟没收的违法所得范畴不局限于本案所涉犯罪的违法所得，还包括本案犯罪之外、源自被告人其他违法行为的违法所得。① 一般而言，在"扩大没收"的语境下，控诉方无须证明涉案财物属于某个特定犯罪行为（即本案所涉犯罪行为）的违法所得，而只需要证明被告人的合法收入与其所支配的财物不成比例，有理由怀疑其中一部分收入来源于被告人的一般犯罪行为，即可推定该差额部分属于一般犯罪行为而申请没收，除非被告人提出相反证据证明财物存在合法来源。② 毒品犯罪由于其成瘾性、贪利性而备受世界瞩目，对于毒品犯罪所得的"定罪没收"程序也呈现出特殊化、严厉化趋势。国际社会对于"扩大没收"程序在毒品犯罪领域的适用的立法模式，大致可以分为三种。

第一，直接规定对毒品犯罪适用"扩大没收"程序的同时，也对满足一定条件的其他各类犯罪适用"扩大没收"程序。以英国为例，2002年《犯罪收益追缴法案》引入了"犯罪生活方式"这一重要概念，以被告人犯罪行为的性质和特点为标准来判断该行为人对犯罪经济效益的依赖性，并将刑事没收的范围扩大至被告人可能享有的一切非法利益，无论该非法利益是否与当前刑事诉讼中的定罪关联。只要满足以下三个条件之一的，法官将认定被告人具有"犯罪生活方式"：（1）被告人犯有2002年《犯罪收益追缴法案》附表二所列九种罪行之一，这九种罪行包括贩毒罪（Drug Trafficking）、洗钱罪、领导恐怖活动罪、贩卖人口罪、贩卖武器罪、走私罪、侵犯知识产权罪、组织卖淫活动罪、敲诈勒索罪；（2）被告人在6个月以上的时间内，持续犯有任何罪行并且从中受益；（3）被定罪的行为构成犯罪活动进程的组成部分。③

认定犯罪人是否具有"犯罪生活方式"的三个条件之中，第一个条件以贩毒罪为首，若行为人实施了贩毒罪等其他九种犯罪，则在其刑事诉讼程序中，法官将直接推定该行为人具有"犯罪生活方式"并做出"扩

---

① 王士帆：《2017年德国犯罪所得没收新发：扩大没收与第三人没收》，《刑事政策与犯罪研究论文集（21）》，http：//www.cprc.moj.gov.tw/media/8199/91101685994.pdf? mediaDL = true，2019年8月11日，第5页。

② Ladislav Hamran, "Confiscation of Proceeds from Crime: A Challenge for Criminal Justice?", in Flora A. N. J. Goudappel & Ernst M. H. Hirsch Ballin eds., *Democracy and Rule of Law in the European Union*, T. M. C. Asser Press, 2016, p. 170.

③ 英国2002年《犯罪收益追缴法案》第75条第（2）款第（a）、（b）、（c）项。《英国2002年犯罪收益追缴法》，张磊、梁文钧、罗海珊译，中国政法大学出版社2010年版。

大没收"的决定,足以看出英国力图全面没收贩毒罪的违法犯罪所得、彻底打击毒品犯罪的立场,彰显了英国的锋芒所向。第二个条件以时间跨度为依据,第三个条件以被告人的犯罪行为数量为依据,判断被告人是否具有长期策划、实施犯罪行为,以及该长期策划行为可能反映出的职业性犯罪的特点。例如,假设被告人犯有盗窃罪,即使盗窃罪不属于2002年《犯罪收益追缴法案》附表二所列九种罪行,但是如果被告人在超过6个月的时间内,参与策划实施该盗窃行为,并且从其盗窃行为中获益,即可认定该被告人具有"犯罪生活方式"。

一旦被告人被认定具有"犯罪生活方式",法官可以就其犯罪收益问题上推定被告人以一般犯罪收益为生,而不具有其他合法经济来源,[①] 可谓十分严厉。英国2002年《犯罪收益追缴法案》允许法官在有合理理由认为做出上述推定是错误的,或有合理理由认为做出上述推定有可能造成严重的不公正时,[②] 可以不做出上述推定。

金钱是有组织犯罪的原动力。英国《国家治毒战略2010》的统计数据显示,2007—2010年,以没收令回复的毒品犯罪收益高达9000万英镑,另外没收了毒品犯罪分子现金250万英镑。[③] 英国的"定罪没收"程序采取十分严厉的态度,对于任何罪行而言,只要法官能够合理地从时间上,或者被告人实施的犯罪行为数量上,判断出该被告人以实施犯罪为业,在符合公平正义的条件下,均可以认定被告人具有"犯罪生活方式",并推定该被告人的所有财产均来源于犯罪行为。而对于实施了贩毒罪等九种犯罪的被告人而言,其罪行性质直接会导致"犯罪生活方式"及其推定的适用。在刑事没收申请的审理过程中,对于被告人是否具有

---

[①] 依据是以下四项推定:第一,自相关日期后的任何时间转移至被告人的一切财产,自被告人持有时起均构成一般犯罪行为的收益,其中"相关日期"指的是从被告人受到定罪的刑事诉讼启动之日起向前追溯6年期间的第一天;第二,自定罪之日后任何时间被告人所获取的一切财产,自其被持有时起,均构成一般犯罪行为的收益;第三,被告人自"相关日期"后的任何时间的任何开销均被视为被告人从其一般犯罪行为的获利中支付的;第四,为计算被告人获得或推定获得财产的价值,推定其对所获财产不具有任何其他合法利益。英国2002年《犯罪收益追缴法案》第10条第(2)(3)(4)(5)(6)(8)款。

[②] 英国2002年《犯罪收益追缴法案》第10条。

[③] Home Office, *Drug Strategy 2010 Reducing Demand, Restricting Supply, Building Recovery: Supporting People to Live A Drug-Free Life*, December 2010, p. 16.

"犯罪生活方式"以及其犯罪收益数额的认定,英国 2002 年《犯罪收益追缴法案》允许法官依据申请人提供的信息和相关证据,以及被告人的答复和辩护意见进行综合评判,采取"优势证据标准"(Balance of Probabilities)而非刑事诉讼的证明标准,依据双方证据分量的轻重,权衡有关事实的或然性程度,综合判断。如此严厉的"定罪没收"程序表明了英国打击贩毒罪等其他九种犯罪的决心,以及打击以犯罪为业者的坚决态度。

第二,仅规定对于特定犯罪适用"扩大没收"程序。欧盟吸收和借鉴了英国 2002 年《犯罪收益追缴法案》有关"犯罪生活方式"及其推定的合理成分,于 2014 年 4 月 3 日颁布的《欧洲议会与欧洲理事会关于欧盟国家冻结与没收犯罪工具与犯罪收益的指令》(*Directive of the European Parliament and of the Council on the Freezing and Confiscation of Instrumentalities and Proceeds of Crime in the European Union*,以下简称为 2014 年《欧盟指令》)规定了"未定罪没收"、"扩大没收"与"第三人没收"(Third Party Confiscation)三种特殊没收程序。[①] 其中,第 4 条第 1 款规定:"成员国应当采取必要措施,在终审有罪判决之后,授权没收犯罪工具和犯罪收益的一部分或全部没收与之等值的财产;认定犯罪的刑事诉讼也可以在缺席审判的情况下进行。"这一规定表明了 2014 年《欧盟指令》对于犯罪工具和犯罪收益的"定罪没收"立场。在此基础上,2014 年《欧盟指令》进一步针对其列明的某些特定犯罪以及依照国内法律规定满足一定条件的犯罪实施"扩大没收"的主张。2014 年《欧盟指令》第 5 条第 1 款对于"扩大没收"做出了原则性规定:"成员国必须采取必要措施,授权对于已被判处刑事犯罪的被告人的财产中,直接或间接来源于犯罪的一部分或全部予以没收,该没收需以具体事实和现有证据等案件情形为依据,例如被告人的财产与其合法收入不成比例等事实就足以说明涉案财产是被告人的犯罪所得"。第 2 款则对第 1 款"刑事犯罪"的范围做出限制,明确了各成员国至少应对非法毒品贩运犯罪(Illicit Drug Trafficking)、洗钱罪、诈骗罪、恐怖主义犯罪、腐败犯罪、有组织犯罪、

---

① 分别规定于 2014 年《欧盟指令》第 4 条第 2 款、第 5 条和第 6 条。

贩卖人口犯罪、攻击信息系统犯罪等罪行，可以直接适用"扩大没收"程序。①

2014 年《欧盟指令》指出，当法院认定（Satisfied）涉案财产属于被告人的犯罪收益时，应确保"扩大没收"程序是可供法院选择的应对方式。但这并不意味着其证明标准必须达到刑事诉讼证明标准的程度，实际上，只需要以"优势证据标准"，或达到能够合理假设涉案财物来自犯罪行为而非其他活动的程度即可。此时，法院必须充分考虑案件情形，包括具体案件事实与现有证据。其中，被告人的合法收入与其所有财产不成比例的事实属于法院能够据以认定涉案财产属于犯罪所得的事实之一。此外，成员国还可以规定将被告人在一定时期内获得的财产视为犯罪所得。②

可以看出，有关毒品犯罪的"扩大没收"程序的规定，《欧盟指令》吸收和借鉴了英国 2002 年《犯罪收益追缴法案》有关"犯罪生活方式"及其推定的合理成分。首先，二者均将没收对象限于已被定罪的非法毒品贩运犯罪，排除了危害性程度较小的例如种植毒品原植物罪、非法持有毒品罪等毒品犯罪；其次，二者对于涉案财产与犯罪行为的关联性的证明均采取"优势证据标准"，而未采用更为严格的普通刑事诉讼程序的证明标准。针对非法贩卖毒品行为采取"扩大没收"程序，可谓在刑事定罪的基础上，最大限度地为没收被告人的犯罪所得提供法律和制度保障，在彻底、全面地确保毒品犯罪分子不得从毒品犯罪中获益的同时，也以限定适用范围的方式确保了犯罪分子的合法权利，节约了司法资源。

第三，对所有犯罪一律规定"扩大没收"程序的适用。在 2014 年《欧盟指令》的影响下，德国大幅修改了以往的没收制度。③ 2017 年 7 月 1 日起开始实施的《刑法财产剥夺改革法案》（*Gesetzes zur Reform der strafrechtlichen Vermögensabschöpfung*）对"扩大没收"、第三人犯罪所得没

---

① "Directive 2014/42/EU of the European Parliament and the Council of 3 April 2014 on the Freezing and Confiscation of Instrumentalities and Proceeds of Crime in the European Union", *Official Journal of the European Union*, http://db.eurocrim.org/db/en/doc/2140.pdf.

② Ibid.

③ See Johan Boucht, *The Limits of Asset Confiscation: On the Legitimacy of Extended Apparition of Criminal Proceeds*, Oxford and Portland, Oregon: Hart Publishing, 2017, p. 5.

收等重要程序和规则做出全面、详细的规定,明确规定将"扩大没收"程序适用于所有犯罪,而不局限于清晰列明的"目录犯罪(行)"。① 需要注明的是,德国 2017 年修法前,"目录犯罪(行)"主要为集团性或常业性犯罪,不包括毒品犯罪。② 德国 2017 年《刑法财产剥夺改革法案》可谓在英国 2002 年《犯罪收益追缴法案》、2014 年《欧盟指令》的基础上,更进了一步。这一举措彻底改变了 1992 年《对抗非法毒品交易与其他形态组织犯罪法案》(Gesetz zur Bekämpfung des Illegalen Rauschgifthandels und anderer Erscheinungsformen der Organisierten Kriminalität, OrgKG)首次引入"扩大没收"程序时,将该程序明确限定在"目录犯罪(行)"(Katalogtat)的立场。③

(二)"扩大没收"程序对我国毒品犯罪的有限适用

我国《刑法》第 64 条规定了"定罪没收"程序,以刑事定罪为前提,适用范围不受限制,旨在实现并确保"任何人不得从犯罪中获益"。欧洲主要国家不乏对非法贩卖毒品犯罪的"定罪没收"采取"扩大没收"程序,对被告人合法收入与其所有财产不成比例的部分,推定为犯罪所得,以"优势证据标准"来判断该部分财产与其犯罪行为之间的关联性,具有积极意义。要将"扩大没收"程序引入我国毒品犯罪所得的没收之中,必须在把握"危害最小化"治毒思路的基础上,对该没收程序予以恰当限制。

1. "定罪没收"程序与"未定罪没收"程序的概念厘清

在展开对于没收程序适用范围的探讨之前,首先必须厘清"没收财产刑"与"定罪没收"程序的区别与联系。我国《刑法》第 59 条规定了没收犯罪分子个人所有财产的一部或者全部的没收财产刑,也称为"一

---

① Vgl. Bittmann, Zum Regierungsentwurf der Reform der Vermögensabschöpfung, KriPoZ 2016, 122. 转引自王士帆《2017 年德国犯罪所得没收新发:扩大没收与第三人没收》,载《刑事政策与犯罪研究论文集(21)》,https://www.cprc.moj.gov.tw/media/8199/91101685994.pdf? mediaDL= true,2019 年 8 月 11 日,第 4 页。

② 吴耀宗:《刑法第三八条之一第二项立法理由与德国扩大没收》,《月旦法学杂志》2016 年第 4 期。

③ Vgl. Podolsky/Brenner, Vermögensabschöpfung im Straf- und Ordnungswidrigkeitenverfahren, 5. Aufl., 2012, S. 94, 97 ff. 转引自林钰雄《洗钱扩大利得没收之审查体系》,《月旦刑事法评论》2018 年第 11 期。

般没收"。我国《刑法》第64条规定了"对于犯罪分子违法所得的一切财物，应当予以追缴或者责令退赔；对被害人的合法财产，应当及时返还；违禁品和供犯罪所用的本人财物，应当予以没收"。关于违法所得、违禁品与供犯罪所用的本人财物的没收在理论与实践中一般被称为"特别没收"。[①]

从《刑法》第64条的表述和语句结构来看，对于犯罪分子违法所得的追缴与责令退赔应处于同一层次的并列、选择关系：当犯罪分子的违法所得还存在时，适用追缴；当违法所得不复存在时，适用退赔。此外，违法所得追缴后应归国有，而责令退赔的对象则为被害人。但实践中，相关法律文件[②]与指导案例[③]均表明追缴本身并不必然包含对涉案财物的最终处理。因此，应将"追缴"理解为没收与返还两种最终处理方式的前置程序，而"没收"与"被害人的合法财产"的返还应为并列关系，只是适用对象不同。《刑法》第64条规定的"定罪没收"程序的对象是犯罪分子违法所得的一切财物、违禁品和供犯罪所用的本人财物，其中违禁品的判断无须以定罪为前提，但是犯罪分子违法所得的财物和其所用于犯罪的本人财物的认定则以被告人的行为构成犯罪为前提。《刑法》第64条规定于总则第四章"刑罚的具体适用"中"量刑"一节下，这一立法位置也表明该没收程序是在法院涉判决案件时一并适用的，换言之，《刑

---

① 刘鹏玮：《"特别没收"的司法失衡与规范重塑——以"供犯罪所用的本人财物"之没收为视角》，《苏州大学学报》（法学版）2017年第3期。

② 例如，最高人民法院、最高人民检察院、公安部1997年3月28日颁布的《关于处理非法生产光盘案件有关问题的通知》规定："公安机关对查获的光盘生产线设备作为犯罪工具依法追缴后，应采取拍照、录像等方式做好物证的保全、固定工作，再变卖结有关部门指定的单位，变卖的价款及其孳息可暂存入银行。"又如《人民检察院刑事诉讼规则》第275条规定："追缴的财物中，属于被害人的合法财产，不需要在法庭上出示的，应当及时返还被害人。"刘鹏玮：《"特别没收"的司法失衡与规范重塑——以"供犯罪所用的本人财物"之没收为视角》，《苏州大学学报》（法学版）2017年第3期。

③ 例如，中国刑事审判指导案例第231号"吴彩森、郭家春等虚开增值税专用发票案"中判决书主文部分表述"被告人非法所得、存款、利息、桑塔纳轿车均予以追缴，上缴国库"；《刑事审判参考》（总第31集）裁判文书选登"朱小华受贿案"判决书主文部分表述"继续追缴被告人朱小华犯罪所得人民币四百三十一万三千零二十三元二角二分，予以没收，上缴国库"。刘鹏玮：《"特别没收"的司法失衡与规范重塑——以"供犯罪所用的本人财物"之没收为视角》，《苏州大学学报》（法学版）2017年第3期。

法》第 64 条规定的没收需以对特定行为人的定罪为基础。①

"没收财产刑"与"定罪没收"存在三方面的关键差异：在适用对象方面，前者针对的是被告人的合法财产，后者针对的是涉案的违法财物；在适用罪名方面，前者可以适用于《刑法》分则规定了没收财产刑的各项罪名，而后者并无限制，对所有罪名都同等适用；在适用方式上，前者有并科与选科之分，而后者不具有选择性，为"应当没收"。

厘清了没收财产刑与"定罪没收"程序的差异后，还需明确"定罪没收"程序与"未定罪没收"程序之间的关联。2012 年《刑事诉讼法》修正案生效之前，我国对于涉案财物的处理有三种模式：其一，依附于刑事审判程序的模式，法院通过刑事审判认定被告人是否应承担刑事责任的同时，对涉案财物予以处理，即上文所述《刑法》第 64 条规定的"定罪没收"程序。其二，行政程序的处理模式，包括检察机关提出检察意见，随后移送至主管机关处理和扣押机关按照规定处理违禁品的程序。其三，介于刑事诉讼程序与行政程序之间的准诉讼程序，包括法院对冻结存款、汇款的裁定程序，以及检察机关直接处理程序。2012 年《刑事诉讼法》在既有程序的基础上增加了犯罪嫌疑人、被告人逃匿、死亡的没收程序，《2017 年两高规定》对这一新增的无须经过定罪量刑而直接对违法所得予以没收的程序做出了司法解释，这一没收程序即是"未定罪没收"程序。②"定罪没收"程序与"未定罪没收"程序均以消除犯罪产生的不法状态为目的，将财产秩序复原到不法行为实施之前。③ 只不过前者必须附着于刑事定罪程序，以刑事定罪为前提；而后者可以独立于刑事诉讼程序，只处理犯罪嫌疑人、被告人的违法所得，既不能也不可能就犯罪嫌疑人、被告人的有责性做出评价。

---

① 胡成胜、王莉：《论特别没收的本质属性》，《湖北社会科学》2017 年第 11 期。
② 方伯兴：《论刑事诉讼中的"对物之诉"——一种以涉案财物处置为中心的裁判理论》，《华东政法大学学报》2017 年第 5 期；吴光升：《刑事涉案财物处理程序的正当化》，《法律适用》2007 年第 10 期；汪建成：《论特定案件违法所得没收程序的建立和完善》，《国家检察官学院学报》2012 年第 1 期。
③ [挪] Jon Petter Rui、[德] Ulrich Sieber、陈尔彦：《欧洲的无定罪没收：一个总览》（上），《现代法治研究》2017 年第 1 期。

## 2. "扩大没收"程序仅应适用于"定罪没收"

实际上,"扩大没收"程序在各国的确立并非一蹴而就,而是经历了激烈的争议与探讨。德国 2017 年修法之前,"扩大没收"程序对于特定犯罪的适用,引发了该国学术界对于该规定是否违反无罪推定原则,以及对被告人财产权的剥夺是否符合比例原则的激烈探讨。[①] 1994 年,德国联邦最高法院刑事第四庭率先对此类争论做出回应(BGHSt 40, 371),指出"扩大没收"程序的适用"只需要一个违法行为存在即可,并不以确认罪责为前提",因而没有违反无罪推定原则。此外,依据德国民法对于"无法取得所有权之不法所得"的规定,"扩大没收"程序拟没收的财产也不在德国宪法保护的财产权之列。[②] 2004 年,德国联邦宪法法院支持了联邦最高法院 BGHSt 40, 371 的合宪性见解(BVerfGE 110, 1, 26),[③] 肯定了"扩大没收"程序符合宪法对于公民财产权的保障,并不违反无罪推定原则,也未侵害被告人不得自证其罪的权利。[④]

我国尚未在刑事诉讼法或实体法中规定"扩大没收"程序,但我国刑法典中并非全无"扩大没收"理念的踪迹。依据《刑法》第 395 条第 1 款"巨额财产来源不明罪"的规定,国家工作人员的财产或支出明显超过合法收入,差额巨大,而又无法说明其合法来源的,差额部分将被推定为非法所得,予以追缴。尽管该条款并非没收制度的体现,而是对于特殊主体无法解释财产合法来源将构成犯罪的具体规定,但是该条款对于拟追缴的财产来源不限于单一犯罪行为的主张契合了"扩大没收"的精神。鉴于"扩大没收"程序本身具有推定效果,若在被告人不出庭时进行推

---

① 吴耀宗:《刑法第 38 条之 1 第 2 项立法理由与德国扩大没收》,《月旦法学杂志》2016 年第 4 期。

② BGH, Beschl. v. 22. 11. 1994-4 StR 516/94。潘怡宏:《扩大利得没收之合宪性解释——德国联邦最高法院刑事裁判 BGHSt 40, 371 译介》,《月旦裁判时报》2016 年第 4 期。

③ BVerfG, Beschl. v. 14. 01. 2004-2 BvR 564/95。吴耀宗:《刑法第 38 条之 1 第 2 项立法理由与德国扩大没收》,《月旦法学杂志》2016 年第 4 期;连孟琦:《扩大利得没收之合宪裁判——德国联邦宪法法院裁判 BVerfG 2 BvR 564/95(BVerfGE 110, 1)译介》,《月旦裁判时报》2016 年第 6 期。

④ 吴耀宗:《刑法第 38 条之 1 第 2 项立法理由与德国扩大没收》,《月旦法学杂志》2016 年第 4 期。

定,将难以确保被告人的合法辩护权利得到正常行使。① 不公正的定罪量刑会侵犯被告人的人身自由和财产权利,不公正的没收程序虽然不会影响被告人的自由,但必然损害其财产权。从"危害最小化"的思路来看,不公正的定罪、量刑、违法所得没收都会对被告人的权利和利益造成损害,应当予以避免。因此本书主张将"扩大没收"程序限定在毒品犯罪的"定罪没收"的场合。倘若允许在犯罪嫌疑人、被告人不在案的情形下适用"扩大没收"程序,将难以有效保障被告人的辩诉权。此外,即便被告人到案后,针对没收程序的上诉有可能扭转已然生效的不公正裁定,也无疑将导致司法资源的极大浪费,因此并不可取。

另外,"定罪没收"程序中,对于毒品犯罪被告人的财产与其合法收入不成比例的部分做出合理怀疑亦属恰当之举。毒品犯罪兼具逐利性与隐蔽性,现实中不乏出卖毒品者与收取毒款者并非同一人、不在同一地的情形,也不乏通过"暗网"实施毒品犯罪的情形,② 诸多复杂的毒品犯罪现象为其违法所得的没收造成了不小阻碍。不可否认,司法实践中难以将毒品犯罪分子的每一笔无法解释合理来源的进账与每一次毒品犯罪挂钩。③ 对于毒品犯罪分子的财产与其合法收入不成比例的部分,检察机关有理由怀疑其来源为本案毒品犯罪之外的其他违法犯罪行为,并向法院申请没收。

3. "扩大没收"程序仅应适用于"走私、贩卖、运输、制造毒品罪"

国际社会中,英国、欧盟并未将"扩大没收"程序不加选择地适用于所有毒品犯罪,而是限定在"Drug Trafficking",即贩毒罪。而德国2017年《刑法财产剥夺改革法案》突破了罪名的限制,表明了将"扩大没收"程序适用于所有犯罪的鲜明立场。本书则认为,以行为对毒品犯罪危害的促进作用为基准,仅应将"扩大没收"程序适用于我国刑法分

---

① 吴光升、南漪:《违法所得没收程序证明问题研究》,《中国刑事法杂志》2018年第2期。

② 公安部:《〈2018年中国毒品形势报告〉发布》,http://www.gov.cn/xinwen/2019-06/18/content_5401230.htm,2019年8月10日。

③ European Parliament, *Common Rules for Non-Conviction Based Confiscation*, http://www.europarl.europa.eu/legislative-train/api/stages/report/current/theme/area-of-justice-and-fundamental-rights/file/common-rules-for-non-conviction-based-confiscation.

则中规定的"走私、贩卖、运输、制造毒品罪"。

根据本书第一章对于毒品犯罪的分类,毒品犯罪主要包括三类犯罪行为:毒品使用者在毒品作用下实施的恶性暴力行为、破坏财物行为、危害公共安全行为等违法犯罪行为;毒品使用者为了获取资金维持其毒品依赖而实施的获取型犯罪行为;以及我国《刑法》第六章第七节"走私、贩卖、运输、制造毒品罪"规制的系统型毒品犯罪行为。[1] 这三类毒品犯罪均可归属于广义的毒品犯罪的范畴,而只有第三类属于本文所指的狭义的毒品犯罪。从上述分类可以看出,前两类毒品犯罪行为的实施主体均为毒品使用者,而后一类毒品犯罪行为的实施主体既可以是毒品使用者,也可以是利欲熏心的其他人,属于本书所指毒品犯罪的危害。需要指出的是,无论是前两种毒品犯罪及其危害(或者说毒品使用及其危害),还是最后一种毒品犯罪及其危害,其最终危害的发生,都必须经过毒品使用环节。只有毒品使用者在使用毒品之后,才有可能实施上述第一类危害,只有毒品使用者形成毒品依赖之后,才有可能实施上述第二类危害。类似地,狭义毒品犯罪分子实施的走私、贩卖、运输、制造、持有毒品等行为只有介入了包括毒品使用在内的一个或多个环节,才有可能引起最终危害结果的发生,并且狭义的毒品犯罪类别下的每一个子类别毒品犯罪与最终毒品使用的危害之间需要介入的行为或环节的数量和程度都不尽相同。

从各类毒品犯罪行为对最终毒品使用危害的"促进程度"角度来看,假设存在一个飞镖靶,[2] 靶心是毒品使用的危害,距离靶心最近的是走私、贩卖、运输、制造毒品行为。该行为本身的危害性较之其他行为更大,导致毒品使用的可能性也更大。再往外的一圈是非法持有毒品行为,若无法证明持有人具有走私、贩卖、运输、制造毒品的目的,该持有行为至少可以被评定为非法持有毒品罪。更外面一圈则是非法种植毒品原植物,非法买卖、运输、携带、持有毒品原植物种子、幼苗等行为。从靶心向外扩散,每一圈距离靶心越来越远,每一圈所指代的行为

---

[1] Goldstein, P. J., "The Drugs/Violence Nexus: A Tripartite Conceptual Framework", *Journal of Drug Issues*, Vol. 15, 1985. 参见本书第一章第一节"危害最小化"治毒政策的概念。

[2] See Dennis J. Baker, *The Right Not to be Criminalized: Demarcating Criminal Law's Authority*, Aldershot: Ashgate Publishing Limited, 2011, pp. 35, 212-213.

造成毒品使用危害的可能性也越来越小。行为本身危害性程度不同，行为引起毒品使用的可能性程度大小也不尽相同。是以，应将"扩大没收"程序限定在最有可能导致毒品使用危害、相较于其他毒品犯罪行为而言危害性最大的走私、贩卖、运输、制造毒品行为，以期达到确保任何人无法从毒品犯罪中获益和保护毒品犯罪嫌疑人、被告人合法财产权之间的平衡。

4. "扩大没收"程序中的推定与证明

正如前文所述，"扩大没收"程序的典型特征在于推定的适用。以英国为例，依据2002年《犯罪收益追缴法案》，实施了贩毒罪的被告人将直接被认定为具有"犯罪生活方式"，法官将依此做出四项推定：第一，自相关日期后的任何时间转移至被告人的一切财产，自被告人持有时起均构成一般犯罪行为的收益，其中"相关日期"指的是从被告人受到定罪的刑事诉讼启动之日起向前追溯6年期间的第一天；第二，自定罪之日后任何时间被告人所获取的一切财产，自其被持有时起，均构成一般犯罪行为的收益；第三，被告人自"相关日期"后的任何时间的任何开销均被视为被告人从其一般犯罪行为的获利中支付的；第四，为计算被告人获得或推定获得财产的价值，推定其对所获财产不具有任何其他合法利益。① 依照英国法律，一旦法院认为被告人具有"犯罪生活方式"，将对其被刑事起诉之日起，往前追溯6年的一切财产推定为违法所得。证明这些财产合法来源的责任则由被告人承担，证据标准采用"优势证据标准"而非刑事诉讼中的"排除合理怀疑标准"。不可否认，如此严厉的标准反映了英国打击贩毒罪和以犯罪为业者的坚决态度。实践表明，英国没收制度的实施取得了一定成效。据英国《国家治毒战略2010》的统计数据显示，2007—2010年，以没收令追缴的毒品犯罪所得高达9000万英镑，另外以现金简易程序追缴毒品犯罪者现金2500万英镑。②

---

① 法官在合理理由认为做出上述推定是错误的，或认为做出上述推定有可能造成严重的不公正时，可以不做出上述推定。英国2002年《犯罪收益追缴法案》第10条第（2）（3）（4）（5）（6）（8）款。《英国2002年犯罪收益追缴法》，张磊、梁文钧、罗海珊译，中国政法大学出版社2010年版。

② See Home Office, *Drug Strategy 2010 Reducing Demand, Restricting Supply, Building Recovery: Supporting People to Live A Drug-Free Life*, December 2010, p. 16.

2014年《欧盟指令》也表明在"扩大没收"的场合，只需要以"优势证据标准"，或达到能够合理假设涉案财物来自犯罪行为而非其他活动的程度即可。同时也建议成员国规定，将被告人在一定时期内获得的财产视为犯罪所得。[①] 本书认为，不妨借鉴英国和2014年《欧盟指令》中"扩大没收"程序的推定规则与举证责任倒置规则。对于走私、贩卖、运输、制造毒品的被告人的财产与其合法收入不成比例的部分，推定为违法所得。对该部分财产合法来源的证明责任由被告人承担，采取"优势证据标准"。若根据案件事实和现有证据能够证明涉案财物具有高度可能性属于犯罪所得，则支持检察机关的主张；反之则支持被告人的诉讼请求。至于是将被告人一段时间内的收益推定为违法所得，还是将案件被起诉时被告人的所有财产推定为违法所得，还有待进一步研究与探讨。

## 四 "未定罪没收"程序对毒品犯罪的适用

违法所得没收制度的起源、形成、发展与犯罪形态的发展呈现出一定的对应关系。从起源看，违法所得没收制度发源于英美法中"对物诉讼"的传统，但其形成与发展于20世纪。20世纪以前，经济发展水平较低，人类生活也相对封闭，犯罪形态基本停留在"无组织"形态，与之对应的"对物诉讼"传统也局限在英国范围内。随着经济社会的高速发展，20世纪的犯罪发展到有组织犯罪形态；尤其是20世纪中期以后，有组织犯罪集团往往涉及贩毒、洗钱、走私、欺诈等犯罪行为，他们以获得巨额利益为目的，组织性强且对国家危害巨大。为了实现对此类犯罪的有效预防和打击，英美法系对传统的"对物诉讼"进行改造和升级，促使没收对象的范围不断扩大，没收程序设置也日益完善，且逐步展现出没收程序的独立性。20世纪末到21世纪初，随着经济社会的全球化，有组织犯罪呈现出跨国性，违法所得没收制度也因此由英美法国家的国内措施发展为国际社会应对毒品、洗钱、恐怖活动、腐败等犯罪的一种国际合作机制，这一时期有关毒品犯罪、跨国有组织犯罪、腐败犯罪的国际公约得以签订，"未定罪没收"程序构成了国际公约的重要组成部分。至此，违法所

---

① "Directive 2014/42/EU of the European Parliament and the Council of 3 April 2014 on the Freezing and Confiscation of Instrumentalities and Proceeds of Crime in the European Union", *Official Journal of the European Union*, https://db.eurocrim.org/db/en/doc/2140.pdf.

得的独立没收程序也逐步得到大陆法系国家和其他许多国家的认可。[①]

英美法系国家主流观点将违法所得没收程序归为民事诉讼程序，设立独立的"定罪没收"程序、"未定罪没收"程序以及民事没收简易程序。[②] 而在大陆法系国家，学界对没收程序的性质存在争议。但主流观点认为犯罪所得没收程序为刑事诉讼程序，并将犯罪所得没收制度视作惩罚犯罪的附随问题，相关的单独没收程序或追缴、追征程序大多被规定在刑事立法中，受制于无罪推定原则，在证明上需要满足较高的标准。[③]

此种争议在我国学术界也存在。主张刑事诉讼程序说的学者认为，"未定罪没收"程序被规定在《刑事诉讼法》中，程序设置上与普通刑事诉讼程序一致，[④] 程序的启动模式亦属于检察机关履行其职责的表现，且刑事诉讼程序能有效防止司法权的过度扩张，更有利于维护犯罪嫌疑人、被告人合法的财产权利。[⑤] 主张民事诉讼程序的学者指出，刑事诉讼程序解决的是行为人的刑事责任问题而产生的法律关系，涉及对其人身自由甚至生命权的剥夺，而民事诉讼解决私人纠纷，仅涉及两个平等主体之间的财产利益，[⑥] "未定罪没收"程序只是通过强制措施拿走本不属于行为人的"好处"，其性质类似于民法中的返还不当得利，只不过是在国家强制之下返还。[⑦] 还有观点认为"未定罪没收"程序既不能归属于刑罚、保安处分，也不能归属于非刑罚处罚，而是一种刑事实体处分措施，或称为独立的犯罪法律后果。[⑧] "未定罪没收"程序属性认定的差异导致了其启动条件、举证责任分配、证明标准的差异。究其本质，"未定罪没

---

[①] 刘文峰：《犯罪收益独立没收程序研究》，中国政法大学出版社2016年版，第83—84页。

[②] 同上书，第86页。

[③] 同上书，第87页。[挪] Jon Petter Rui、[德] Ulrich Sieber、陈尔彦：《欧洲的无定罪没收：一个总览》（上），《现代法治研究》2017年第1期。

[④] 解彬：《境外追赃刑事法律问题研究》，中国政法大学出版社2016年版，第183页；时延安、孟宪东、尹金洁《检察机关在违法所得没收程序中的地位和职责》，《法学杂志》2012年第11期。

[⑤] 李冠煜、吕明利：《国际追逃追赃视野中的特别没收程序：法律属性、对象范围与证明规则》，《武大国际法评论》2018年第2期。

[⑥] 万毅：《独立没收程序的证据法难题及其破解》，《法学》2012年第4期。

[⑦] 万志鹏：《论犯罪所得之没收》，《法商研究》2018年第3期。

[⑧] 胡成胜、王莉：《论特别没收的本质属性》，《湖北社会科学》2017年第11期。

收"程序既具有一部分民事诉讼的特征,又具有一部分刑事诉讼的特征。① 该程序的启动、审理模式体现了刑事诉讼的特征,而没收对象是行为人实施犯罪所获得的非法财产,具有返还不当得利、民事确权之诉的民事诉讼特征。

(一) 国际社会"未定罪没收"程序的立法模式

不以刑事定罪为基础的没收也被联合国毒品和犯罪问题办公室称为民事没收(Civil Confiscation or Forfeiture),与伴随着定罪的刑事没收(Criminal Confiscation or Forfeiture)相对。二者最显著的差异在于:前者不以刑事定罪为前提,直接针对特定涉案财物(In Rem);而后者以刑事定罪为基础,针对行为人(In Personam)。② 最早设置"未定罪没收"程序的国家是美国,主要为了应对当时加勒比海地区的海盗船和贩奴问题。③ 欧洲最早设置该程序的则是1965年的意大利。④ 在此之后,爱尔兰、英国、德国、挪威等欧洲国家也相继设立了"未定罪没收"程序。⑤ 尽管世界范围内设置"未定罪没收"程序的理由都是为了应对"定罪没收"程序无法实现时,对于涉案财产的处置问题,但是其发展路径并非完全一致。具体而言,"未定罪没收"程序的立法模式至少可以分为四种。⑥

---

① 孟军:《违法所得没收程序司法证明若干问题探讨》,《广播电视大学学报》(哲学社会科学版) 2017年第3期。

② United Nations Office on Drugs and Crime, *Module 10: Sentencing and Confiscation in Organized Crime*, https://www.unodc.org/e4j/en/organized-crime/module-10/key-issues/confiscation.html.

③ Theodore S. Greenberg, Linda M. Samuel, Wingate Grant, Larissa Gray, *Stolen Asset Recovery—A Good Practice Guide for Non-Conviction-Based Asset Forfeiture*, World Bank Publications, 2009, p.18.

④ European Commission, *Commission Staff Working Paper—Accompanying Document to the Proposal for a Directive of the European Parliament and the Council on the Freezing and Confiscation of Proceeds of Crime in the European Union*, Impact Assessment, March 12, 2012, p.19.

⑤ See European Commission, *Commission Staff working paper—Accompanying Document to the Proposal for a Directive of the European Parliament and the Council on the Freezing and Confiscation of Proceeds of Crime in the European Union*, Impact Assessment, March 12, 2012, pp.31-32, 213, 215, 219-220.

⑥ See Jon Petter Rui, Ulrich Sieber eds., *Non-conviction-based Confiscation in Europe: Possibilities and Limitations on Rules Enabling Confiscation without a Criminal Conviction*, Dunckler & Humblot, 2015, pp.31-38, 119-121, 245-247.

第一种模式，出于与犯罪相关的财产不得参与社会流通的目的，完整引入针对特定财产的"对物没收"程序，适用民事诉讼法和程序法的相关规定，没收的对象与行为人、刑事定罪无关。

以英国为例，英国现代违法所得没收制度的起源，即是毒品犯罪收益没收制度。英国作为现代诸多犯罪收益没收制度的发祥地，历史上存在过"民事死亡"没收、"血统玷污"没收以及"法定"没收等制度。12 世纪初，英国刑法中的犯罪分为重罪与轻罪，重罪的英文表述为"Felony"，该词在词源上就有没收财产之意，当时英国规定对重罪一律要求适用没收财产。而英国现代犯罪收益没收制度的发展则始于 20 世纪下半叶至 21 世纪初，随着贩毒、洗钱、恐怖活动等犯罪的猖獗，英国逐步重视违法所得没收程序，并在《1953 年预防犯罪法（与攻击性武器有关）》与 1971 年《毒品滥用法案》中规定了没收条款。英国现代犯罪收益独立没收制度重点体现在 1986 年《毒品贩运法案》之中。1981 年的卡思伯森（Cuthbertson）案件将现金、汽车、国外储蓄、有价证券等总价值 75 万英镑的财产认定为没收对象。[①] 尽管该案的没收令最终未能得到上议院的支持，但是该案的主张引起了霍奇森爵士倡导的"犯罪收益问题"委员会的设立。该委员会于 1984 年发布了"犯罪收益及其恢复"（Profits of Crime and Their Recovery）的报告，该报告直接促进了 1986 年《毒品贩运法案》中对于毒品犯罪收益范围扩大认定的规定。

随后的 1990 年《刑事司法（国际合作）法》第 25、26 条进一步扩大毒品犯罪收益的没收范围："对于外国毒品犯罪相关的资金，无论是属于犯罪收益的钱款还是准备用于毒品交易的钱款，均可以决定扣押，连同扣押后产生的利息可提请法院予以没收。"[②] 此后的 2000 年《刑事法院（判决）法案》更是在对于毒品犯罪收益没收的基础上，将没收令的适用范围扩大到所有犯罪。[③] 2002 年《犯罪收益追缴法案》融合了刑事法、民事法、行政法、财税法、破产法等不同性质的法律规范于一身，系统化地规定了刑事没收程序、民事追缴程序，以及民事追缴程序中的特殊程

---

① [1981] AC 470，[1980] 2 ALL ER 401，[1980] 3 WLR 89，(1980) 71 Cr App R 148.
② 《英国国际刑事合作法》，黄伯青等译，中国政法大学出版社 2008 年版，第 213—216 页。
③ [英] 约翰·斯普莱克：《英国刑事诉讼程序》（第九版），徐美君、杨立涛译，中国人民大学出版社 2006 年版，第 577—578 页。

序——现金追缴简易程序。① 其中,"民事追缴"的对象是违法所得,该程序只要求证明拟没收财产来源于非法行为(Unlawful Conduct)即可,而无须将特定财产与特定犯罪行为联系起来。"民事追缴"采用民事诉讼程序、惯例与证明标准。对于犯罪嫌疑人、被告人死亡、逃匿或因其他原因而无法适用"定罪没收"程序时,也可以采取此种"民事追缴"程序。② 此外,2017 年《刑事财产法案》(Criminal Finances Act 2017)规定了"无法解释的财产令"(Unexplained Wealth Orders),在法官有合理理由相信被告人③持有该财产,且该财产总额超过 5 万英镑,但被告人的合法收入不足以覆盖该财产价值的情形下,可以签发"无法解释的财产令",要求被告人说明该财产的性质、被告人占有的比例以及被告人获取该财产的途径等信息。在被告人无法说明或拒绝说明财产合法来源的场合,民事追缴程序将得以适用。

第二种模式,出于预防犯罪发生的目的,零散引入独立于刑事诉讼之外的没收制度,以涉案财产与行为人的关联为必要。

以意大利为例,"预防型没收"(Preventive Confiscation)制度的设立和适用经历了三个阶段。第一阶段(1965 年)对任何涉嫌黑手党犯罪(Mafia Crime)的行为人不经刑事诉讼而采取预防措施。④ 第二阶段(1982 年)确立了财物预防措施(Financial Preventive Measures),但仅限于黑手党犯罪,并且针对财物的预防措施必须与针对行为人的预防措施配套使用。⑤ 第三阶段(2011 年)以整合性的立法取代了之前所有相关的零

---

① 《英国 2002 年犯罪收益追缴法》,张磊、梁文钧、罗海珊译,中国政法大学出版社 2010 年版,"引言"第 1 页;刘文峰《犯罪收益独立没收程序研究》,中国政法大学出版社 2016 年版,第 55—59 页。

② European Commission, *Commission Staff Working Document—Analysis of Non-conviction based Confiscation Measures in the European Union*, April 12, 2019, p.17.

③ 此类被告人限于英国 2017 年《刑事财产法案》第 363B 条第 4 款规定的范围,例如严重犯罪的嫌疑人。

④ 这类预防措施包括对于黑手党嫌疑人人身自由和行为自由的限制,例如处于被监视之中、不得进入该国特定区域等。Jon Petter Rui, UlrichSieber eds., *Non-conviction-based Confiscation in Europe: Possibilities and Limitations on Rules Enabling Confiscation without a Criminal Conviction*, Dunckler & Humblot, 2015, p.119.

⑤ Jon Petter Rui, UlrichSieber eds., *Non-conviction-based Confiscation in Europe: Possibilities and Limitations on Rules Enabling Confiscation without a Criminal Conviction*, Dunckler & Humblot, 2015, p. 121.

散立法，"预防型没收"制度被规定于行政法之中，正式独立于刑事诉讼程序，适用较为宽松的实体法和程序法规定。① 遗憾的是，尽管立法者努力尝试在立法中切割行为人的危险性与财产的危险性之间的关联，但尚未成功。

第三种模式，将"未定罪没收"程序作为特定情形下"定罪没收"程序无法实现时的替代措施，以涉案财产、行为人、刑事定罪之间的关联为必要。

以 2014 年《欧盟指令》为例，第 4 条第 2 款指出"未定罪没收"程序的适用必须满足三个条件：（1）特定犯罪行为会产生经济利益（违法所得）；（2）犯罪嫌疑人、被告人因疾病或逃匿等原因而不在案；（3）如果嫌疑人或被告人能够在案接受刑事审判，所提起的刑事诉讼会导致刑事定罪。可见，2014 年《欧盟指令》将不以刑事定罪为基础的没收程序作为"定罪没收"程序的替代举措，该程序得以适用的前提即是行为人、刑事定罪、特定财产之间存在关联。

第四种模式则兼具"任何人不得从犯罪中获益"的目的，以及预防犯罪发生的目的，将"独立没收"程序作为以刑事实体法、程序法规定的"定罪没收"程序无法适用时的替代没收程序。不同于第一类将"未定罪没收"程序规定在民事法律中的立法没收，此类针对财物的没收规定在刑事法律中。

以德国为例，2017 年《刑法》将"独立没收"程序作为"定罪没收"程序无法适用时的没收程序，它的适用需满足三个条件：（1）行为人因疾病、死亡或逃匿而无法接受针对特定犯罪行为的刑事审判；（2）行为人涉嫌严重犯罪；② （3）拟没收财产与该特定犯罪行为存在关

---

① Jon Petter Rui, UlrichSieber eds., *Non-conviction-based Confiscation in Europe: Possibilities and Limitations on Rules Enabling Confiscation without a Criminal Conviction*, Dunckler & Humblot, 2015, pp. 122-124.

② 此"严重犯罪"的范围与《欧盟运作公约》（*Treaty on the Functioning of the European Union*）第 83 条第 1 款所述范围类似，即恐怖主义犯罪、贩运人口、对妇女和儿童的性剥削犯罪、非法贩毒、非法贩运武器、洗钱犯罪、腐败犯罪、伪造付款手段犯罪、网络犯罪和有组织犯罪。"Consolidated Version of The Treaty on the Functioning of the European Union", *Official Journal of the European Union*, October 26, 2012, https://eur-lex.europa.eu/legal-content/EN/TXT/PDF/?uri=CELEX：12012E/TXT。

联。① 具体到毒品犯罪，上述第二个条件中的"严重犯罪"主要包括以下几类行为：(1) 种植、制造、贩卖、走私、出让、运输毒品；(2) 转运毒品；(3) 医生、牙医、兽医违反规定开药、用药；(4) 医生、牙医、兽医违反规定将药品给予他人直接使用；(5) 使他人获得或给他人提供机会，使之能获得或提供未获许可的药物；(6) 将第 (5) 项所述机会公开或私下告诉他人；(7) 教唆他人未经许可使用药物；(8) 为毒品犯罪提供资金或其他财产；(9) 持有毒品等行为。② 此外，对于有组织犯罪"无法解释的财产"，德国也规定了独立于刑事定罪之外的没收程序。③

(二) 我国"未定罪没收"程序应普遍适用于各类毒品犯罪

从性质上看来，我国"未定罪没收"程序规定于刑事诉讼法，属于犯罪嫌疑人、被告人死亡、逃匿情形下，无法进行刑事诉讼，无法实现"定罪没收"情形下的替代没收措施。但是与欧盟以及欧洲主要发达国家相比，我国不以刑事定罪为基础的没收程序的适用范围较窄。具体到毒品犯罪领域，目前我国"未定罪没收"程序在毒品犯罪领域的适用被限定在犯罪嫌疑人、被告人逃匿境外，或该毒品犯罪案件在省、自治区、直辖市或者全国范围内具有较大影响的情形。④ 前一项情形限制过严，而后一项情形在实践中又存在认定困难，从而导致实践中该没收程序几乎无法适用于毒品犯罪。"未定罪没收"程序是毒品犯罪违法所得没收制度的重要组成部分，本书建议在《刑事诉讼法》中直接明确将"未定罪没收"程序不加限定地适用于毒品犯罪案件中犯罪嫌疑人、被告人逃匿，在通缉一年后不能到案的情形，主要原因有以下几点。

第一，有利于打击毒品供应市场。贝卡利亚曾写道："只要刑罚的恶果大于犯罪所带来的好处，刑罚就可以收到它的效果。这种大于好处的恶果

---

① Vgl. §§ 74a Abs. 2 Nr. 2, 3, 74d, 76a StGB.

② Vgl. §§ 76a Abs. 1, 4 Nr. 6 StGB.

③ European Commission, *Commission Staff Working Document—Analysis of Non-conviction-based Confiscation Measures in the European Union*, April 12, 2019, p. 7.

④ 2017年《最高人民法院、最高人民检察院关于犯罪嫌疑人、被告人逃匿、死亡案件适用违法所得没收程序若干问题的规定》第2条规定："在省、自治区、直辖市或者全国范围内具有较大影响，或者犯罪嫌疑人、被告人逃匿境外的，应当认定为刑事诉讼法第二百八十条第一款规定的'重大'。"

应当包括的，一是刑罚的坚定性，二是犯罪既得利益的丧失。"① 刑罚的坚定性主要依赖刑罚的确定性与及时性来实现，而犯罪既得利益的丧失的最佳实现途径，则是剥夺犯罪所获的任何收益。对于已经实施了毒品犯罪的行为人而言，消除"未定罪没收"程序在毒品犯罪领域的适用限制，将有助于各类毒品犯罪所获非法利益的没收。在确保毒品犯罪行为人"无法从犯罪中获利"的同时，也毁灭了毒品犯罪分子继续实施毒品犯罪的物质条件，从而达到降低毒品犯罪分子预期收益以及最终打击毒品供应市场的效果。

第二，有助于预防毒品犯罪。毒品犯罪具有逐利性的特征，其犯罪动因的一部分可以归为巨额非法利益的驱使，从经济学角度来看，行为人在实施毒品犯罪之前，必然综合考虑其行为的成本与收益。当毒品犯罪的收益明显大于犯罪成本时，行为人更倾向于实施毒品犯罪；相反，当毒品犯罪的刑罚成本、经济成本等各项成本可能高于犯罪收益时，行为人则会考虑冒险实施毒品犯罪是否值得。因此，预防毒品犯罪、打击毒品供应市场的有力途径之一即是增加行为人的预期犯罪成本，降低其预期犯罪收益。

对于尚未实施但正在考虑实施毒品犯罪的"潜在毒品犯罪人"而言，若其行为不受到毒瘾影响，而是单纯出于逐利目的实施毒品犯罪，"未定罪没收"程序在毒品犯罪领域的无条件适用就有较强的威慑效果。这些人必然考虑行为风险与行为后果的可能性与比例，进而做出更理性的选择。倘若他们认识到实施毒品犯罪极有可能受到刑事处罚，且犯罪所得无法留给自己或家人使用，即使费尽心力实施毒品犯罪，最后也不能获得任何"好处"，许多尚存理性的行为人很有可能会放弃实施毒品犯罪。而对于已经形成毒品依赖的毒品使用者而言，实施毒品犯罪的目的不外乎直接获取毒品，或者获取资金来购买毒品。在"未定罪没收"程序对各类毒品犯罪普遍适用的情形下，吸毒成瘾者实施毒品犯罪的目的将无法实现。此时，阿片类毒品的替代治疗等"危害最小化"举措②的综合运用不失为吸毒成瘾者的首选。"未定罪没收"程序在客

---

① [意] 贝卡利亚：《论犯罪与刑罚》，黄风译，中国法制出版社 2002 年版，第 50 页。
② 王晓晓：《中英比较视域下我国毒品犯罪治理模式的调整路径》，《法治论坛》2019 年第 1 期；王晓晓：《"危害最小化"的治毒政策及其借鉴意义》，《辽宁大学学报》（哲学社会科学版）2019 年第 2 期。

观上可以起到促进吸毒成瘾者寻求各类替代措施和治疗措施的作用，以及在控制自身有害毒品使用行为的同时，避免因欠缺理性的犯罪行为而受到刑事处罚的作用。

第三，有益于毒品犯罪违法所得没收的国际协作。我国作为经修正的《1961年麻醉品单一公约》《1971年精神药物公约》《1988年联合国禁毒公约》的缔约国，应当履行公约所述义务。前两个公约简单规定了对于用于或准备用于实施毒品犯罪的麻醉药品、精神药物或其他物质和器具的没收制度，《1988年联合国禁毒公约》则系统化地规定了毒品犯罪违法所得没收制度，包括没收范围、举证责任分配、国际合作等方面。

上述国际禁毒公约构成了国际禁毒立法体系，毒品犯罪违法所得没收制度的设立与完善显示了国际社会立足于毒品犯罪发展状况所做出的科学应对。其目的是双重的：一方面，旨在以没收毒品犯罪所得的方式，破坏或削弱犯罪行为人继续犯罪的物质条件，防止实施了毒品犯罪的行为人再次实施此类犯罪；另一方面，旨在通过增加犯罪人预期成本、降低犯罪人预期收益的方式，预防尚未实施毒品犯罪的潜在犯罪人实施此类犯罪。此外，我国也是2000年《联合国打击跨国有组织犯罪公约》的缔约国，在毒品犯罪已然发展为有组织跨国犯罪的当今背景下，履行公约义务，对毒品犯罪违法所得予以没收是我国的当然之举。

表5-2　　　国家与地区、国际公约违法所得没收制度的适用范围①

| 案件类型 | | 英美法系 | | | | | 大陆法系 | | | | | 中国台湾地区 | 国际公约 | 合计 |
|---|---|---|---|---|---|---|---|---|---|---|---|---|---|---|
| | | 英国 | 美国 | 爱尔兰 | 加拿大 | 澳洲 | 南非 | 德国 | 日本 | 瑞士 | 新加坡 | 泰国 | 魁北克 | | |
| 重点适用罪名 | 毒品犯罪 | ✓ | ✓ | ✓ | ✓ | ✓ | ✓ | ✓ | ✓ | | ✓ | ✓ | | ✓ | 12 |
| | 洗钱犯罪 | ✓ | ✓ | ✓ | ✓ | ✓ | | | ✓ | | ✓ | | | ✓ | 8 |
| | 恐怖活动 | ✓ | ✓ | | | ✓ | | | | | ✓ | | | | 4 |

---

① 刘文峰：《犯罪收益独立没收程序研究》，中国政法大学出版社2016年版，第151页。

续表

| 案件类型 | 英美法系 英国 | 英美法系 美国 | 英美法系 爱尔兰 | 英美法系 加拿大 | 英美法系 澳洲 | 英美法系 南非 | 大陆法系 德国 | 大陆法系 日本 | 大陆法系 瑞士 | 大陆法系 新加坡 | 大陆法系 泰国 | 大陆法系 魁北克 | 中国台湾地区 | 国际公约 | 合计 |
|---|---|---|---|---|---|---|---|---|---|---|---|---|---|---|---|
| 重点适用罪名 走私犯罪 | ✓ | | | | | | | | | | | | | | 1 |
| 有组织犯罪 | | ✓ | ✓ | ✓ | | ✓ | ✓ | ✓ | | | | | | ✓ | 7 |
| 腐败犯罪 | | ✓ | | | | | | ✓ | ✓ | | ✓ | | | ✓ | 5 |
| 敲诈勒索 | ✓ | | | | | | | | | | ✓ | | | | 2 |
| 欺诈犯罪 | | ✓ | | | | ✓ | | | | | ✓ | | | | 3 |
| 金融犯罪 | | ✓ | | | ✓ | | | | | | | | | | 2 |
| 白领犯罪 | | ✓ | | | | | | | | | | | | | 1 |
| 关税犯罪 | ✓ | ✓ | | | | | | | | | | | | | 2 |
| 税收犯罪 | | ✓ | | | | | | | | | ✓ | | | | 2 |
| 移民犯罪 | | ✓ | | | ✓ | | | | | | | | | | 2 |
| 贩运人口 | ✓ | | | | | | | | | | ✓ | | | | 2 |
| 贩运武器 | ✓ | | | | | | | | | | | | | | 1 |
| 知识产权 | ✓ | | | | | | | | | | | | | | 1 |
| 组织卖淫 | ✓ | | | | | | | | | | | | | | 1 |
| 赌博犯罪 | | ✓ | | | | | | | | | ✓ | | | | 2 |
| 交通犯罪 | | | | | ✓ | | | | | | | | | | 1 |
| 其他犯罪 | ✓ | | ✓ | ✓ | ✓ | | | | | | ✓ | | | | 5 |
| 重点罪名合计 | 11 | 11 | 5 | 4 | 6 | 4 | 2 | 2 | 3 | 1 | 9 | 2 | 0 | 4 | |
| 双重犯罪是否使用 | ✓ | ✓ | | ✓ | | | | | | | | | | | 3 |
| 其他犯罪是否适用 | ✓ | ✓ | | | ✓ | ✓ | | ✓ | | | ✓ | | ✓ | | 8 |

从表 5-2 可以看出,世界范围内,违法所得没收制度的适用一般需同时具备三个特征:(1)行为特征,即犯罪行为具有跨国性或有组织性;(2)经济特征,即以数额巨大的犯罪利益为指向或能够产生巨额犯罪收益,或以数额巨大的犯罪资产作为犯罪能力;(3)危害特征,即严重危

害国家、社会利益或广泛的私权群体利益。[①] 目前各国适用违法所得没收制度的案件类型集中在毒品犯罪、洗钱犯罪、有组织犯罪、腐败犯罪和恐怖活动犯罪五大类。其中，针对毒品犯罪适用违法所得没收制度的国家、地区和国际公约最多。毒品犯罪与传统贪利性犯罪不同，前者往往指向数额巨大的犯罪利益，能产生巨额犯罪利益或是以巨额犯罪资产作为其犯罪能力。当前毒品犯罪呈现出跨国有组织犯罪形态，涉案人员众多，作案手段隐蔽或高科技化，"暗网"在毒品犯罪中的使用频繁，种种原因导致毒品犯罪往往涉及多个司法区域，涉及多国法律制度，无论是犯罪嫌疑人的抓获，还是犯罪资产的查扣，抑或是整个案件的侦查、起诉以及案件事实证明和法律适用方面，都面临诸多挑战。在此背景下，将"未定罪没收"程序普遍适用于各类毒品犯罪将有益于国际禁毒合作，有利于毒品犯罪收益的跨国追缴与没收。

（三）行为人到案不应影响正在审理中的"未定罪没收"程序进行

"未定罪没收"程序的关键适用条件即是犯罪嫌疑人、被告人逃匿或死亡而无法接受刑事审判。以毒品犯罪"嫌疑人、被告人逃匿，在通缉一年后不能到案"为由展开"未定罪没收"程序，难免遇到涉案犯罪嫌疑人、被告人被抓捕归案或主动投案等情形。本书认为，若"嫌疑人、被告人逃匿，在通缉一年后不能到案"为由的"未定罪没收"程序已经进入庭审阶段，庭审过程不应受到犯罪嫌疑人、被告人到案这一事实的影响，理由主要有以下几点。

第一，出于对"未定罪没收"程序相对独立性的尊重。"未定罪没收"程序与"定罪没收"程序不同，前者仅关注涉案财物的处置，后者还关注刑事责任的认定。尽管我国当前将违法所得没收程序规定为普通刑事诉讼程序，但在其性质、适用原则、举证责任分配方面都与普通刑事诉讼程序存在明显差异。"未定罪没收"本身具有一定独立性。

第二，出于对"任何人不得从犯罪中获利"原则的遵守。无论在逃的犯罪嫌疑人、被告人是否在"未定罪没收"程序的审理过程中自动投

---

① 刘文峰：《犯罪收益独立没收程序研究》，中国政法大学出版社 2016 年版，"引言"第 11 页脚注 2。

案或被抓捕归案，对于其实施犯罪的违法所得，均应被追缴或没收。无论该"追缴或没收"的实现途径是"未定罪没收"程序还是一般"定罪没收"程序，抑或是"扩大没收"程序，对违法所得没收的必要性都不应产生任何疑问。根据本书的观点，若被告人涉嫌走私、贩卖、运输、制造毒品罪，在被告人到案接受刑事审判的情形下，可以适用"扩大没收"程序，违法所得的范围将不限于本案所涉毒品犯罪的违法所得，而是扩大至被告人无法说明合法来源的财产。而犯罪嫌疑人、被告人逃匿一年不到案时，"未定罪没收"的范围仅限于本案犯罪的违法所得。拟没收的违法所得在"扩大没收"和"未定罪没收"程序中存在差异，其根本原因在于对犯罪嫌疑人、被告人辩护权的保障。针对毒品犯罪的"未定罪没收"程序审理过程中，被告人到案的情形下，只需在符合条件的情况下改为适用"扩大没收"的程序和规则即可，无须终止审理，无须"转为普通程序，甚至倒流到侦查阶段"。①

第三，出于节约司法资源的考量。毒品犯罪具有隐蔽性、有组织性，毒品犯罪违法所得没收的立案启动、调查、审理必然困难重重。加之我国《刑事诉讼法》对于没收程序的严格要求，案件从调查启动到庭审阶段耗时较久，倘若在审理过程中仅仅因为犯罪嫌疑人、被告人到案而终止没收程序，将没收并入对行为人的定罪量刑程序重新审理，难免造成国家司法资源的浪费。出于节约有限司法资源的考量，正在审理过程中的"未定罪没收"程序不应受到犯罪嫌疑人、被告人到案的影响。

## 五 关于违法所得没收机构、程序与时效设置的建议

### （一）设立综合性没收机构

违法所得的没收并非易事，不仅涉及刑事实体法、刑事程序法、刑事司法协助法，还涉及民法、民事诉讼法等诸多法律问题。此外，该没收程序的顺利开展还需要特殊的金融调查技巧，对执法的专业性有较高要求。为此，许多国家设置了专职或综合性的没收机构，例如爱尔兰于1996年设立了刑事资产局（Criminal Assets Bureau），作为综合性没收机构，机构成员包括来自关税和税收署、社会福利署、税务署、检察署的官员，以及

---

① 刘文峰：《犯罪收益独立没收程序研究》，中国政法大学出版社2016年版，第299页。

律师、会计等具有专业知识、专业能力的管理和技术人员,所有官员在加入刑事资产局后,仍保留其原身份并行使原有的法定权利,但在一起办公。该刑事资产局的工作目标在于发现、调查、剥夺犯罪收益,确定从犯罪中获益的人员,打击严重犯罪,该机构最大优势在于可以在最大程度上有效实现信息共享、资源共享与职能分工合作,允许各部门官员之间进行信息披露,通过信息交换与各自分工、集体合作的方式实现更高效地发现与打击犯罪的效果。① 爱尔兰刑事资产局的设立为欧洲以及世界上其他国家或地区的没收立法产生了巨大积极影响,引起了许多有益立法尝试。

我国违法所得没收执法目前仍处在较为分散的状态,公安机关、检察机关以及海关部门都分别具有一定执法权限,但在违法所得没收中往往各自为政,难以实现分工合作和信息共享,极大地影响了该没收制度的有效实施。本书建议借鉴爱尔兰设立刑事资产局的做法,构建国家层面、多个执法司法机构共同参与的综合性没收机构。成员组成需包括来自最高人民检察院、最高人民法院、公安部、司法部、外交部、监察部、人社部、海关、中国人民银行、国家税务总局、国家禁毒委员会的官员,并吸收会计师、律师、税务师等专业技术人员。这些人员在加入我国综合性没收机构之后,仍保留各自原岗位与身份,享有原身份的法定权力。具体而言,公安机关可以继续行使其追踪、调查违法所得资产,搜查、冻结、查封相关资产的权力,中国人民银行、税务总局人员负责对外逃人员信息、个人资产状况的初步统计与调查等。② 如此设置有利于各部门在分别实现各自原有职能的前提下,作为一个没收违法所得的整体,与该整体中的其他部门相互配合,实现信息共享与执法合作,从而促进违法所得没收程序在实践中的具体落实。

(二)设置相对独立的毒品犯罪违法所得没收启动程序

毒品犯罪具有贪利性、有组织性的特质,违法所得没收程序对于此类以追求巨额利益为目的的毒品犯罪而言,不失为一种简易高效的遏制措施,其效果甚至可能远超过刑罚对毒品犯罪的威慑效果。违法所得没收程

---

① 刘文峰:《犯罪收益独立没收程序研究》,中国政法大学出版社2016年版,第203—204页。

② 同上书,第323—324页。

序的适用弱化了无罪推定原则,在证明标准方面采取高度盖然性标准,相较于普通刑事诉讼程序而言,违法所得没收程序更加灵活,使无法定罪的情形下成功没收犯罪资产成为可能。但是,"未定罪没收"程序若要发挥作用,必须首先满足一个基本前提:违法所得没收程序不再依附于刑事诉讼程序。而具有独立的启动程序,是普通刑事诉讼程序与违法所得没收程序在司法实践中实现分流的关键。在具体程序设计方面,本书建议将没收程序从刑事定罪程序乃至刑事诉讼程序中分离出来,设置单独的没收立案程序,使公安机关能以"犯罪嫌疑人、被告人逃匿、死亡案件违法所得没收"为由单独立案。立案主体建议在公安机关和其他侦查机关的基础上,增加综合性没收机构作为立案主体,单独行使立案权。① 当然,违法所得没收案件进入庭审阶段,仍然有赖于检察机关公诉部门的起诉。立案主体的增加、启动方式的便利,其目的在于及时发现和应对可能需要没收的违法所得,及时对可疑财产采取搜查、扣押、冻结等强制性调查措施或保全措施,防止违法所得被转移或被消耗,同时也能起到固定证据的作用。

(三) 明确毒品犯罪违法所得没收程序的时效

对于犯罪已过追诉期限情形下违法所得没收程序的适用,我国《2017年两高规定》已经注意到这个问题,但是未予明确。② 从域外经验来看,德国对于违法所得制度的诉讼时效规定比较具有代表性。德国2017年修法之前,违法所得没收制度的追诉时效(Verfolgungsverjährung)和执行时效(Vollstreckungsverjährung)与所涉罪名的时效期间设计相同(§§ 78, 79 StGB)。追诉时效期间的起算点为犯罪行为终了之日,但犯罪构成要件结果发生在行为终了之后,则依结果发生之日起算,执行时效的起算点为判决确定之日。③ 而德国2017年《刑法财产剥夺改革法案》在维持

---

① 刘文峰:《犯罪收益独立没收程序研究》,中国政法大学出版社2016年版,第326—327页。

② 最高人民法院《〈关于犯罪嫌疑人、被告人逃匿、死亡案件适用违法所得没收程序若干问题的规定〉的理解与适用》第5条第4款规定。

③ Joecks, in: MK-StGB, 3. Aufl., 2016, § 73 Rn. 100. 转引自王士帆《2017年德国犯罪所得没收新发:扩大没收与第三人没收》,载《刑事政策与犯罪研究论文集(21)》,https://www.cprc.moj.gov.tw/media/8199/91101685994.pdf?mediaDL=true,2019年8月17日,第9页。

上述一般时效规定的基础上,为"扩大没收"(§73a StGB)与"独立没收"(§76a StGB)设定了固定为 30 年的特别追诉时效。但对于德国《刑法》本身对追诉时效没有限制的谋杀罪(§§78 Ⅱ,211 StGB),以及德国《国际刑法》(Völkerstrafgesetzbuch)规制的犯罪适用"扩大没收"或"独立没收"时,不适用时效限制。之所以设定 30 年,主要出于两方面的考虑:其一,德国《刑法》规定的对于犯罪行为的追诉时效最长为 30 年(§78 Ⅲ Nr.1 StGB);其二,仿效德国《民法》规定的请求权最长时效为 30 年的法律理念(§§197,852 BGB)。[1] 可见,依据德国《刑法》,即使犯罪行为的一般追诉时效已过,仍旧可以单独宣告"独立没收"。而"扩大没收"的特殊时效规定,则放宽了对不明来源的财产的剥夺效果。

实际上,犯罪行为是否已过诉讼时效,与行为人的违法所得是否应予没收并无实质关联。犯罪行为经过诉讼时效,意味着国家放弃对行为人的刑事惩罚,但这并不表明国家放弃恢复因犯罪行为而受到损害的社会关系,更不代表行为人曾经实施过的犯罪、因犯罪所获的财产已被合法化。有学者指出,违法所得的违法性不会随着时间的流逝而有任何改变,因此无论经过多长时间,对其实施追缴和没收都符合公平正义原则。只不过时间经过的越久,对于违法所得的辨认与分割的难度就会越大。即便如此,困难程度也无法作为不追缴、不没收的正当依据。[2] 违法所得没收程序的重要意义在于确保"任何人不得从犯罪中获利",而不是"任何人不得在短时间内从犯罪中获利"。如果我国立法上允许经过若干年后实施了贪污贿赂犯罪、恐怖主义犯罪、毒品犯罪的犯罪人的违法所得可以受到时效的影响而免受追缴、没收,难免存在鼓励犯罪分子"更具远见地"暂避风头、躲避没收和追缴之嫌。但是,如果对于违法所得没收完全不适用时效规定,也可能引起没收迟延等弊端。出于有效没收以及维护法律安定性的考虑,不妨借鉴德国 2017 年《刑法财产剥夺改革法案》的规定,参考我国《刑法》最长追诉时效,将"扩大没收"与"未定罪没收"程序的时

---

[1] BT-Drs.18/11640,22.03.2017,S.83. 转引自王士帆《2017 年德国犯罪所得没收新发:扩大没收与第三人没收》,载《刑事政策与犯罪研究论文集(21)》,https://www.cprc.moj.gov.tw/media/8199/91101685994.pdf?mediaDL=true,2019 年 8 月 17 日,第 9 页。

[2] 万志鹏:《论犯罪所得之没收》,《法商研究》2018 年第 3 期。

效设定为20年，以获取了违法所得的犯罪行为终了之日为起算点。

诚然，尽管《刑事诉讼法》设专章规定犯罪嫌疑人、被告人死亡、逃匿案件的违法所得没收程序，《2017年两高规定》也将毒品犯罪涵盖在"未定罪没收"程序之内，其适用仍受到相当程度的制约。即使按照上文建议，将"未定罪没收"程序不加限定地适用于任何毒品犯罪违法所得的没收，无论该犯罪嫌疑人、被告人是否逃往境外或该案是否在省、自治区、直辖市或者全国范围内具有较大影响，对于已经被定罪的毒品犯罪而言，违法所得的彻底没收仍存在一定难题与障碍。基于此，"定罪没收"程序下对毒品犯罪所得实现全面、彻底的没收同等重要。只有"定罪没收"程序与"未定罪没收"程序在毒品犯罪领域均得到恰当立法规定与司法落实的情形下，才能全面确保毒品犯罪分子无法从毒品犯罪中获利，促使行为人放弃实施毒品犯罪，促进有毒瘾的人转而寻求替代措施和医疗帮助，充分发挥违法所得没收程序之于打击毒品犯罪的有益作用。

## 第三节 "危害最小化"治毒政策引入的实践进路

### 一 进一步限制毒品犯罪死刑的适用

从毒品犯罪的生成规律来看，毒品犯罪属于介入型遥远危害。有关毒品犯罪可能会诱发其他犯罪的观点，实际上是指毒品犯罪使毒品的获得更为便利，使毒品使用更为便捷，而毒品使用可能会导致吸毒者实施获取型犯罪，或在毒品影响下实施恶性暴力犯罪。换言之，毒品犯罪的行为与最终危害后果之间只存在间接关系，而非直接引起其他犯罪等最终后果。依据冯·赫希与斯密斯特的观点，毒品犯罪的危害属于介入型行为导致的遥远危害，[1] 最终危害后果是否发生，取决于介入的行为，即使用毒品的行为，以及之后可能发生的受到毒品影响实施犯罪的行为。事实上，大多数毒品使用行为都是毒品使用者在自由意志支配下实施的，吸毒者大多由于

---

[1] A. P. Simester, Andreas von Hirsch, *Crimes, Harms, and Wrongs: On the Principles of Criminalisation*, Oxford and Portland, Oregon: Hart Publishing, 2014, p.58.

"生活无趣""寻求刺激"等原因初次尝试毒品，只有极少数属于被迫吸毒。[①] 毒品犯罪只是为最终危害的发生提供了条件，创造了机会。而最终危害后果是否发生，不仅取决于是否有人使用毒品，还取决于该使用人的毒品对他自己的效果。

若毒品使用的行为仅危及吸毒者本人的身体健康，而无法左右吸毒者去实施其他犯罪，那么应属于该人自我伤害的范畴，刑法无从管辖。若毒品使用的行为导致吸毒者在毒瘾作用下实施盗窃、抢劫、抢夺等获取型犯罪，或者受毒品影响下实施破坏财物、杀人、强奸等恶性暴力犯罪，则落入了刑法分则的管制范畴，直接以刑法分则予以处罚即可。但是世界多数国家或地区在废除死刑的同时，始终保留着毒品犯罪的死刑设置，其中不乏对于死刑威慑力的信赖与考量，我国也不例外。

在2011年《刑法修正案（八）》颁布之前，我国死刑罪名有68个，死刑适用罪名之广泛"在当今世界各国刑法中也是极其鲜见的"[②]。自《刑法修正案（八）》打开了废除死刑之门，《刑法修正案（九）》延续死刑改革之路，取消死刑的罪名涉及范围之广，力度之大，甚至超出了学界原有的预测与期待。目前我国仍处在毒品犯罪的高发期，毒品使用者人数也长期处在高位，毒品形势仍旧严峻，《刑法修正案（八）》《刑法修正案（九）》两次废除死刑都不涉及毒品犯罪领域。在此情形下，短时期内废除毒品犯罪死刑尚不太现实。

国内学界不乏对于废除毒品犯罪死刑的论述，此类主张大多限于运输毒品罪，[③] 而有关明确废除毒品犯罪死刑的论述却比较少见。有学者明确指出大多数毒品犯罪不以公民的基本权益（生命权、健康权、财产权、人格权等）为直接的侵害对象或行为对象。只有强迫他人吸毒罪、引诱、教唆、欺骗他人吸毒罪有可能以他人的健康权为直接侵害对象。毒品犯罪侵害的客体是"国家毒品管理制度"[④]或"国家对毒品的管制"[⑤]，而非

---

① 胡云腾、方文军：《论毒品犯罪的惩治对策与措施》，《中国青年社会科学》2018年第5期。

② 高铭暄：《我国的死刑立法及其发展趋势》，《法学杂志》2004年第1期。

③ 梅传强、胡江：《毒品犯罪死刑废除论》，《河南财经政法大学学报》2016年第5期。

④ 高铭暄、马克昌主编：《刑法学》，北京大学出版社2000年版，第592、594、597页。

⑤ 苏惠渔主编：《刑法学》（修订本），中国政法大学出版社1999年版，第789、792页。

直接侵害公民个人权益。并主张毒品犯罪只有与毒品使用结合起来，才能产生社会危害，从而不具有极其严重的社会属性，不具备成为刑法上重罪的资格，① 更不应当配置与"最严重罪行"相对应的死刑。诚然，毒品犯罪的危害不同于毒品使用的危害，毒品犯罪只是为毒品使用创造了条件，提供了便利。毒品对吸毒者可能造成的身体健康危害，以及吸毒者在毒品作用下实施的暴力犯罪或者为了满足毒瘾而实施的获取型犯罪，这三种危害与毒品犯罪之间并不存在必然关联，而是必须介入吸毒者的毒品使用行为。毒品犯罪的危害属于介入型行为导致的遥远危害，只具有间接造成危害后果发生的可能性，本身不具备"最严重罪行"的性质，不应当配置死刑。

　　持废除运输毒品罪死刑观点的学者大多主张，与走私、贩卖、制造毒品行为相比，运输毒品具有从属性的特点。在整个毒品犯罪过程中，运输毒品行为是为了制造毒品行为、贩卖毒品行为服务的，制造与贩卖毒品可谓毒品犯罪中的关键环节，而运输毒品仅为辅助环节。② 运输毒品罪的被告人群体多为社会弱势群体，在整个毒品犯罪中处于被支配地位，社会危害性及主观恶性都相对较小，打击运输毒品行为对于控制毒品供应市场的意义较小。加之运输毒品罪的司法认定较为模糊，适用死刑难以实现罪刑均衡。③ 实际上，世界范围内很少单独规定运输毒品罪。以英国为例，常见的罪名包括非法进出口列管毒品罪，提供或试图提供列管毒品罪，以向他人提供为目的而持有列管毒品罪，提供或试图提供使用毒品所需物品罪，生产列管毒品罪，种植大麻植物罪，持有列管毒品罪，房屋占有者允许房屋被用作生产、提供、吸食列管毒品罪。世界上大多数国家都将运输毒品作为贩卖毒品的行为方式之一，而不单独将运输毒品规定为罪。

　　诚然，从毒品犯罪供应市场的控制、毒品犯罪危害减少的角度来看，扬汤止沸容易，釜底抽薪较难。毒品犯罪中的组织者、领导者、骨干成

---

① 李世清：《毒品犯罪刑罚问题研究》，中国检察出版社 2011 年版，第 191—192 页。
② 赵秉志：《中国死刑立法改革新思考——以〈刑法修正案（九）（草案）〉为主要视角》，《吉林大学社会科学学报》2015 年第 1 期。
③ 莫洪宪、薛文超：《"厉行禁毒"刑事政策下运输毒品罪的死刑废止》，《广西大学学报》（哲学社会科学版）2016 年第 2 期。

员、核心成员可谓源头犯罪者，我国相关司法解释也表明了这个立场。① 然而，在实际破获的毒品犯罪案件中，直接实施制造、运输、走私、贩卖毒品行为的犯罪分子多为有组织犯罪的下层人员。直接实施毒品犯罪者往往缺乏较好的教育，缺乏良好的成长或者生活环境，他们听命于源头犯罪者，可替代性极强。② 对于此类有组织犯罪而言，源头犯罪者应是打击重点，但由于其有组织犯罪形式，往往逃避刑事处罚，而直接实施毒品犯罪的下层人员常常落入法网之中，且常常面临重刑甚至极刑。因此，无论出于公平正义的考虑，还是出于减少危害的考量，充分发挥司法的积极作用，在实践中进一步限制毒品犯罪的死刑适用都实属必要。③

## 二 进一步推广普及替代治疗措施

《2018年全球减害状况》的调查研究表明，包括我国在内的10个国家对于减少毒品使用危害措施投入了大量资金。④《2018年全球减害状况》指出，各国政府应认真评估其毒品政策支出，并将资源从鲜有成效的毒品执法转移到成效显著的减少危害举措。国际减害协会根据其2016年的模型分析预测，仅7.5%的资源转移就可以使注射吸毒者新感染艾滋病的比例在2030年之前下降94%。⑤

### （一）2004—2016年我国阿片类毒品替代治疗的推广与效果

对于阿片类毒品的替代治疗，我国在主要采取美沙酮药物维持治疗方

---

① 例如，2008年最高人民法院印发的《全国部分法院审理毒品犯罪案件工作座谈会纪要》规定，具有五种情形之一的，可以判处被告人死刑。其中，第一种情形即是"具有毒品犯罪集团首要分子、武装掩护毒品犯罪、暴力抗拒检查、拘留或者逮捕、参与有组织的国际贩毒活动等严重情节"。2015年最高人民法院印发的《全国法院毒品犯罪审判工作座谈会纪要》指出："要继续依法严惩走私、制造毒品和大宗贩卖毒品等源头性犯罪，严厉打击毒枭、职业毒犯、累犯、毒品再犯等主观恶性深、人身危险性大的毒品犯罪分子，该判处重刑和死刑的坚决依法判处。"参见本书第四章第三节相关论述。
② 齐文远、魏汉涛：《毒品犯罪治理的困境与出路》，《河南大学学报》（社会科学版）2018年第1期。
③ 王志祥、贾佳：《死刑改革问题新思考——以〈刑法修正案（九）〉为视角》，《法学论坛》2015年第5期。
④ Harm Reduction International, *Global State of Harm Reduction 2018*, p. 25.
⑤ Ibid.

式的同时，也在云南和四川开始实施纳洛酮对等分配计划（Naloxone Peer-distribution Programme）。2003—2017年（除2004年）《中国禁毒报告》的数据显示，自2003年我国在云南、四川、贵州、浙江、广西五省的8个社区进行美沙酮药物维持治疗试点以来，[①] 我国每年不断增加美沙酮药物维持治疗门诊数量。

2007年，我国美沙酮药物维持治疗门诊数量已经超过500个；2010年，维持门诊数量达到700个。2010年之后，我国每年新设的美沙酮药物维持治疗门诊数量相较于前几年，有所减少，其中，2013—2014年，我国只增加设立了4个美沙酮药物维持治疗门诊，2014—2015年，只增加设立了3个美沙酮药物维持治疗门诊。

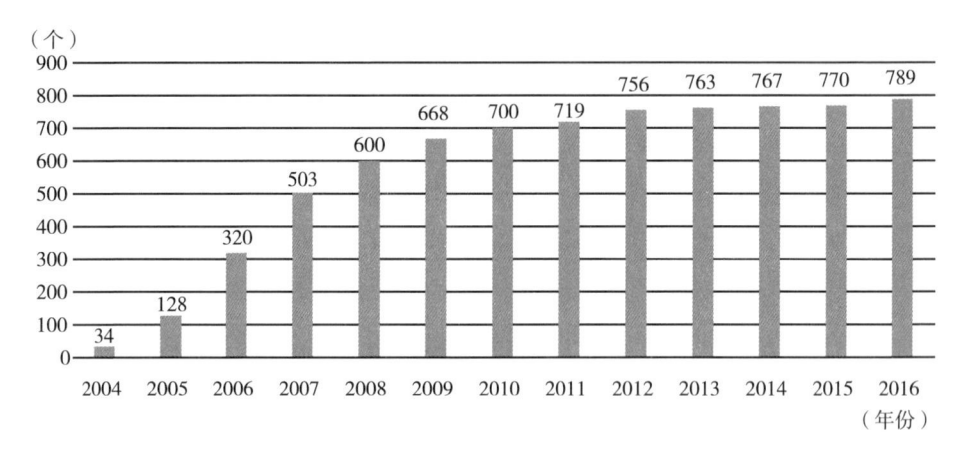

| 年份 | 数量（个） |
| --- | --- |
| 2004 | 34 |
| 2005 | 128 |
| 2006 | 320 |
| 2007 | 503 |
| 2008 | 600 |
| 2009 | 668 |
| 2010 | 700 |
| 2011 | 719 |
| 2012 | 756 |
| 2013 | 763 |
| 2014 | 767 |
| 2015 | 770 |
| 2016 | 789 |

图5-1 2004—2016年美沙酮药物维持治疗门诊数量

数据来源：2003—2017年（除2004年）《中国禁毒报告》，http：//www.nncc626.com/index/ndbg.htm，2020年4月14日。

2006—2016年，每年均有不少阿片类毒品成瘾者在美沙酮药物维持治疗门诊接受治疗。自2009年起，每年前往美沙酮药物维持治疗门诊接受治疗的毒品使用者已达到11.0万人，2012年，在治疗门诊内接受美沙酮药物维持治疗的人数已达到20.8万人。但是自2012年之后，美沙酮药物维持治疗门诊的在治人数持续下降，最大降幅为1.5万人（2013—2014年），最小降幅为0.6万人（2012—2013年）。

---

① 《2003年中国禁毒报告》，http：//www.cadapt.com.cn/index.php？m＝newscon&id＝387&aid＝432，2020年4月6日。

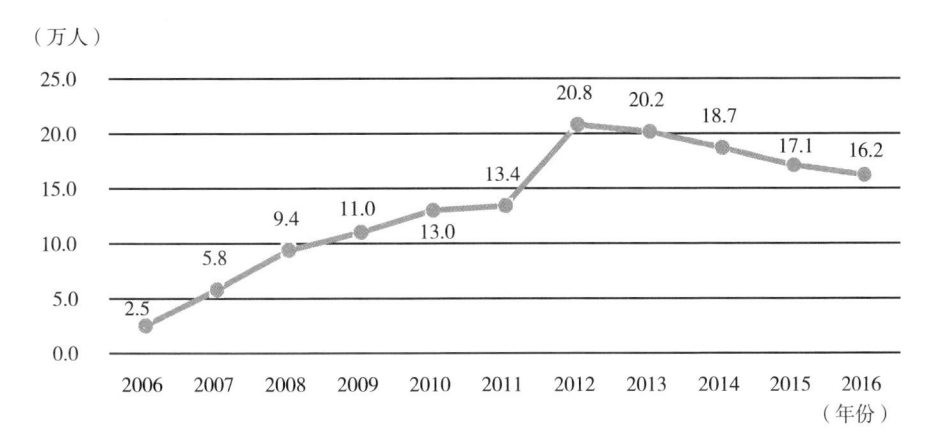

**图 5-2　2006—2016 年美沙酮药物维持治疗门诊的在治人数**①

数据来源：2007—2017 年《中国禁毒报告》，http://www.nncc626.com/index/ndbg.htm，2020 年 4 月 14 日。

自 2003 年以来，我国设立的美沙酮药物维持治疗门诊不断为阿片类毒品成瘾者提供美沙酮替代治疗。截至 2005 年年底，我国已在 21 个省区市设立了 128 个美沙酮药物维持治疗试点门诊，其中，42 个门诊正式开诊，累计为 7000 多名海洛因成瘾者提供治疗。② 2006 年年底，药物维持治疗人数累计 3.70 万人，有 2.50 万人每天坚持服药。③ 至 2013 年，美沙酮药物维持治疗门诊已经累计为 41.27 万毒品使用者提供了治疗服务。

2006—2008 年，美沙酮药物维持治疗门诊每年累计治疗的毒品使用者人数增速较快，增速最快的时间段出现在 2007—2008 年。2008 年美沙酮药物维持治疗门诊为 9.04 万毒品使用者提供了治疗服务。2005—2006 年，以及 2008—2013 年，美沙酮药物维持治疗门诊每年累计治疗的毒品使用者人数增速较缓，每年新增接受美沙酮门诊维持治疗的毒品使用者人数不超过 5.74 万人。

根据目前十分有限的数据，大致可以看出，自 2000 年以来，我国经

---

① 其中，2003—2005 年以及 2017 年至今的数据尚无法获取。
② 《2006 年中国禁毒报告》，http://www.cadapt.com.cn/index.php?m=newscon&id=387&aid=430，2020 年 4 月 7 日。
③ 《2007 年中国禁毒报告》，http://www.cadapt.com.cn/index.php?m=newscon&id=387&aid=429，2020 年 4 月 7 日。

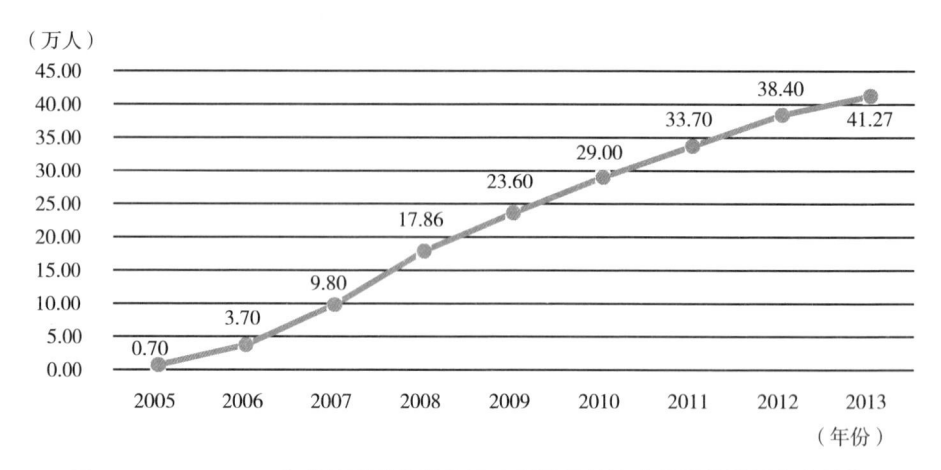

图 5-3　2005—2013 年美沙酮药物维持治疗门诊累计治疗的毒品使用者人数[1]

数据来源：2006—2014 年《中国禁毒报告》，http：//www.nncc626.com/index/ndbg.htm，2020 年 4 月 14 日。

静脉注射毒品感染艾滋病患者在所有艾滋病感染者中所占比例呈下降趋势。2000—2010 年，因注射毒品而感染艾滋病的患者所占比例逐年下降，已由 2000 年的 72.10% 下降至 2010 年的 24.30%。根据《2011 年中国禁毒报告》统计显示，参加维持治疗一年后，吸毒人员一个月内有注射吸毒行为的比例从高峰期的 78% 降至 7%，全国累计发现艾滋病病毒感染者中，经吸毒传播的比例从 2009 年的 32.20% 降至 2010 年的 24.30%。[2] 尽管 2010—2011 年经静脉注射毒品感染艾滋病者所占比例出现小幅回升，由 2010 年占比 24.30% 增长至 2011 年占比 38.5%，但相较于 2000 年（占比 72.10%）统计数据以来，仍有长足进步。

可见，美沙酮药物维持治疗对于改变毒品使用者的使用方式、减少经静脉注射毒品感染艾滋病的比例而言，具有十分可观的效果。美沙酮药物维持治疗门诊的开设使得阿片类毒品使用者能够方便快捷地获得维持治疗，而维持治疗确实有效地减少了阿片类毒品使用者的注射吸毒行为，从而间接减少了毒品使用者之间共用注射器经注射吸毒而传播艾滋病的现

---

[1] 其中，2003—2004 年以及 2014 年至今的数据尚无法获取。
[2] 《2011 年中国禁毒报告》，http：//www.cadapt.com.cn/index.php? m = newscon&id = 387&aid = 360，2020 年 4 月 7 日。

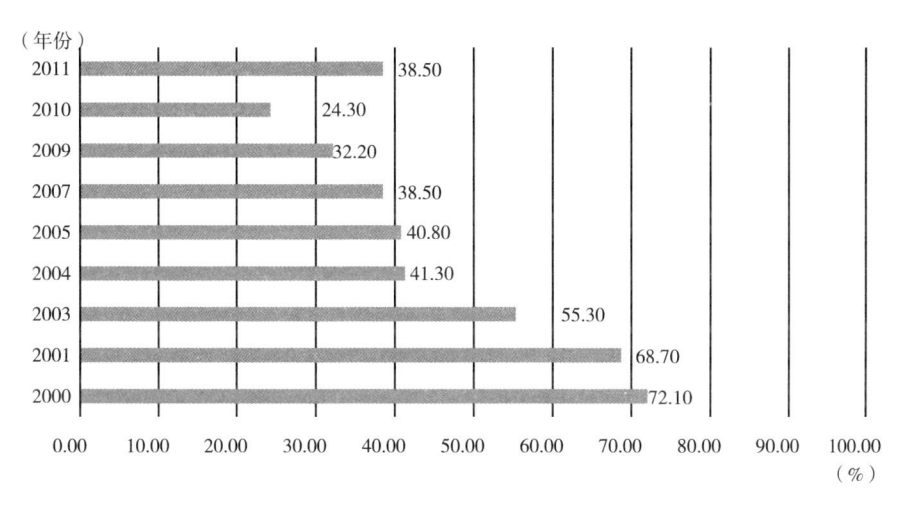

**图 5-4　2000—2011 年经静脉注射毒品感染艾滋病者所占百分比**[1]

数据来源：2000—2012 年《中国禁毒报告》，http：//www.nncc626.com/index/ndbg.htm，2020 年 4 月 14 日。

象。因注射毒品而感染艾滋病的患者所占比例的下降，一定程度上可能因为毒品使用者所使用毒品的种类发生了变化（由使用传统毒品转为使用新型毒品、新精神活性物质），但更大程度上可以归因于美沙酮药物维持治疗门诊的开设与普及（由注射使用传统毒品转为采取美沙酮维持治疗）。因此，增加美沙酮药物维持治疗诊所的覆盖率、普及和推广减少毒品使用危害的各项措施尤为必要。

（二）替代措施应广泛覆盖

从上文对于我国情况的梳理与分析，可以看出，美沙酮维持治疗诊所的普及确实能起到减少阿片类毒品使用行为可能对吸毒者本人身体健康造成的危害。我国大陆地区目前已采取的"危害最小化"举措主要有两类：针具替换措施、阿片类毒品的替代治疗。在世界范围内，我国被认为是实施了"危害最小化"举措的国家，我国也存在许多实施了"危害最小化"举措的国家对于此类措施实施状况的通病，即覆盖率不足的问题。"危害最小化"治毒思路的贯彻不仅有赖于相关举措的实施，还有赖于这些减

---

[1]　其中，2002 年、2006 年、2008 年的数据缺失。

少危害的举措广泛、全方位的实施。我国毒品注射者人数众多，针具替换措施的全面覆盖能够向毒品注射者提供清洁的针具，有助于防止因共用注射器、针头而导致的艾滋病病毒、肝病病毒传播的问题，从而减少注射型毒品使用者因不安全的毒品使用方式而对其个人造成的危害。阿片类毒品的替代治疗则能够在一定程度上控制注射型阿片类毒品使用者对于阿片类毒品的使用，使其转而使用较为缓和的美沙酮，以美沙酮维持治疗将其毒瘾保持在可控范围内，并在可能的情况下帮助他们从毒瘾中逐步恢复。

### （三）"医疗监督下的毒品使用室"之否定

对于没有毒瘾的人，毒品价格的大幅上涨会让他们失去购买毒品的能力，从而阻止他们使用毒品；而对于有毒瘾的人而言，无论毒品价格多高，他们都会为了满足自己对毒品的需求而采取各种能够采取的手段来获取毒资，包括实施毒品犯罪等其他犯罪。由此，毒品价格的上涨，一方面有可能促使毒品使用者实施毒品犯罪，以贩养吸，如此毒品犯罪的整体数量并不会减少；另一方面，若他们从事其他获取型犯罪以获得毒资，那么其他危害社会的活动也会增加，从而无法达到治理效果。基于此，有学者建议，对于吸毒成瘾者而言，最佳的治理途径并非毒品价格的高涨，而是由政府向他们提供合法的毒品，满足他们的毒品需求，供他们在固定区域内使用，从而达到缩小毒品市场的目的。该措施的实施必须与登记制度、监控制度相配套，并注重对吸毒成瘾者的个人隐私保护。其背后的理论依据是，毒品需求市场的缩减必然导致毒品供应市场的萎缩，从而使毒品销售者失去或减少毒品市场的份额，进而退出毒品市场。①

本书认为，医疗监督下的毒品使用室，其设立目的是多方面的，其中最为重要的方面在于：为毒品使用者提供一处可以安全地使用毒品的区域，在他们使用毒品过量时，及时提供医疗帮助，以减少因毒品使用过量而死亡的事件发生。此外，医疗监督下的毒品使用室还为毒品使用者提供干净、清洁的注射用具，以减少他们因共用针头等不安全的注射方法而感染艾滋病病毒、肝病病毒的风险；同时也致力于减少街头毒品使用行为。尽管我国目前尚未设立医疗监督下的毒品使用室，也尚未对吸毒过量采取

---

① 蔡磊、蒋跃金：《毒品犯罪治理的法经济分析》，载陈云东主编《毒品、艾滋病问题的法律与政策研究》，云南大学出版社 2010 年版，第 21 页。

国家级干预措施,但是在欧盟委员会资助的亚洲行动项目的支持下,中国艾滋病关怀组织(AIDS Care China)开始在云南和四川实施纳洛酮对等分配计划。截至2014年5月底,中国艾滋病关怀组织已向1900名注射吸毒者分发了4361个纳洛酮药包,挽救了119个致命性吸毒过量者的生命。[①] 本书认为,即使不设立医疗监督下的毒品使用室,也能通过美沙酮诊所、纳洛酮对等分配计划等途径有效减少毒品使用者吸食毒品过量致死的风险。

出于预防不安全的毒品使用行为造成的血源性疾病肆意传播的目的,我国目前已经采取的针具替代措施有待进一步推广,着力为注射吸毒者提供足够的、清洁的毒品注射用具,以减少共用注射器等行为引起的艾滋病、病毒性肝炎等疾病的传播。出于预防吸毒过量造成的死伤后果的目的,我国应进一步增加美沙酮药物维持治疗诊所的数量,努力为更多的阿片类毒品使用者提供替代治疗,以减少其注射使用毒品的行为。同时,还应重视纳洛酮替代治疗措施对于减少阿片类毒品使用行为危害的有效作用,在四川省、云南省之外的毒品问题较为严重地区实施纳洛酮对等分配计划,或者至少扩大纳洛酮药包的发放范围,并考虑分配鼻喷雾剂形式的纳洛酮。

---

① Harm Reduction International, *Global State of Harm Reduction 2016*, p. 42.

# 结　　语

　　消灭毒品犯罪，消除毒品使用，乃至让毒品彻底消失，是全世界、全人类的共同希望。为了这一理想状态的达成，各国和地区都处于不断探索之中。有的国家或地区将毒品使用行为犯罪化；有的国家或地区意识到当今社会，毒品使用的现象不可能完全消除；有的国家或地区将毒品使用行为合法化；还有的国家或地区持续"毒品战争"。我国也不例外。

　　从我国近80年的治毒政策，尤其是自21世纪以来的治毒政策和治毒效果看来，我国的治毒政策可谓是时刻结合我国毒品犯罪形势、毒品使用形势，适时调整。在取得了一定治毒效果的同时，我国当前正面临着毒品使用者人数众多、长期处于高位，毒品犯罪数量也始终居高不下的难题。毒品需求市场的规模直接影响着毒品供应市场的活跃程度，尽管我国为毒品犯罪设置了较重的刑罚，且长期严厉打击毒品犯罪，但是毒品犯罪的刑罚成本只是其众多犯罪成本之一，与毒品犯罪的其他成本一样，最终都会转移至毒品使用者。毒品需求市场与毒品供应市场的共同治理尤为必要。

　　毒品犯罪、毒品使用已然成为全球性的难题，可以说，全球的毒品供应市场都依赖于全球的毒品需求市场，禁毒不仅是一国对于自身的责任，也是一国对于别国的责任。"危害最小化"治毒政策不仅为国际禁毒公约所倡导，而且为欧盟和许多欧美国家所采纳。具体到国家层面，英国的毒品需求市场规模大小与我国类似，在控制毒品需求市场、毒品供应市场的多项举措之下，英国确实取得了毒品犯罪数量整体减少、毒品流行程度整体下降的治毒成效。英国在"危害最小化"治毒政策的总体指导下，无论是注射使用毒品的危害、过量使用毒品的危害，还是毒品犯罪造成的危害，都取得了较为明显的控制和减少的成效。

　　从我国的刑事立法、司法实践中，以及党和政府的指导文件看来，我国并非与"危害最小化"治毒政策背道而驰，而是零散地表达着"危害最小化"的治毒理念，零散地采取着"危害最小化"的治毒措施。2014年中共中央、国务院印发《关于加强禁毒工作的意见》所强调的"源头治理、以人为本、依法治理、严格管理、综合治理"的基本原则，"预防为主，综合治理，禁种、禁制、禁贩、禁吸并举"的工作方针，与"危害最小化"治毒政策主张的控制与减少毒品使用的危害、毒品犯罪的危害，控制与削减毒品需求市场、毒品供应市场的指导思想不谋而合。我国已采取的针具替换措施、阿片类毒品维持治疗措施实则控制与减少毒品使用危害、控制与削弱毒品需求市场的重要举措，不仅有助于减少毒品使用的危害，更有助于缩减毒品需求市场，从源头上治理毒品问题。我国刑事实体法对于毒品犯罪的规制，刑事实体法和刑事诉讼法对于违法所得没收制度的设置，实则控制毒品供应市场的重要举措，不仅有助于没收毒品犯罪违法所得，减少毒品犯罪的危害，还有助于预防潜在的毒品犯罪或其他犯罪。

客观而言，即使人们某一时段对于某些特定种类毒品的使用量减少，甚至不再使用，从长远来看，人类对于刺激精神的物质的需求并不会就此而消失。如今日益凸显的新精神活性物质滥用状况就是最好的实例。此时此刻，应是我们再一次结合中国国情和域外实践经验，适时调整治毒政策的重要时刻。

尽管我国目前尚未把"危害最小化"作为我国的毒品问题治理方面的具体方向性刑事政策，但不可否认，"危害最小化"治毒政策在我国的系统引入具有必要性与可行性。因此，客观认识和对待毒品使用现象、毒品犯罪现象，厘清毒品使用的危害、毒品犯罪的危害，以减少与控制毒品使用的危害与毒品犯罪的危害为主要目标，以控制和削减毒品需求市场、毒品供应市场为主要手段，渐进追求消除毒品使用与毒品犯罪现象以及相关危害，不失为我国毒品问题治理的有益途径。

# 参考文献

(一) 中文著作类

陈光中主编：《〈中华人民共和国刑事诉讼法〉修改条文释义与点评》，人民法院出版社 2012 年版。

陈云东主编：《毒品、艾滋病问题的法律与政策研究》，云南大学出版社 2010 年版。

成荫主编：《白色幽灵——中国毒品内幕》，光明日报出版社 1993 年版。

储槐植：《刑事一体化论要》，北京大学出版社 2007 年版。

储槐植：《刑事一体化与关系刑法论》，北京大学出版社 1997 年版。

崔敏主编：《毒品犯罪发展趋势与遏制对策》，警官教育出版社 1999 年版。

高贵君：《毒品犯罪审判理论与实务》，人民法院出版社 2009 年版。

高铭暄、马克昌主编：《刑法学》，北京大学出版社 2000 年版。

高巍：《中国禁毒三十年——以刑事规制为主线》，法律出版社 2011 年版。

何荣功：《毒品犯罪的刑事政策与死刑适用研究》，中国人民公安大学出版社 2012 年版。

解彬：《境外追赃刑事法律问题研究》，中国政法大学出版社 2016 年版。

康树华、赵可主编：《中国现阶段市场经济与犯罪控制：中国犯罪学研究会第二次学术研讨会论文集》，光明日报出版社 1993 年版。

李世清：《毒品犯罪刑罚问题研究》，中国检察出版社 2011 年版。

梁根林：《刑事政策：立场与范畴》，法律出版社 2005 年版。

凌青、邵秦：《从虎门销烟到当代中国禁毒》，四川人民出版社 1997

年版。

刘建宏主编：《新禁毒全书（第二卷）：中国毒品犯罪和反制》，人民出版社2014年版。

刘建宏主编：《新禁毒全书（第六卷）：外国禁毒法律概览》，人民出版社2014年版。

刘建宏主编：《新禁毒全书（第一卷）：全球化视角下的毒品问题》，人民出版社2014年版。

刘仁文：《刑事政策初步》，中国人民公安大学出版社2004年版。

刘文峰：《犯罪收益独立没收程序研究》，中国政法大学出版社2016年版。

马克昌：《宽严相济刑事政策研究》，清华大学出版社2012年版。

莫洪宪、叶小琴编：《中国当代死刑制度改革的探索与展望》，中国人民公安大学出版社2012年版。

苏惠渔主编：《刑法学》（修订本），中国政法大学出版社1999年版。

王金香：《中国禁毒史》，上海人民出版社2005年版。

夏国美、杨秀石等：《社会学视野下的新型毒品》，上海社会科学院出版社2017年版。

杨玲、李明军等：《毒品吸戒问题研究——来自心理学的探索》，科学出版社2010年版。

姚志辉：《禁毒大视角》，中国人民公安大学出版社2004年版。

张洪成：《毒品犯罪刑事政策之反思与修正》，中国政法大学出版社2017年版。

张黎：《法治视野下的秘密侦查》，知识产权出版社2013年版。

张小虎：《宽严相济刑事政策的基本思想与制度建构》，北京大学出版社2018年版。

赵秉志：《死刑改革之路》，中国人民大学出版社2014年版。

赵亮：《当代中国社会转型时期的刑事政策调整》，法律出版社2013年版。

## （二）中文译著类

［德］冯·李斯特：《论犯罪、刑罚与刑事政策》，徐久生译，北京大

学出版社 2016 年版。

［法］米海依尔·戴尔马斯-马蒂：《刑事政策的主要体系》，卢建平译，法律出版社 2000 年版。

［法］米歇尔·福柯：《规训与惩罚》，刘北成、杨远婴译，生活·读书·新知三联书店 2012 年版。

［古希腊］亚里士多德：《政治学》，吴寿彭译，商务印书馆 1965 年版。

［意］贝卡利亚：《论犯罪与刑罚》，黄风译，中国法制出版社 2002 年版。

《英国 2002 年犯罪收益追缴法》，张磊、梁文钧、罗海珊译，中国政法大学出版社 2010 年版。

《英国国际刑事合作法》，黄伯青等译，中国政法大学出版社 2008 年版。

［英］约翰·斯普莱克：《英国刑事诉讼程序》（第九版），徐美君，杨立涛译，中国人民大学出版社 2006 年版。

## （三）中文论文类

［挪］Jon Petter Rui、［德］Ulrich Sieber、陈尔彦：《欧洲的无定罪没收：一个总览》（上），《现代法治研究》2017 年第 1 期。

包涵：《当前对青少年禁毒宣传教育的模式与缺陷——以北京市禁毒宣传教育为视角》，《北京警察学院学报》2014 年第 5 期。

曹芳琦、李茂：《4-甲基乙卡西酮的鉴定研究》，《中国司法鉴定》2015 年第 3 期。

陈荣飞：《论毒品纯度与涉毒行为之定罪量刑关系》，《四川理工学院学报》（社会科学版）2011 年第 3 期。

陈兴良：《风险刑法理论的法教义学批判》，《中外法学》2014 年第 1 期。

陈兴良：《刑法的刑事政策化及其限度》，《华东政法大学学报》2013 年第 4 期。

方伯兴：《论刑事诉讼中的"对物之诉"——一种以涉案财物处置为中心的裁判理论》，《华东政法大学学报》2017 年第 5 期。

高铭暄：《我国的死刑立法及其发展趋势》，《法学杂志》2004 年第 1 期。

高巍：《新中国三年禁毒运动的回顾与启示》，《学术探索》2010 年第 6 期。

韩大元、林维、时延安：《死刑制度的当代命运：宪法学与刑法学对话》，《中国法律评论》2017 年第 4 期。

何荣功：《毒品犯罪不应属于刑法中最严重的罪行》，《辽宁大学学报》（哲学社会科学版）2014 年第 1 期。

何荣功：《二十年来我国毒品犯罪动向的实证分析》，《青少年犯罪问题》2012 年第 1 期。

何荣功：《我国"重刑治毒"刑事政策之法社会学思考》，《法商研究》2015 年第 5 期。

胡成胜、王莉：《论特别没收的本质属性》，《湖北社会科学》2017 年第 11 期。

胡云腾、方文军：《论毒品犯罪的惩治对策与措施》，《中国青年社会科学》2018 年第 5 期。

姜敏：《毒品纯度应当成为量刑的标准——论〈刑法〉357 条第 2 款公正性之欠缺及其完善》，《西南农业大学学报》（社会科学版）2010 年第 2 期。

姜敏：《英美刑法中的"危害原则研究"——兼与社会危害性比较》，《比较法研究》2016 年第 4 期。

姜涛：《比例原则与刑罚积极主义的克制》，《学术界》2016 年第 8 期。

李冠煜、吕明利：《国际追逃追赃视野中的特别没收程序：法律属性、对象范围与证明规则》，《武大国际法评论》2018 年第 2 期。

李娟：《国际禁毒公约对我国禁毒刑事政策的启示》，《政法学刊》2011 年第 2 期。

刘冬娴、伍玉功、贺江南：《毒品犯罪量刑中毒品纯度问题刍议》，《湖北经管学院学报》2015 年第 11 期。

刘鹏玮：《"特别没收"的司法失衡与规范重塑——以"供犯罪所用的本人财物"之没收为视角》，《苏州大学学报》（法学版）2017 年第

3 期。

罗钢：《毒品犯罪刑事治理去敌人刑法化》，《政法论丛》2018 年第 1 期。

梅传强、胡江：《毒品犯罪死刑废除论》，《河南财经政法大学学报》2016 年第 5 期。

孟军：《违法所得没收程序司法证明若干问题探讨》，《广播电视大学学报》（哲学社会科学版）2017 年第 3 期。

莫洪宪、薛文超：《"厉行禁毒"刑事政策下运输毒品罪的死刑废止》，《广西大学学报》（哲学社会科学版）2016 年第 2 期。

莫洪宪：《毒品犯罪的挑战与刑法的回应》，《政治与法律》2012 年第 10 期。

莫洪宪：《毒品犯罪死刑制度的发展与国情》，《法治研究》2012 年第 4 期。

倪彤：《中美青少年禁毒教育模式浅探及比较思考》，《教育教学论坛》2012 年第 6 期。

聂立泽：《应以纯度为毒品犯罪的折算方法——对毒品犯罪几个新问题的看法》，《人民法治》2018 年第 12 期。

裴显鼎、王晓东、刘晓虎：《〈关于犯罪嫌疑人、被告人逃匿、死亡案件适用违法所得没收程序若干问题的规定〉的理解与适用》，《人民司法》（应用）2017 年第 16 期。

皮艺军：《再论犯罪市场（上）——犯罪现象的市场机制评说》，《政法论坛》1998 年第 3 期。

齐文远、魏汉涛：《毒品犯罪治理的困境与出路》，《河南大学学报》（社会科学版）2018 年第 1 期。

钱振华、乔宏伟、花镇东：《气相色谱——质谱连用法同时测定 8 种合成大麻素》，《法医杂志》2015 年第 1 期。

秦睿、张莉：《卡西同类精神活性物质的防空对策》，《广东化工》2018 年第 10 期。

曲新久、张国鑫：《如何科学认识刑事政策》，《人民法院报》2001 年 5 月 21 日。

任娇娇：《我国禁毒刑事政策调整依据与路径探讨》，《政法论丛》

2018 年第 3 期。

时延安、孟宪东、尹金洁：《检察机关在违法所得没收程序中的地位和职责》，《法学杂志》2012 年第 11 期。

万毅：《独立没收程序的证据法难题及其破解》，《法学》2012 年第 4 期。

万志鹏：《论犯罪所得之没收》，《法商研究》2018 年第 3 期。

汪建成：《论特定案件违法所得没收程序的建立和完善》，《国家检察官学院学报》2012 年第 1 期。

王姝婷：《新型毒品种类与范围的司法认定》，《武警学院学报》2017 年第 1 期。

王志祥、贾佳：《死刑改革问题新思考——以〈刑法修正案（九）为视角〉》，《法学论坛》2015 年第 5 期。

吴光升、南漪：《违法所得没收程序证明问题研究》，《中国刑事法杂志》2018 年第 2 期。

吴光升：《刑事涉案财物处理程序的正当化》，《法律适用》2007 年第 10 期。

王晓晓：《危害原则的发展与犯罪化标准的构建》，《刑事法评论》2018 年第 1 期。

王晓晓：《"遥远危害"与预防型犯罪化》，《刑法论丛》2019 年第 1 期。

王晓晓：《中英比较视域下我国毒品犯罪治理模式的调整路径》，《法治论坛》2019 年第 1 期。

王晓晓：《"危害最小化"的治毒政策及其借鉴意义》，《辽宁大学学报》（哲学社会科学版）2019 年第 2 期。

夏磊：《禁毒工作电视报道存在问题和对策》，《电视研究》2016 年第 7 期。

徐鹏、王丹、王优美：《新精神活性物质的成瘾性评估间接》，《中国药物滥用防治杂志》2018 年第 3 期。

阎巍：《对我国民事诉讼证明标准的再审视》，《人民司法》（应用）2016 年第 31 期。

叶晓颖、马岩、方文军等：《〈关于审理毒品犯罪案件适用法律若干问题的解释〉的理解与适用》,《人民司法》(应用) 2016 年第 13 期。

游彦、邓毅、赵敏:《第三代毒品——新精神活性物质 (NPS) 发展趋势评估、管制瓶颈与应对策略》,《四川警察学院学报》2017 年第 1 期。

于改之、吕小红:《比例原则的刑法适用及其展开》,《现代法学》2018 年第 4 期。

张小虎:《惩办与宽大相结合刑事政策的时代精神》,《江梅学刊》2007 年第 1 期。

张晓春:《毒品预防教育:从观念到执行力的全面变革》,《广西警察学院学报》2017 年第 4 期。

赵秉志:《论全球化时代的中国死刑制度改革——面临的挑战与对策》,《吉林大学社会科学学报》2010 年第 2 期。

赵秉志:《中国死刑立法改革新思考——以〈刑法修正案(九)(草案)〉为主要视角》,《吉林大学社会科学学报》2015 年第 1 期。

赵国玲、刘灿华:《毒品犯罪刑事政策实证分析》,《法学杂志》2011 年第 5 期。

郑永红:《毒品犯罪的发经济学分析》,《贵州警官职业学院学报》2008 年第 2 期。

周雨青、马兰:《精神活性物质成瘾记忆的机制研究》,《复旦学报》(医学版) 2017 年第 6 期。

朱晓莉、薛建和、辜煌明:《福建省娱乐场所涉毒问题现状和治理对策》,《福建公安高等专科学校学报》2006 年第 6 期。

(四) 外文著作类

A. P. Simester, Andreas von Hirsch, *Crimes, Harms, and Wrongs: On the Principles of Criminalisation*, Oxford and Portland, Oregon: Hart Publishing, 2014.

Dennis J. Baker, *The Right Not to be Criminalized: Demarcating Criminal Law's Authority*, Aldershot: Ashgate Publishing Limited, 2011.

Dirk van Zyl Smit, Catherine Appleton, *Life Imprisonment and Human Rights*, London: Bloomsbury Publishing PLC, 2016.

European Monitoring Centre for Drugs and Drug Addiction and Europol, *Drugs and the Darknet*: *Perspectives for Enforcement*, *Research and Policy*, Joint Publications Series, Luxembourg: Publications Office of the European Union, 2017.

James Inciardi, Lana Harrison, Lana D. Harrison, *Harm Reduction*: *National and International Perspectives*, London: International Educational and Professional Publisher, 1999.

Joel Feinberg, *The Moral Limits of the Criminal Law*: *Harm to Others*, New York: Oxford University Press, 1984.

John Stuart Mill, *On Liberty*, Auckland: The Floating Press, 1909.

Ko-Lin Chin, *The Golden Triangle*, *Inside Southeast Asia's Drug Trade*, New York: Cornell University Press, 2009.

L. Paoli, Greenfield A. Victoria and P. Reuter, *The World Heroin Market*: *Can Supply Be Cut*? New York: Oxford University Press, 2009.

Flora A. N. J. Goudappel & Ernst M. H. Hirsch Ballin eds., *Democracy and Rule of Law in the European Union*, T. M. C. Asser Press, 2016.

P. A. O'Hare et al., eds., *The Reduction of Drug-related Harm*, London and New York: Routledge, 1992.

Richard Pates, Diane Riley, *Harm Reduction in Substance Use and High-risk Behaviour*: *International Policy and Practice*, Hoboken: John Wiley & Sons, Incorporated, 2012.

Riley D. M., *The Harm Reduction Model*, Toronto: The Harm Reduction Network, 1994.

Riley D. M., *The Policy and Practice of Harm Reduction*, Ottawa, Canada: CCSA, 1993.

Patrick Gallahue and Rick Lines, *The Death Penalty for Drug Offences*: *Global Overview 2010*, London: The International Harm Reduction Association, 2010.

Rick Lines, *The Death Penalty for Drug Offences*: *A Violation of International Human Rights Law*, London: The International Harm Reduction Association, 2007.

Podolsky/Brenner, Vermögensabschöpfung im Straf- und Ordnungswidrigkeitenverfahren, 5. Aufl., 2012.

## （五）外文期刊类

Best, D., Laudet, A. B., "The Potential of Recovery Capital", *RSA Projects*, Vol. 1-6, 2010.

Degenhardt L., Peacock A., Colledge S., et al., "Global Prevalence of Injecting Drug Use and Sociodemographic Characteristics and Prevalence of HIV, HBV, and HCV in People Who Inject Drugs: A Multistage Systematic Review", *Lancet Glob Health*, Vol. 5, No. 12, 2017.

Demaret I., Quertemont E., Litran G., et al., "Efficacy of Heroin-assisted Treatment in Belgium: A Randomised Controlled Trial, Eur Addict Res, 2015, Vol. 21, No. 4.

Divya Talwar, "Why Addicts Take Drugs in 'Fix Rooms'", *BBC Victoria Derbyshire Programme*, November 16, 2018.

Dolan K., Wirtz A. L., Moazen B., et al., "Global Burden of HIV, Viral Hepatitis, and Tuberculosis in Prisoners and Detainees", *Lancet*, Vol. 388, No. 10049, 2016.

Elijah Paintsil et al., "Survival of Hepatitis C Virus in Syringes: Implication for Transmission among Injection Drug Users", *Journal of Infectious Diseases*, Vol. 202, No. 7, 2010.

Geoffrey Pearson, "Drugs and Criminal Justice: A Harm Reduction Perspective", in P. A. O'Hare et al., eds., *The Reduction of Drug-related Harm*, London and New York: Routledge, 1992.

Goldstein, P. J., "The Drugs/Violence Nexus: A Tripartite Conceptual Framework", *Journal of Drug Issues*, Vol. 15, 1985.

Gordon, l., Tinsley, l., Godfrey, C., and Parrott, S., "The Economic and Social Costs of Class A Drug Use in England and Wales, 2003/04", in Singleton, N., Murray, R. and Tinsley, L. eds., "Measuring Different Aspects of Problem Drug Use: Methodological Developments", *Home Office Online Report*, June 16, 2006.

Hannah Mills, Sara Skodbo, Peter Blyth, "Understanding the Organised Crime: Estimating the Scale and the Social and Economic Costs", in *Home Office Research Report*, London: Home Office, Vol. 73, 2013.

Hough, M., "Drug User Treatment within the Criminal Justice Context", *Substance Use Misuse*, Vol. 37, 2002.

Juliana van Olphen et al., "Nowhere to go: How Stigma Limits the Options of Female Drug Users after Release from Jail", *Substance Abuse Treatment, Prevention, and Policy*, Vol. 4, No. 10, 2009.

Katy M. E. Turner et al., "The Impact of Needle and Syringe Provision and Opiate Substitution Therapy on the Incidence of Hepatitis C Virus in Injecting Drug Users: Pooling of UK Evidence", *Addiction*, Vol. 106, No. 11, 2011.

Larney S., Peacock A., Leung J., et al., "Global, Regional, and Country-level Coverage of Interventions to Prevent and Manage HIV and Hepatitis C Among People Who Inject Drugs: A Systematic Review", *Lancet Glob Health*, Vol. 5, No. 12, 2017.

Louisa Degenhardt et al., "Global Prevalence of Injecting Drug Use and Sociodemographic Characteristics and Prevalence of HIV, HBV, and HCV in People Who Inject Drugs: A Multistage Systematic Review", *The Lancet Global Health*, Vol. 5, No. 12, 2017.

Madah-Amiri D., Clausen T., Lobmaier P., "Rapid Widespread Distribution of Intranasal Naloxone for Overdose Prevention", *Drug Alcohol Depend*, Vol. 173, 2017.

Mahesh K. B. Parmar, John Strang, Louise Choo, etc., "Randomized Controlled Pilot Trial of Naloxone-on-Release to Prevent Post-prison Opioid Overdose Deaths", *Addiction*, Vol. 112, No. 3, 2017.

Meredith Hortona, Rebecca McDonaldb, Traci C. Greenc, etc., "A Mapping Review of Take-home Naloxone for People Released From Correctional Settings", *International Journal of Drug Policy*, Vol. 46, August 2017.

Neil Mckeganey, "Harm Reduction at the Crossroads and the Rediscovery of Drug User Abstinence", *Drugs: Education, Prevention and Policy*, Vol. 19, No. 4, 2012.

P. A. O'Hare, "Preface: A Note on the Concept of Harm Reduction", in P. A. O'Hare et al., eds., *The Reduction of Drug-related Harm*, London and New York: Routledge, 1992.

Peter Vickerman et al. , "Can Needle and Syringe Programmes and Opiate Substitution Therapy Achieve Substantial Reductions in Hepatitis C Virus Prevalence? Model Projections for Different Epidemic Settings", *Addiction*, Vol. 107, No. 11, 2012.

R. A. Duff and S. E. Marshall, "'Remote Harms' and the Two Harm Principles", in AP Simester, Antje Du Bois-Pedain eds. , *Liberal Criminal Theory*, *Oxford and Portland*, Oregon: Hart Publishing, 2014.

Reuter P. , MacCoun R. J. , "Harm Reduction and Social Policy", *Drug and Alcohol Review*, Vol. 15, 1996.

Roy Walmsley, "World Prison Population List (twelfth edition)", *World Prison Brief*, September 2018.

Russell Newcombe, "The Reduction of Drug-related Harm: A Conceptual Framework for Theory, Practice and Research", in P. A. O'Hare et al. , eds. , *The Reduction of Drug-related Harm*, London and New York: Routledge, 1992.

Larney S. , Peacock A. , Leung J. , et al. , "Global, Regional, and Country-level Coverage of Interventions to Prevent and Manage HIV and Hepatitis C Among People Who Inject Drugs: A Systematic Review", *Lancet Glob Health*, Vol. 5, No. 12, 2017.

Simpson, M. , "The Relationship Between Drug Use and Crime: A Puzzle Inside an Enigma", *International Journal of Drug Policy*, Vol. 14, 2003.

Stevens, A. , "When Two Dark Figures Collide: Evidence and Discourse on Drug-Related Crime", *Critical Social Policy*, Vol. 27, 2007.

Bittmann, Zum Regierungsentwurf der Reform der Vermögensabschöpfung, KriPoZ 2016, 122.

## （六）学位论文类

刘娜：《刑罚威慑效能实证研究——以犯罪预防为视角》，博士学位论文，武汉大学，2014年。

彭之宇：《毒品犯罪死刑适用问题研究》，博士学位论文，吉林大学，2014年。

张洪成：《毒品犯罪争议问题研究》，博士学位论文，武汉大学，2010年。

# 后　　记

六月的武汉，时而暖阳徐徐，时而烟雨蒙蒙。在这阴晴不定的日子里，本书书稿的修改终告完成。人们常说，武汉是一个只有冬夏，并无春秋的城市。我对"危害最小化"治毒政策的研究态度，好似零下5度的武汉寒冬，非常严肃。而我对它的研究热忱，又好似35度的武汉夏日，充满热情。

在博士学位论文《"危害最小化"治毒政策研究》的基础上，我修改完成了本书书稿。具体而言，我在以下两方面进行了完善。

第一，本书对于自2000年以来，国家禁毒委员会历年发布的《中国禁毒报告》《中国毒品形势报告》，以及《人民法院禁毒工作白皮书（2012—2017）》进行了系统的研究与分析。

本书对于近20年来，每年登记在册的毒品使用者人数、阿片类毒品使用者（含交叉使用合成毒品人员）人数和比例、合成毒品使用者（含交叉使用阿片类毒品人员）人数和比例进行了纵向梳理。此类数据能够较为清晰地反映出我国毒品需求市场规模仍十分庞大，我国毒品需求市场的治理效果仍十分有限的困境。此外，本书对于近15年来，我国每年开设的美沙酮药物维持治疗门诊数量、历年美沙酮药物维持治疗门诊的在治人数、累计治疗人数，以及经静脉注射毒品感染艾滋病者所占比例进行分析，并将以上数据与我国毒品需求市场相关数据相结合进行研究，得出替代措施确实能够减少毒品使用的危害、控制毒品需求市场的重要结论。在此基础上，本书结合了部分国家针具替换措施、阿片类毒品替代治疗的覆盖率情况，从全球化的视角看待我国"危害最小化"相关举措覆盖率较低的问题。同时，本书也更新了《2019年世界毒品报告》《2018年全球减害状况》对于欧洲国家采取的减少毒品使用危害举措，在丰富本书域外资料的同时，也为我国控制与减少毒品使用危害提供一些有益思路，积极探寻控制与减少毒品使用的危害，控制与削弱毒品需求市场的有效途径。

第二，本书系统梳理了国际社会"扩大没收"程序、"未定罪没收"程序的立法模式，并对没收时效设置展开了探讨。

以适用对象为标准，国际社会"扩大没收"的立法模式大致可以分为三种：（1）明确限定于部分罪名，例如欧盟2014年4月3日颁布的《欧洲议会与欧洲理事会关于欧盟国家冻结与没收犯罪工具与犯罪收益的指令》；（2）明确限定于部分罪名的同时，也对满足一定条件的其他各类犯罪适用"扩大没收"程序，例如英国2002年《犯罪收益追缴法案》；（3）明确适用于所有罪名，例如德国2017年7月1日起开始实施的《刑法财产剥夺改革法案》。以毒品犯罪中，拟没收的对象与行为人、刑事定罪的关联和"未定罪没收"程序适用的诉讼程序性质为标准。国际社会"未定罪没收"程序的立法模式大致可以分为四种：（1）拟没收的对象与行为人、刑事定罪无关，适用民事诉讼法和程序法的相关规定，例如英国；（2）拟没收的对象需与行为人存在关联，例如意大利；（3）拟没收的对象需与行为人、刑事定罪存在关联，例如2014年《欧洲议会与欧洲理事会关于欧盟国家冻结与没收犯罪工具与犯罪收益的指令》；（4）拟没收的对象与行为人、刑事定罪无关，适用刑事诉讼法和程序法的相关规定，例如德国。毒品犯罪违法所得的及时、全面没收，不仅能够有效控制与削弱毒品供应市场，还能起到较好的预防毒品犯罪的作用。域外的立法模式能够为我国毒品犯罪违法所得没收制度的具体设置提供一些有益的借鉴。

正如2014年中共中央、国务院印发《关于加强禁毒工作的意见》所指出的，毒品问题的治理需要"预防为主，综合治理，禁种、禁制、禁贩、禁吸并举"，不能仅着眼于毒品供应市场，治理毒品需求市场同样重要。本书主张以控制和削减毒品供应市场、毒品需求市场为主要手段，控制与减少毒品犯罪、毒品使用相关危害。唯有针对两个市场的具体措施共同作用，才有可能切实取得毒品治理的良好效果。

回顾往昔，我对法学的热情萌发于本科阶段的双学位，成长在法律硕士、法学博士的研读过程中，非常感谢我的硕士导师和博士导师康均心教授，在刑法之路上为我点亮了一盏灯，指引着方向。在硕士、博士学习阶段，康老师多次强调出国交流对于开阔视野、增加阅历的重要性，鼓励我去英国深造，并在我归国后组织学术分享，使我的英语水平和专业素养都得到很大提高。博士学位论文选题、论述方法更是得到了康老师的悉心指导。尤其是预答辩之后的当天下午，恩师专门逐章逐节地对论述资料的筛选、论述方式的运用以及选词造句等方面耐心指导，使我的论文修改思路变得更加清晰，修改效率得到很大提高。在学业之外，康老师也言传身教了诸多为人处世的道理，令我感悟良多。

感谢何荣功教授在留学方向、研究方向上给我的宝贵建议，以及博士学位论文撰写过程中对我的帮助与指导。何老师严谨的治学精神和乐观向上的生活态度，对我影响颇多。在选择留学国家时，我并不十分确定是去德国，还是去英国，因此征求了曾前往牛津大学做访问学者的何老师的意见。何老师一语道破："你英语很好，可是没有学过德语，如果博士阶段才开始学德语，很难超过硕士阶段甚至本科阶段已经学过德语的同学。倒不如把你的优点发挥到极致。"何老师充分肯定我的外语能力，鼓励我前往英国联合培养。在我归国后，还多次给予我学术会议翻译工作的机会。这些宝贵的经历拓展了我的学术视野，丰富了我的人生经历，使我确定了研究方向，让我受益终生。

深深感谢莫洪宪教授在学习上、生活上给予我的帮助、鼓励和支持。莫老师就像一位大家长，爱护着我们，关心着我们。是莫老师教会我，生活中、学习中、工作中可能遇到的诸多难题，尽量努力解决，实在解决不了的时候就坦然接受，人生的路很长，就算绕一个弯，也能继续向前。攻读博士学位的第一年，我在Dennis J. Baker教授的指导下进行了博士生联合培养的学习与研究。与Dennis J. Baker教授每月一次的学术探讨成果，成为我博士学位论文的重要组成部分。这一份博士阶段的答卷也献给英国的Dennis J. Baker教授。感谢林亚刚教授、陈家林教授、皮勇教授、熊琦副教授、叶小琴副教授、陈金林副教授、李颖峰老师和其他各位师长对我的指导与关爱，你们渊博的学识和严谨的治学态度是我们每一位珞珈学子的榜样，三载教诲，师恩永志。感谢薛文超、薛丰民、王肃之、任娇娇等诸位师兄师姐给予我的无私帮助。感谢高丽丽、肖妮娜、汪恭政、尚勇等诸位同学给我的鼓励，与你们在樱花城堡里的学术探讨和在樱花大道上的欢声笑语，是我博士三年最美的回忆。感谢陈思桐、董晓艳、吕行等诸位师弟师妹，感谢你们在学习生活中给予我的帮助和支持。

特别要感谢的，是在我即将步入博士阶段时，遇到的生命中最重要的人，敬力嘉博士。你无微不至的关怀与鼓励如空气般围绕着我，是我"筚路蓝缕"的研习刑法之路上不可或缺的存在，无论异地或异国，我们都是对方心底最为活力之源的那一块。这份答卷也献给你，执子之手，与子偕老。

此外还要感谢的，是我亲爱的家人！深深感谢我的父母对我的理解和关爱。我的母亲曾对我说："家是你的避风港，是你稍事休息，恢复能量的地方。"每每身心俱疲地回家，都能豪情壮志地离开家，回到图书馆，继续奋战。本书的写作过程中，我常与父亲就论文中的观点与社会现实进行讨论。写作瓶颈期、焦虑期的安然度过，也极大地受到父亲乐天派性格的影响。母爱似水，父爱如山，感谢我的家人和敬力嘉博士的家人在我最需要他们的时候，以各种方式巧妙地鼓励、帮助和陪伴。

最后，对本书完成给予大力支持的武汉大学毒品犯罪司法研究中心，以及曾发表本书部分内容的《刑事法评论》《刑法论丛》《法治论坛》《辽宁大学学报（哲学社会科学版）》等刊物编辑部，我再次表示诚挚的感谢。本书也是武汉大学毒品犯罪司法研究中心的系列学术研究成果之一。

本书的部分观点仍具有探索性质，并不十分成熟，求教于理论界、实务界的诸位专家，敬请批评指正。诚然，这于我而言只是一个新的起点，我将怀着敬畏之心，继续在研习刑法的道路上努力前行。

王晓晓

二〇二〇年六月于江城武汉